Biblioteca de los Pioneros Adventistas

Las Profecías de Daniel y Apocalipsis Tomo 1

Una explicación versículo a versículo sobre el libro de Daniel.

Urías Smith

Indy Pub
ISBN: 9781087892894

Contenido:

Introducción 5

Capítulo 1—Un Cautivo en la Corte Real de Babilonia 7

Capítulo 2—El Rey Sueña Acerca de los Imperios Mundiales 11

Capítulo 3—Integridad Probada por el Fuego 32

Capítulo 4— El Altísimo Reina 37

Capítulo 5—La Escritura en la Pared 43

Capítulo 6—Daniel en el Foso de los Leones 47

Capítulo 7—La Lucha por el Dominio Mundial 51

Capítulo 8—El Mundo Emplazado Ante el Tribunal Celestial 76

Capítulo 9— Una Vara Profética Cruza los Siglos 98

Capítulo 10—Dios Interviene en los Asuntos del Mundo 114

Capítulo 11—El Futuro Desenvuelto 119

Capítulo 12—Se Acerca el Momento Culminante de la Historia 155

Introducción

YA NO hay motivo para dudar de que el libro de Daniel fué escrito por la persona cuyo nombre lleva. Por el espíritu de profecía, Ezequiel, uno de los contemporáneos de Daniel, atestigua su piedad e integridad al colocarlo a la par de Noé y Job: "Si pestilencia enviare sobre esa tierra, y derramare mi ira sobre ella en sangre, para talar de ella hombres y bestias, y estuvieren en medio de ella Noé, Daniel, y Job, vivo yo, dice el Señor Jehová, no librarán hijo ni hija; ellos por su justicia librarán su vida." (Ezequiel 14:19,20.) De lo que dice el mismo autor se desprende que ya en esa época era proverbial la sabiduría de Daniel. El Señor ordeno, en efecto, que se dirigiesen estas palabras al rey de Tiro: "He aquí que eres más sabio que Daniel; no hay secreto que te sea oculto." (Ezequiel 28:3.) Pero, sobre todo, nuestro Señor Jesucristo lo reconoció como profeta de Dios, y ordenó a sus discípulos que comprendiesen las predicciones hechas por su intermedio para beneficiar a su iglesia: "Por tanto, cuando viereis la abominación del asolamiento, que fué dicha por Daniel profeta, que estará en el lugar santo, (el que lee, entienda), entonces los que están en Judea, huyan a los montes." (S.Mateo 24:15, 16.)

Aunque tenemos, acerca de la primera parte de la vida de Daniel, algunos detalles más que los registrados con relación a cualquier otro profeta, estamos completamente a obscuras acerca de su nacimiento y linaje; y sólo sabemos que era de descendencia real, probablemente de la casa de David, la cual había llegado a ser muy numerosa en aquel entonces. Daniel se presenta en el principio de su libro como uno de los nobles cautivos de Judá, llevados a Babilonia al comienzo del cautiverio de setenta años, en 606 ant. de J.C. Ezequiel inició su ministerio poco después, y algo más tarde, Abdías; pero todos éstos terminaron su obra años antes que se cerrara la larga y brillante carrera de Daniel. Sólo tres profetas le sucedieron: Haggeo y Zacarías, que ejercieron contemporáneamente el cargo profético durante un breve período, de 520-518 ant. de J.C., y Malaquías, el último de los profetas del Antiguo Testamento, que floreció brevemente hacia 397 ant. de J.C.

Durante los setenta años de cautiverio que sufrieron los judíos, de 606 a 536 ant. de J.C., conforme a lo predicho por Jeremías (Jeremías 25:11), Daniel residió en la corte de Babilonia, la mayor parte del tiempo como primer ministro de aquella monarquía. Su vida nos ofrece la más impresionante lección relativa a cuán importante y ventajoso es mantenerse desde la misma adolescencia estrictamente íntegro para con Dios, y proporciona el notable ejemplo de un hombre que profesó una piedad eminente y cumplió fielmente todos los deberes incumbentes al servicio de Dios, al mismo tiempo que se dedicaba a las actividades más agitadas y sobrellevaba los cuidados y las responsabilidades de más peso que puedan caer sobre los hombres en esta vida terrenal.

¡Cuánta represión hay en esta conducta para muchos que, a pesar de no tener la centésima parte de esos cuidados para absorber su tiempo y atención, procuran, sin embargo, excusar su completa negligencia de los deberes cristianos con la declaración de que no tienen tiempo para cumplirlos! ¿Qué dirá a los tales el Dios de Daniel cuando venga para recompensar imparcialmente a sus siervos, según hayan aprovechado o descuidado las oportunidades que les fueron ofrecidas?

Pero lo que perpetúa el recuerdo de Daniel y honra su nombre no es sólo ni principalmente su relación con la monarquía caldea. Desde el pináculo de su gloria, vió decaer ese reino y pasar a otras manos. Tan breve fué la supremacía de Babilonia y pasajera su gloria, que la vida de un solo hombre abarcó el período de su mayor prosperidad. Pero a Daniel le fueron confiados honores más perdurables. Aunque le amaron y honraron los príncipes y potentados de Babilonia, resultó infinitamente más ensalzado al ser amado y honrado por Dios y sus santos ángeles, y al ser hecho partícipe de los consejos del Altísimo.

Su profecía es en muchos respectos la más notable de cuantas contenga el Libro Sagrado. Es la más abarcante. Fué la primera profecía que diera una historia consecutiva del mundo desde aquel tiempo hasta el fin. La mayoría de sus predicciones encuadraban dentro de períodos proféticos bien determinados, aunque penetraban hasta muchos siglos en el futuro. Ofreció Daniel la primera profecía definida y cronológica de la venida del Mesías. Señaló tan distintamente la fecha de aquel suceso que los judíos llegaron hasta prohibir cualquier tentativa de interpretar sus números, puesto que esa profecía los deja sin excusa por haber rechazado a Cristo. De hecho, las predicciones detalladas y literales de Daniel se habían cumplido con tanta exactitud hasta el tiempo de Porfirio, hacia 250 de nuestra era, que este filósofo pagano declaró que las predicciones no fueron escritas en la época de Babilonia, sino después de ocurridos los acontecimientos. Tal fué la única salida que pudo idear para su apremiado escepticismo. Pero esta evasión ya no es posible; porque cada siglo sucesivo ha comprobado en forma adicional la veracidad de la profecía, y ahora mismo, en nuestra propia época, nos estamos acercando a la culminación de su cumplimiento.

La historia personal de Daniel nos lleva hasta una fecha que es en algunos años ulterior al derrocamiento del reino babilónico por los medos y los persas. Se cree que murió en Susa, capital de Persia, hacia el año 530 ant. de J.C., a la edad de noventa y cuatro años; y su edad fué probablemente la razón por la cual no regresó a Judea con otros cautivos hebreos cuando se produjo la proclamación de Ciro (Esdras 1:1), que en 536 ant. de J.C. marcó el fin de los setenta años de cautiverio.

Capítulo 1—Un Cautivo en la Corte Real de Babilonia

VERS. 1, 2: En el año tercero del reinado de Joacim rey de Judá, vino Nabucodonosor rey de Babilonia a Jerusalem, y cercóla. Y el Señor entregó en sus manos a Joacim rey de Judá, y parte de los vasos de la casa de Dios, y trájolos a tierra de Sinar, a la casa de su dios: y metió los vasos en la casa del tesoro de su dios.

CON la precisión que caracteriza a los escritores sagrados, Daniel entra en seguida en su tema. Su libro se inicia en un estilo histórico sencillo. Los primeros seis capítulos, con excepción de la profecía del capítulo 2, tienen carácter narrativo. Con el capítulo 7 llegamos a la parte profética del libro.

El sitio de Jerusulén— Como persona consciente de que no enuncia otra cosa que una verdad bien conocida, procede en seguida a presentar una serie de detalles capaces de probar su exactitud. La caída de Jerusalén aquí mencionada había sido predicha por Jeremías, y se produjo en 606[*] ant. de J.C. (Jeremías 25:8-11). Jeremías sitúa este cautiverio en el cuarto año de Joacim; Daniel, en el tercero. Esta aparente discrepancia queda explicada por el hecho de que Nabucodonosor inició su expedición casi al final del tercer año de Joacim, que es el punto desde el cual Daniel hace arrancar su cómputo. Pero el rey no logró subyugar completamente a Jerusalén hasta más o menos el noveno mes del año siguiente, que es el usado por Jeremías para su cómputo. Joacim, aunque atado para ser llevado a Babilonia, se humilló, y se le permitió quedar como gobernante de Jerusalén, tributario del rey de Babilonia.

Esta fué la primera vez que Jerusalén fué tomada por Nabucodonosor. Ulteriormente, la ciudad se rebeló dos veces, pero el mismo rey volvió a apoderarse de ella, y cada vez la trató con más severidad. La segunda caída se produjo durante el reinado de Joaquín, hijo de Joacim, y entonces fué cuando todos los vasos sagrados fueron tomados o destruídos y los mejores de los habitantes fueron llevados en cautiverio con el rey. La tercera se produjo bajo Sedequías, después de un sitio formidable de casi año y medio, durante el cual los habitantes de la ciudad sufrieron todos los horrores del hambre. Al fin, el rey y la guarnición intentaron escapar de la ciudad, pero fueron capturados por los caldeos. Estos mataron a los hijos del rey delante de él, le sacaron los ojos, y lo llevaron a Babilonia. Así se cumplió lo predicho por Ezequiel, a saber, que se le llevaría a Babilonia y allí moriría, aunque sin ver el lugar. (Ezequiel 12:13.) En esa oportunidad la ciudad y el templo fueron completamente destruídos, y toda la población, con excepción de unos pocos labradores, fué llevada cautiva a Babilonia, en 586 ant. de J.C.

Así fué cómo Dios testificó contra el pecado, no porque favoreciese a los caldeos sino que los empleó para castigar las iniquidades de su pueblo. Si los israelitas hubiesen sido fieles a Dios y observado su sábado, Jerusalén habría permanecido para siempre. (Jeremías 17:2427.) Pero se apartaron de él, y él los abandonó. Profanaron los vasos sagrados al introducir ídolos en el templo; y por lo tanto Dios permitió que esos vasos fuesen profanados en forma aun peor y los dejó ir como trofeos a los templos paganos del extranjero.

Cautivos hebreos en Babilonia— Durante esos días de aflicción y angustia para Jerusalén, Daniel y sus compañeros fueron alimentados e instruidos en el palacio del rey de Babilonia. Aunque eran cautivos en un país extraño, en algunos respectos se hallaban sin duda mucho mejor situados que si hubiesen quedado en su país natal.

VERS. 3-5: Y dijo el rey a Aspenaz, príncipe de sus eunucos, que trajese de los hijos de Israel, del linaje real de los príncipes, muchachos en quienes no hubiese tacha alguna, y de buen parecer, y enseñados en toda sabiduría, y sabios en ciencia, y de buen entendimiento, e idóneos para estar en el palacio del rey; y que les enseñase las letras y la lengua de los Caldeos. Y señalóles el rey ración para cada día de la ración de la comida del rey, y del vino de su beber: que los criase tres años, para que al fin de ellos estuviesen delante del rey.

Hallamos aquí registrado el probable cumplimiento de lo predicho al rey Ezequías por el profeta Isaías más de cien años antes. Cuando este rey, dejándose embargar por la vanagloria, mostró a los mensajeros del rey de Babilonia los tesoros y las cosas santas de su palacio y de su reino, el profeta le dijo que todas estas buenas cosas serían llevadas como trofeos a la ciudad de Babilonia, y que aun sus propios hijos, sus descendientes, serían llevados allí y serían eunucos en el palacio del rey. (2 Reyes 20:14-18.)

La palabra "muchachos" aplicada a estos cautivos no debe limitarse al sentido que le dan quienes la traducen por "niños." Incluía también a los jóvenes. Nos dice el relato que estos "muchachos" debían ser ya "enseñados en toda sabiduría, y sabios en ciencia, y de buen entendimiento, e idóneos para estar en el palacio del rey." En otras palabras, habían adquirido una buena instrucción, y sus facultades físicas y mentales se habían desarrollado a tal punto que al observarlos, una persona conocedora de la naturaleza humana podía formarse una idea bastante exacta de sus capacidades. Se calcula que debían tener de dieciocho a veinte años de edad.

El trato que recibieron estos cautivos hebreos nos ofrece un ejemplo de la política sabia y liberal del progresista rey Nabucodonosor. En vez de escoger instrumentos destinados a satisfacer los deseos más viles, como lo hicieron demasiados reyes de tiempos ulteriores, eligió a jóvenes que habían de ser educados en todos los asuntos pertinentes al reino, a fin de que pudiesen prestarle ayuda eficiente en la administración de sus asuntos. Les señaló una provisión diaria de su propia comida y bebida. En vez de la alimentación grosera que muchos habrían considerado suficiente para unos cautivos, les ofreció sus propias viandas reales. Durante tres años tuvieron todas las ventajas que el reino proporcionaba. Aunque cautivos, eran descendientes reales, y fueron tratados como tales por el humanitario rey de los caldeos.

VERS. 6, 7: Y fueron entre ellos, de los hijos de Judá, Daniel, Ananías, Misael y Azarías: a los cuales el príncipe de los eunucos puso nombres; y puso a Daniel, Beltsasar; y a Ananías, Sadrach; y a Misael, Mesach; y a Azarías, Abed-nego.

Nuevos nombres para Daniel y sus compañeros— Este cambio de nombres se debió probablemente al significado de las palabras. En hebreo, Daniel significaba "juez para Dios;" Ananías, "don del Señor;" Misael, "quien es lo que Dios es;" y Azarías, "a quien Jehová ayuda." Puesto que estos nombres se referían al Dios verdadero y tenían cierta relación con su culto, se los cambió por nombres cuyas definiciones los habían de vincular con las divinidades paganas y el culto de los caldeos. Así Beltsasar, el nombre dado a Daniel, significaba "príncipe de Bel;" Sadrach, "siervo de Sin" (dios de la luna); Mesach, "quien es lo que es Aku" (Aku era el equivalente sumerio de Sin; es decir que era otro nombre del dios de la luna); y Abed-nego significaba "siervo de Nebo."

VERS. 8-16: Y Daniel propuso en su corazón de no contaminarse en la ración de la comida del rey, ni en el vino de su beber: pidió por tanto al príncipe de los eunucos de no contaminarse. (Y puso Dios a Daniel en gracia y en buena voluntad con el príncipe de los eunucos.) Y dijo el príncipe de los eunucos a Daniel: Tengo temor de mi señor el rey, que señaló vuestra comida y vuestra bebida; pues luego que él habrá visto vuestros rostros más tristes que los de los muchachos que son semejantes a vosotros, condenaréis para con el rey mi cabeza. Entonces dijo Daniel a Melsar, que estaba puesto por el príncipe de los eunucos sobre Daniel, Ananías, Misael, y Azarías: Prueba, te ruego, tus siervos diez días, y dennos legumbres a comer, y agua a beber. Parezcan luego delante de ti nuestros rostros, y los rostros de los muchachos que comen de la ración de la comida del rey; y según que vieres, harás con tus siervos. Consintió pues con ellos en esto, y probó con ellos diez días. Y al cabo de los diez días pareció el rostro de ellos mejor y más nutrido de carne, que los otros muchachos que comían de la ración de la comida del rey. Asi fué que Melsar tomaba la ración de la comida de ellos, y el vino de su beber, y dábales legumbres.

En este relato vemos a Nabucodonosor admirablemente exento de fanatismo. No parece haber recurrido a medio alguno de imponer a sus cautivos reales un cambio de religión. Le bastaba que tuviesen una religión, fuese la que él profesaba u otra. Aunque sus nombres habían sufrido cambios indicadores de alguna vinculación con el culto pagano, puede ser que estos cambios tuviesen por objeto evitar el empleo de nombres judíos de parte de los caldeos más bien que indicar algún cambio de sentimiento o de práctica de parte de aquellos cuyos nombres habían sido cambiados.

La alimentación de Daniel— Daniel se propuso no contaminarse con la comida del rey ni con su vino. Esta conducta de Daniel tenía otros motivos además del efecto que esa alimentación habría tenido sobre su organismo físico, aunque no hay duda de que con respecto a este punto también iba a beneficiarle mucho la alimentación que se proponía adoptar. Los reyes y príncipes de las naciones paganas solían ser sumos sacerdotes de su religión, y con frecuencia el alimento que habían de consumir se ofrecía primero en sacrificio a los ídolos y parte del vino que habían de beber se derramaba en libación delante de sus ídolos. Además, algunas de las carnes consumidas por los caldeos habían sido declaradas inmundas por la ley judaica. Por cualquiera de estos motivos, Daniel no podía ser consecuente con su religión e ingerir estos manjares. De ahí que solicitara respetuosamente al funcionario correspondiente que, por escrúpulos religiosos, le permitiese evitar la contaminación.

El príncipe de los eunucos temía conceder a Daniel lo que pedía en vista de que el rey mismo había señalado cuál había de ser la comida de Daniel y sus compañeros. Esto demuestra el interés personal que el rey manifestaba por estos cautivos. Parecería que quería sinceramente verlos alcanzar el máximo desarrollo físico y mental que les fuese posible. ¡Cuán lejos estaba del fanatismo y tiranía que reinan generalmente en forma suprema en el corazón de los que ejercen el poder absoluto! Hallamos en el carácter de Nabucodonosor muchas cosas que merecen nuestra más alta admiración.

Es interesante notar lo incluído en la petición de Daniel con respecto a su alimentación. La palabra hebrea zeroim, que aquí se traduce por "legumbres," lleva en su construcción la misma raíz que la palabra "simiente" empleada en el relato de la creación, donde se menciona "toda hierba que da simiente," y también el "fruto de árbol que da simiente." (Génesis 1:29.) Esto indica claramente que la petición de Daniel incluía cereales, legumbres y frutas. Además, si comprendemos correctamente Génesis 9:3, las "hierbas" estaban incluídas también en la alimentación pedida. En otras palabras, el menú que Daniel pidió y obtuvo se componía de cereales, legumbres, frutas, nueces y verduras, es decir que era una alimentación vegetariana variada, acompañada de la bebida universal para los hombres y los animales: el agua pura.

La Biblia Anotada de Cambridge contiene la siguiente nota acerca de zeroim: "Alimentación vegetal en general; no hay motivo para creer que la palabra hebrea usada se limita a las leguminosas como los porotos (alubias) y las arvejas (guisantes) designadas apropiadamente por la expresión 'legumbres.'"

Gesenio da esta definición; "Semillas, hierbas, verduras, vegetales; es decir, alimento vegetal, como el que se consume cuando se ayuna a medias, en oposición a las carnes y las viandas más delicadas."

Como la prueba hecha con esta alimentación durante diez días resultó favorable, se les permitió a Daniel y sus compañeros que siguiesen este régimen durante todo el curso de su adiestramiento para los deberes del palacio.

VERS. 17-21: Y a estos cuatro muchachos dióles Dios conocimiento e inteligencia en todas letras y ciencia: mas Daniel tuvo entendimiento en toda visión y sueños. Pasados pues los días al fin de los cuales había dicho el rey que los trajesen, el príncipe de los eunucos los trajo delante de Nabucodonosor. Y el rey habló con ellos, y no fué hallado entre todos ellos otro como Daniel, Ananías, Misad, y Azarías: y asi estuvieron delante del rey. Y en todo negocio de sabiduría e inteligencia que el rey les demandó, hallólos diez veces mejores que todos los magos y astrólogos que había en todo su reino. Y fué Daniel hasta el año primero del rey Ciro.

Después de estudiar tres años— Parece que a Daniel solo fué confiado el entendimiento de las visiones y los sueños. Pero la manera en que Dios trató a Daniel al respecto no prueba que sus compañeros fuesen menos apreciados por él. Con la protección que recibieron en el horno de fuego, obtuvieron una prueba igualmente buena del favor divino. Daniel tenía probablemente algunas cualidades naturales que le hacían especialmente idóneo para esa obra especial.

El rey continuó manifestando en favor de estos jóvenes el mismo interés personal que había manifestado antes. Al fin de los tres años, los hizo llamar para tener una entrevista personal con ellos. Necesitaba saber por su cuenta cómo les había ido, y qué progreso habían realizado. Esta entrevista nos revela también que el rey era hombre versado en todas las artes y ciencias de los caldeos, pues de lo contrario no habría estado en situación de examinar a otros al respecto. Como apreciaba el mérito dondequiera que lo hallase, sin tener en cuenta la religión ni la nacionalidad, reconoció que ellos eran diez veces superiores a cualquiera de su propia tierra.

Se añade que "fué Daniel hasta el año primero del rey Ciro."[*] El año 606 es la fecha que apoyan Ussher, Hales y otros autores de cronologías, pero las investigaciones más recientes de los arqueólogos favorecen la de 605. Esta fecha, aparentemente más exacta, no afecta en absoluto el cómputo de los períodos proféticos presentados por el autor, porque debe recordarse que los judíos y otros pueblos antiguos tenían en cuenta el primer año y el último de un periodo. —Comisión revisora.

Capítulo 2—El Rey Sueña Acerca de los Imperios Mundiales

VERS. 1: Y en el segundo año del reinado de Nabucodonosor, soñó Nabucodonosor sueños, y perturbóse su espíritu, y su sueño se huyó de él.

DANIEL fué llevado cautivo el primer año de Nabucodonosor. Estuvo tres años bajo la tutela de sus instructores, y naturalmente durante ese tiempo no fue contado entre los sabios del reino ni tomó parte en los asuntos públicos. Sin embargo, en el segundo año de Nabucodonosor, se produjeron las circunstancias narradas en este capítulo. ¿Cómo pudo, pues, ser llevado Daniel a interpretar el sueño del rey el segundo año? La explicación estriba en el hecho de que Nabucodonosor reinó conjuntamente con su padre Nabopolasar durante dos años. Los judíos situaban el principio de su reinado al comienzo de esos dos años mientras que los caldeos lo computaban desde el momento en que empezó a reinar solo a la muerte de su padre. De ahí que el año mencionado aquí fuese el segundo año de su reinado según el cómputo caldeo y el cuarto según el de los judíos.[1] Parece, pues, que el año después que Daniel terminó su preparación para participar en los asuntos del imperio caldeo, la providencia de Dios hizo que su joven siervo se destacara en todo el reino en forma notable y repentina.

VERS. 2: Y mandó el rey llamar magos, astrólogos, y encantadores, y Caldeos, para que mostrasen al rey sus sueños. Vinieron pues, y se presentaron delante del rey.

Los sabios del rey fracasan— Los magos practicaban la magia, o lo que se entiende por esta palabra tomada en su peor sentido; es decir, que cumplían todos los ritos supersticiosos y las ceremonias de los adivinadores, echadores de suertes y otra gente de esta laya. Los astrólogos eran hombres que aseveraban predecir los acontecimientos por el estudio de los astros. La ciencia o superstición de la astrología era extensamente cultivada por las antiguas naciones orientales. Los encantadores eran personas que pretendían comunicarse con los muertos. Este es el sentido que tiene la mayoría de las veces la palabra "encantador" en las Escrituras. Los caldeos aquí mencionados eran una secta de filósofos análogos a los magos y astrólogos, y se dedicaban al estudio de las ciencias naturales y las adivinaciones. Todas estas sectas o profesiones abundaban en Babilonia. El fin que perseguía cada una de ellas era el mismo: explicar los misterios y predecir los acontecimientos. La diferencia principal que había entre ellas estribaba en los medios por los cuales procuraban alcanzar su objeto. La explicación que deseaba el rey pertenecía por igual a la esfera de cada una de las profesiones; así que convocó a todos sus miembros. Para el rey era un asunto importante. Estaba muy perturbado, y por lo tanto dedicó toda la sabiduría de su reino a la solución de su perplejidad.

VERS. 3, 4: Y el rey les dijo; He soñado un sueño y mi espíritu se ha perturbado por saber el sueño. Entonces hablaron los Caldeos al rey en lengua aramea: Rey, para siempre vive: di el sueño a tus siervos, y mostraremos la declaración.

Cualesquiera que sean las otras cosas en las cuales hayan sido eficientes los antiguos magos y astrólogos, no hay duda de que dominaban el arte de obtener suficiente información en que basar algunos hábiles cálculos, o que les permitiese fraguar respuestas ambiguas aplicables a cualquier rumbo que tomasen los acontecimientos. En el caso que nos ocupa, fieles a sus astutos instintos, pidieron al rey que les hiciese conocer el sueño. Una vez obtenida esta información, no habría de resultarles difícil concordar en alguna interpretación que no hiciese peligrar su reputación. Se dirigieron al rey en arameo dialecto caldeo que usaban las clases educadas y cultas. Desde ese punto hasta el fin del capítulo 7, el relato continúa en caldeo, la lengua hablada por el rey.

VERS. 5-13: Respondió el rey y dijo a los Caldeos: El negocio se me fué: si no me mostráis el sueño y su declaración, seréis hechos cuartos, y vuestras casas serán puestas por muladares. Y si mostrareis el sueño y su declaración, recibiréis de mí dones y mercedes y grande honra: por tanto, mostradme el sueño y su declaración. Respondieron la segunda vez, y dijeron: Diga el rey el sueño a sus siervos, y mostraremos su declaración. El rey respondió, y dijo: Yo conozco ciertamente que vosotros ponéis dilaciones, porque veis que el negocio se me ha ido. Si no me mostráis el sueño, una sola sentencia será de vosotros. Ciertamente preparáis respuesta mentirosa y perversa que decir delante de mí, entre tanto que se muda el tiempo: por tanto, decidme el sueño, para que yo entienda que me podéis mostrar su declaración. Los Caldeos respondieron delante del rey, y dijeron; No hay hombre sobre la tierra que pueda declarar el negocio del rey: demás de esto, ningún rey, príncipe, ni señor, preguntó cosa semejante a ningún mago, ni astrólogo, ni Caldeo. Finalmente, el negocio que el rey demanda, es singular, ni hay quien lo pueda declarar delante del rey, salvo los dioses cuya morada no es con la carne. Por esto el rey con ira y con grande enojo, mandó que matasen a todos los sabios de Babilonia. Y publicóse el mandamiento, y los sabios eran llevados a la muerte; y buscaron a Daniel y a sus compañeros para matarlos.

Estos versículos contienen el relato de la lucha desesperada entre los magos y el rey. Los primeros buscaban una vía de escape, puesto que estaban atrapados en su propio terreno. El rey estaba resuelto a que le hiciesen conocer su sueño, lo cual no era más de lo que podía esperar de aquella profesión.

Algunos censuran severamente a Nabucodonosor en este asunto, y le achacan el papel de un tirano cruel e irracional. Pero ¿no aseveraban acaso esos magos que podían revelar las cosas ocultas, predecir los acontecimientos, dar a conocer misterios que superaban completamente la previsión y la penetración humanas, y hacerlo con ayuda de agentes sobrenaturales? No era, pues, injusto Nabucodonosor al exigir que le hiciesen conocer su sueño. Cuando declararon que nadie podía revelar el negocio del rey sino los dioses cuya morada no era con la carne, confesaron tácitamente que no tenían comunicación con esos dioses, ni tenían más conocimiento que el que la sabiduría y el discernimiento humanos podían impartir. "Por esto" sintió el rey "ira y grande enojo." Vió que él y todo su pueblo eran víctimas de un constante engaño. Aunque no podemos justificar las medidas extremas a las cuales recurrió al decretar su muerte y la destrucción de sus casas, no podemos sino sentir cordial simpatía por él y la condena que pronunció sobre esa clase de miserables impostores. El rey no podía tolerar la improbidad ni el engaño.

VERS. 14-18: Entonces Daniel habló avisada y prudentemente a Arioch, capitán de los de la guarda del rey, que había salido para matar los sabios de Babilonia. Habló y dijo a Arioch capitán del rey: ¿Qué es la causa que este mandamiento se publica de parte del rey tan apresuradamente? Entonces Arioch declaró el negocio a Daniel. Y Daniel entró, y pidió al rey que le diese tiempo, y que él mostraría al rey la declaración. Fuése luego Daniel a su casa, y declaró el negocio a Ananías, Misael, y Azarías, sus compañeros, para demandar misericordias del Dios del cielo sobre este misterio, y que Daniel y sus compañeros no pereciesen con los otros sabios de Babilonia.

Daniel acude en su auxilio— En esta narración vemos cómo la providencia de Dios obra en varios detalles notables. Gracias a ella, dejó el sueño una impresión tan poderosa en la mente del rey que lo sumió en la mayor ansiedad, y sin embargo no lo pudo recordar. Esto permitió que quedase completamente desenmascarado el falso sistema de los magos y otros maestros paganos. Cuando se les exigió que diesen a conocer el sueño, no pudieron hacerlo a pesar de que era algo que habían declarado perfectamente factible para ellos.

Resulta notable que aparentemente Daniel y sus compañeros, que poco antes habían sido reconocidos por el rey como diez veces superiores a todos los magos y astrólogos, no fueron consultados en este asunto. Pero ello fue providencial. Así como el rey olvidó su sueño, se vio inexplicablemente impedido de solicitar a Daniel la solución del misterio. Si hubiese pedido a Daniel desde el principio que le hiciese conocer el asunto, los magos no habrían sido probados. Pero Dios quería dar la primera oportunidad a los sistemas paganos de los caldeos. Quería dejarlos hacer una tentativa, fracasar ignominiosamente en ella, y luego confesar su absoluta incompetencia, aun bajo pena de muerte, a fin de dejarlos mejor preparados para reconocer su intervención cuando él manifestase finalmente su poder en favor de sus siervos cautivos, para honra de su nombre.

Parecería que Daniel obtuvo su primera información acerca del asunto cuando llegaron los verdugos para arrestarle. Al ver así amenazada su vida, se sintió inducido a rogar de todo corazón al Señor que obrase para librar a sus siervos. Daniel obtuvo lo que pidió al rey, a saber, tiempo para considerar el asunto, privilegio que probablemente ninguno de los magos podría haber obtenido, puesto que el rey ya los había acusado de preparar una contestación engañosa y de procurar ganar tiempo con este mismo fin. Daniel se dirigió en seguida a sus tres compañeros, y les pidió que se uniesen a él para impetrar la misericordia del Dios del cielo acerca de este secreto. Podría haber orado solo, e indudablemente habría sido oído. Pero la unión de los hijos de Dios tenía entonces como ahora un poder prevaleciente. A dos o tres que se ponen de acuerdo para pedir algo es hecha la promesa de que les será concedido lo que pidan. (Mateo 18:19, 20.)

VERS. 19-23: Entonces el arcano fué revelado a Daniel en visión de noche; por lo cual bendijo Daniel al Dios del cielo. Y Daniel habló, y dijo: sea bendito el nombre de Dios de siglo hasta siglo: porque suya es la sabiduría y la fortaleza: y él es el que muda los tiempos y las oportunidades: quita reyes, y pone reyes: da la sabiduría a los sabios, y la ciencia a los entendidos; él revela lo profundo y lo escondido: conoce lo que está en tinieblas, y la luz mora con él. A tí, oh Dios de mis padres, confieso y te alabo, que me diste sabiduría y fortaleza, y ahora me enseñaste lo que te pedimos; pues nos has enseñado el negocio del rey.

No se nos dice si la respuesta llegó mientras Daniel y sus compañeros elevaban todavía su petición o después, pero fué en visión nocturna cuando Dios se reveló en su favor. Las palabras "visión nocturna" significan cualquier cosa vista, sea en sueños o en visión. Daniel alabó inmediatamente a Dios por la misericordia manifestada; y aunque su oración no se ha conservado, todas sus palabras de efusivo agradecimiento han quedado registradas. La alabanza que elevemos hacia Dios por las cosas que hizo por nosotros le honra tanto como las peticiones de ayuda que le dirigimos. Sírvanos de ejemplo al respecto la conducta de Daniel. No dejemos de tributar a Dios la alabanza y el agradecimiento debidos por cualquier misericordia que recibamos de su mano. Durante el ministerio de Cristo en la tierra, ¿no limpió él una vez a diez leprosos, y uno solo volvió para expresarle su agradecimiento? "¿Y los nueve dónde están?" preguntó Cristo tristemente. (Lucas 17:17.)

Daniel tenía la mayor confianza en lo que le había sido mostrado. No fué primero al rey para ver si lo que le había sido revelado era de veras el sueño del rey, sino que alabó inmediatamente a Dios por haber contestado su oración.

Aunque el asunto fué revelado a Daniel, éste no se atribuyó el honor como si la respuesta se hubiese recibido gracias a sus oraciones solamente, sino que asoció inmediatamente a sus compañeros consigo, y reconoció que había venido tanto en contestación a las oraciones de ellos como a las suyas. Era, dijo, "lo que te pedimos," y "nos has enseñado el negocio del rey."

VERS. 24: Después de esto Daniel entró a Arioch, al cual el rey había puesto para matar a los sabios de Babilonia; fué, y díjole asi: No mates a los sabios de Babilonia: llévame delante del rey, que yo mostraré al rey la declaración.

La primera súplica de Daniel fué en favor de los sabios de Babilonia. No los mates-imploró,--porque el secreto del rey ha sido revelado. No había sido, en verdad, por mérito de ellos ni de su sistema pagano de adivinación. Ellos eran tan dignos de la condenación como antes. Pero la confesión de su completa impotencia en el asunto los había humillado lo suficiente, y Daniel deseaba hacerlos participar en cierta medida de los beneficios que obtenía, y salvarles la vida. Se salvaron porque había entre ellos un hombre de Dios. Así sucede siempre. Por causa de Pablo y Silas, quedaron vivos todos los prisioneros que estaban con ellos. (Hechos 16:26.) Por amor de Pablo, salvaron la vida cuantos navegaban con él. (Hechos 27:24.) ¡Cuán a menudo se benefician los impíos por la presencia de los justos! ¡Cuán apropiado sería que reconociesen las obligaciones que eso les impone!

¿Quién salva al mundo hoy? ¿Por amor de quiénes se le permite subsistir todavía, si no es de los pocos justos que quedan? Si éstos desapareciesen, ¿cuánto tiempo podrían los impíos seguir su culpable carrera? Su plazo no sería más largo que el de los antediluvianos una vez que Noé hubo entrado en el arca, o el de los sodomitas cuando Lot se hubo ausentado de su presencia contaminadora. De haberse podido encontrar diez personas justas en Sodoma, por causa de ellas se le habría perdonado la vida a la multitud de sus impíos habitantes. Sin embargo, los impíos suelen despreciar, ridiculizar y oprimir a los mismos por cuya causa se les permite seguir disfrutando de la vida y de todas sus bendiciones.

VERS. 25: Entonces Arioch llevó prestamente a Daniel delante del rey, y díjole así; Un varón de los trasportados de Judá he hallado, el cual declarará al rey la interpretación.

Es característica constante de los ministros y cortesanos procurar el favor de su soberano. De manera que Arioch se presenta aquí como habiendo hallado a un hombre capaz de dar la deseada interpretación, como si con gran dedicación a los intereses del rey hubiese estado buscando alguien que pudiese resolver su dificultad, y por fin lo había hallado. Para desenmascarar este engaño de su verdugo principal, le bastaba al rey recordar, como sin duda las recordó, su entrevista con Daniel y la promesa que había hecho de mostrar la interpretación del sueño si se le concedía tiempo. (Vers. 16.)

VERS. 26-28: Respondió el rey, y dijo a Daniel, al cual llamaban Beltsasar: ¿Podrás tú hacerme entender el sueño que vi, y su declaración? Daniel respondió delante del rey, y dijo: El misterio que el rey demanda, ni sabios, ni astrólogos, ni magos, ni adivinos lo pueden enseñar al rey. Mas hay un Dios en los cielos, el cual revela los misterios, y él ha hecho saber al rey Nabucodonosor lo que ha de acontecer a cabo de días. Tu sueño, y las visiones de tu cabeza sobre tu cama, es esto.

"¿Podrás tú hacerme entender el sueño que vi?" fueron las palabras con que el rey saludó a Daniel cuando éste llegó a su presencia. A pesar de que anteriormente había conocido a este hebreo, el rey pareció dudar de la capacidad de un hombre tan joven e inexperto para dilucidar un asunto que había derrotado completamente a los ancianos y venerables magos y adivinadores. Daniel declaró sencillamente que los sabios, los astrólogos, adivinadores y magos no podían revelar este secreto. Ello no estaba en su poder. Por lo tanto, el rey no debía airarse con ellos ni confiar en sus vanas supersticiones. El profeta habló luego del Dios verdadero, que rige los cielos y es el único que revela los secretos. Él es, dice Daniel, quien "ha hecho saber al rey Nabucodonosor lo que ha de acontecer a cabo de días."

VERS. 29, 30: Tú, oh rey, en tu cama subieron tus pensamientos por saber lo que había de ser en lo por venir; y el que revela los misterios te mostró lo que ha de ser. Y a mí ha sido revelado este misterio, no por sabiduría que en mí haya más que en todos los vivientes, sino para que yo notifique al rey la declaración, y que entendieses los pensamientos de tu corazón.

Aquí resalta otro rasgo loable del carácter de Nabucodonosor. En contraste con otros príncipes, que llenan el momento presente con insensateces y crápula, sin mirar al futuro, el rey reflexionaba en los días venideros y sentía el ansioso deseo de saber qué acontecimientos los llenarían. Esto constituyó parcialmente el motivo por el cual Dios le dio ese sueño que debemos considerar como manifestación del favor divino hacia el rey. Sin embargo, Dios no quiso obrar por el rey independientemente de su propio pueblo. Aunque dio el sueño al rey, envió la interpretación por uno de sus siervos reconocidos.

En primer lugar, Daniel rechazó todo mérito por la interpretación, y luego procuró modificar los sentimientos naturales de orgullo que el rey pudiese albergar por haber sido distinguido así por el Dios del cielo. Le hizo saber que, aunque el sueño le había sido dado a él, la interpretación era enviada no sólo para él, sino también para beneficio de aquellos por medio de quienes debía ser dada. Dios tenía algunos siervos allí, y obraba para ellos. Tenían a sus ojos más valor que los reyes y magnates más poderosos de la tierra.

¡Cuán abarcante fué la obra de Dios en este caso, Por esta revelación del sueño del rey a Daniel, mostró al rey las cosas que deseaba saber, y salvó a sus siervos que confiaban en él, recalcó ante la nación caldea el conocimiento de Aquel que sabe el fin desde el principio, confundió los sistemas falsos de los adivinadores y magos, y ante los ojos de éstos honró su propio nombre y ensalzó a sus siervos!

Daniel relata el sueño— Después de indicar claramente al rey que el propósito del "Dios del cielo" al darle el sueño, había sido revelar "lo que ha de acontecer a cabo de días," Daniel relató el sueño mismo.

VERS. 31-35: Tú, oh rey, veías, y he aquí una grande imagen. Esta imagen, que era muy grande, y cuya gloria era muy sublime, estaba en pie delante de ti, y su aspecto era terrible. La cabeza de esta imagen era de fino oro; sus pechos y sus brazos, de plata; su vientre y sus muslos, de metal; sus piernas de hierro; sus pies, en parte de hierro, y en parte de barro cocido. Estabas mirando, hasta que una piedra fué cortada, no con mano, la cual hirió a la imagen en sus pies de hierro y de barro cocido, y los desmenuzó. Entonces fué también desmenuzado el hierro, el barro cocido, el metal, la plata y el oro, y se tornaron como tamo de las eras del verano: y levantólos el viento, y nunca más se les halló lugar. Mas la piedra que hirió a la imagen, fué hecha un gran monte, que hinchió toda la tierra.

Nabucodonosor era idólatra, y adoraba los dioses de la religión caldea. Una imagen era, por tanto, un objeto capaz de atraer en seguida su atención y respeto. Por otra parte, los reinos terrenales que esta imagen representaba, como lo veremos luego, eran objetos de estima y valor para él.

Pero ¡cuán admirablemente se prestaba esta representación para inculcar en la mente de Nabucodonosor una verdad importante y necesaria! Además de delinear el progreso de los acontecimientos a través del tiempo para beneficio de su pueblo, Dios quería mostrar a Nabucodonosor la inutilidad de la pompa y la gloria terrenales. ¿Cómo podría haberlo logrado mejor que mediante esta imagen cuya cabeza era de oro? Debajo de esta cabeza había un cuerpo compuesto de metales inferiores cuyo valor iba disminuyendo hasta llegar al mínimo en los pies y sus dedos de hierro mezclado con barro. El conjunto fué finalmente desmenuzado y reducido a la condición del tamo de las eras.

Fué a la postre arrastrado por el viento donde no pudo ser hallado, después de lo cual algo durable y de valor celestial ocupó su lugar. Con esto Dios quiso mostrar a los hijos de los hombres que los reinos terrenales desaparecerán, y la gloria de esta tierra se desvanecerá como una brillante burbuja. En el lugar que durante tanto tiempo usurparon estos imperios, se establecerá el reino de los cielos, que no tendrá fin, y todos los que tienen interés en este reino reposarán para siempre jamás a la sombra de sus alas apacibles. Pero nos hemos anticipado a nuestro estudio.

VERS. 36-38: Este es el sueño: la declaración de él diremos también en presencia del rey. Tú, oh rey, eres rey de reyes; porque el Dios del cielo te ha dado reino, potencia, y fortaleza, y majestad. Y todo lo que habitan hijos de hombres, bestias del campo, y aves del cielo, él ha entregado en tu mano, y te ha hecho enseñorear sobre todo ello; tú eres aquella cabeza de oro.

Daniel interpreta el sueño— Aquí se inicia uno de los relatos más abarcantes de la historia de los imperios mundiales. En ocho conos versículos la narración inspirada resume gran parte de la historia de este mundo con su pompa y poderío. Bastarían unos momentos para aprenderlos de memoria, y sin embargo el plazo que recorren, desde hace más de veinticinco siglos, supera el nacimiento y la caída de los reinos, va más allá del levantamiento y la caída de los imperios, más allá de los ciclos y los siglos, más allá de nuestro tiempo, y llega hasta el estado eterno. El relato es tan abarcante que comprende todo esto, y sin embargo, resulta tan minucioso que traza los grandes esbozos de los reinos terrenales desde aquel tiempo hasta el nuestro. Nunca ideó la sabiduría humana anales tan breves que abarcaran tanto. Nunca presentó el lenguaje humano en tan pocas palabras tan grande volumen de verdad histórica. En ello está el dedo de Dios. Atendamos bien la lección.

¡Con qué interés y asombro debió escuchar el rey mientras el profeta le explicaba que su reino era la cabeza de oro de la magnífica imagen! Daniel hizo notar al rey que el Dios del cielo le había dado su reino y le había hecho gobernar sobre todos. Esto tendía a desviarle del orgulloso pensamiento de que había alcanzado su situación por su propio poder y sabiduría, y debía encauzar la gratitud de su corazón hacia el Dios verdadero.

El reino de Babilonia, que se desarrolló finalmente en la nación representada por la cabeza de oro en la gran imagen histórica, fué fundado por Nimrod, bisnieto de Noé, más de dos mil años antes de Cristo. "Y Cush engendró a Nimrod: éste comenzó a ser poderoso en la tierra. Este fué vigoroso cazador delante de Jehová; por lo cual se dice: así como Nimrod, vigoroso cazador delante de Jehová. Y fué la cabecera de su reino Babel [Babilonia], y Erech, y Accad, y Calneh, en la tierra de Shinar." (Génesis 10:8-10.) Parece que Nimrod fundó también la ciudad de Nínive, que más tarde llegó a ser la capital de Asiria. (Véanse las notas marginales que con referencia a Génesis 10:11 contienen algunas versiones de la Biblia.)

Cumplimiento del sueño— El imperio de Babilonia adquirió poder bajo el general Nabopolasar, que llegó finalmente a ser su rey. Como tal le sucedió su hijo Nabucodonosor cuando él murió en 604 ant. de J.C. Como declara R. Campbell Thompson: "Los acontecimientos habían demostrado ya que Nabucodonosor era un comandante vigoroso y brillante, y tanto tísica como mentalmente, un hombre fuerte, muy digno de suceder a su padre. Había de ser el mayor hombre de su tiempo en el Cercano Oriente, como soldado, estadista y arquitecto. Si sus sucesores hubiesen sido de su temple en vez de muchachos inexpertos o aficionados sin vigor que los redimiese, los persas habrían encontrado en Babilonia un problema más difícil. 'Todas las naciones-dice en Jeremías 27:7 (V.M.),-le han de servir a él, y a su hijo, y al hijo de su hijo, hasta que llegue el tiempo de su tierra también.'"[2]

Jerusalén fué tomada en el primer año de su reinado, y el tercer año de Joacim, rey de Judá (Daniel 1:1), en 606 ant. de J.C. Nabucodonosor reinó dos años en conjunción con su padre, Nabopolasar. De allí hacían arrancar su reinado los judíos mientras que los caldeos databan su reinado desde que empezó a reinar solo, en 604 ant. de J.C., según se explicó antes. Con respecto a los sucesores de Nabucodonosor, el autor ya citado añade:

"Nabucodonosor murió hacia agosto o septiembre de 562 ant. de J.C. y le sucedió su hijo Amel-Marduk (562-560 ant. de J.C.), a quien Jeremías llama Evil-Merodach. Tuvo poco tiempo para demostrar su valer; y los dos años de su breve reinado bastan para demostrar que las condiciones políticas eran nuevamente hostiles a la casa real."[3]

Los últimos gobernantes de Babilonia, príncipes carentes de poder, no pudieron igualar el reinado de Nabucodonosor. Ciro, rey de Persia, sitió a Babilonia y la tomó por estratagema.

El carácter del Imperio Babilónico queda indicado por la cabeza de oro. Era el reino de oro de una edad de oro. Babilonia, su metrópoli, se elevó a una altura nunca alzanzada por ninguna de sus sucesoras. Situada en el jardín del Oriente, formaba un cuadrado perfecto, que tenía, se dice, 96 kilómetros de perímetro, o sea 24 de cada lado; estaba rodeada por una muralla que tuvo, según se calcula, de 60 a 90 metros de altura y 25 de ancho, con un foso en rededor, que era de igual capacidad cúbica que la muralla misma; se hallaba dividida en cuadras por sus muchas calles, que se cortaban en ángulo recto, siendo cada una de ellas derecha, bien nivelada y de una anchura de 45 metros; ocupaban sus 576 kilómetros cuadrados de superficie, exuberantes jardines y lugares de recreo, entrecortados por magníficas moradas; de modo que esta ciudad, con sus 96 kilómetros de fosos, sus 96 kilómetros de muralla exterior, sus 48 kilómetros de muralla que se elevaban a ambos lados del río que pasaba por su centro, sus puertas de bronce sólido, sus jardines suspendidos cuyas terrazas se elevaban una sobre la otra hasta alcanzar la altura de las murallas mismas, su templo de Belo que tenía cinco kilómetros de perímetro, dos palacios reales, uno de los cuales tenía seis kilómetros de circunferencia y el otro un poco más de doce, con los túneles subterráneos que, pasando bajo el río Éufrates, unían los dos palacios, su perfecto ordenamiento para la conveniencia, el adorno y la defensa, y sus recursos ilimitados, esta ciudad que encerraba en sí misma muchas cosas que eran maravillas del mundo, era ella misma otra maravilla aún más prodigiosa. Allí, teniendo a toda la tierra postrada a sus pies, como una reina de sin par grandeza, que mereció de la pluma inspirada misma este brillante título: "hermosura de reinos y ornamento de la grandeza de los Caldeos," se destacaba esta capital idónea de aquel reino representado por la cabeza de oro en esa gran imagen histórica.

Tal era Babilonia, mientras Nabucodonosor se encontraba en la flor de la vida, audaz, vigoroso, con muchas hazañas a su crédito, sentado sobre su trono, cuando Daniel entró por sus puertas para servir como cautivo en sus lujosos palacios durante setenta años. Allí los hijos del Señor, oprimidos más que alentados por la gloria y la prosperidad de su tierra de cautiverio, colgaban sus arpas en los sauces a orillas del Éufrates, y lloraban cuando recordaban a Sion.

Allí empezó el estado cautivo de la iglesia en un sentido más amplio; porque desde aquel tiempo el pueblo de Dios ha estado sometido a potencias terrenales, y oprimido por ellas en mayor o menor medida. Así continuará siéndolo hasta que todas las potencias terrenales cedan finalmente su poder a Aquel cuyo es el derecho a reinar. Y he aquí que este día de liberación se acerca rápidamente.

En otra ciudad, no sólo Daniel, sino todos los hijos de Dios, desde el menor hasta el mayor, desde el más humilde hasta el más encumbrado, van a entrar pronto. Es una ciudad que no tiene sólo 96 kilómetros de perímetro, sino 2.400; una ciudad cuyos muros no son de ladrillo y asfalto, sino de piedras preciosas y jaspe; cuyas calles no son pavimentadas con piedras como las de Babilonia, por hermosas y lisas que fuesen, sino con oro transparente; cuyo río no es el Éufrates, sino el río de la vida; cuya música no está constituida por los suspiros y lamentos de cautivos quebrantados, sino por los emocionantes cantos de victoria sobre la muerte y el sepulcro que elevarán multitudes redimidas; cuya luz no es la intermitente de la tierra, sino la incesante e inefable gloria de Dios y del Cordero. A esta ciudad llegarán, no como cautivos que entran en un país extraño, sino como desterrados que vuelven a la casa de su padre; no como a un lugar dónde afligirán su ánimo palabras como "esclavitud," "servidumbre" y "opresión," sino donde las dulces palabras "hogar," "libertad," "paz," "pureza," "dicha inefable," y "vida eterna" deleitarán sus almas para siempre jamás. Sí, nuestra boca se llenará de risa, y nuestra lengua de canto, cuando el Señor vuelva la cautividad de Sion. (Salmo 126:1, 2; Apocalipsis 21:1-27.)

VERS. 39: Y después de tí se levantará otro reino menor que tú; y otro tercer reino de metal, el cual se enseñoreará de toda la tierra.

Nabucodonosor reinó 43 años, y le sucedieron los siguientes gobernantes: su hijo, EvilMerodach, dos años; Neriglisar, su yerno, cuatro años; Laborosoarchod, hijo de Neriglisar, nueve meses, lo cual, siendo menos de un año, no se cuenta en el canon de Tolomeo; y finalmente, Nabonido, cuyo hijo Belsasar, nieto de Nabucodonosor, fué asociado con él en el trono.

"La prueba de esta asociación se halla en los cilindros de Nabo-nadio [Nabonido] que se encontraron en Mugheir, en los cuales se pide la protección de los dioses para Nabu-nadid y su hijo Bel-shar-uzur, cuyos nombres están acoplados en una manera que implica la cosoberanía del último. (British Museum Series, tomo I, pl. 68, No. I.) La fecha en que Belsasar fué asociado a su padre no pudo ser ulterior a 540 ant. de J.C., el décimoquinto año de Nabonido, puesto que el tercer año de Belsasar se menciona en Daniel 8:1. Si Belsasar (como lo supongo) era hijo de una hija de Nabucodonosor que se casó con Nabonadio después que llegó a ser rey, no pudo tener más de catorce años en el año décimoquinto de su padre."[4]

La Caída de Babilonia— En el primer año de Neriglisar, sólo dos años después de la muerte de Nabucodonosor, estalló entre los babilonios y los medos la guerra fatal que resultó en la caída del Imperio Babilónico. Ciaxares, rey de los medos, que es llamado "Darío" en Daniel 5:31, llamó en su ayuda a su sobrino Ciro, del linaje persa. La guerra fue llevada adelante con éxito ininterrumpido por los medos y los persas, hasta que el año 18 de Nabonido, (el tercer año de su hijo Belsasar), Ciro sitió a Babilonia, la única ciudad de todo el Oriente que entonces le resistía. Los babilonios se encerraron entre sus murallas inexpugnables, provistos de abastecimientos para veinte años, y teniendo dentro de los límites de su amplia ciudad suficiente tierra para proveer alimentos para los habitantes y la guarnición durante un período indefinido. Se burlaban de Ciro desde sus altas murallas, y ponían en ridículo sus aparentemente inútiles esfuerzos para someterlos. Según todo cálculo humano, tenían buenos motivos para sentirse seguros. De acuerdo con las probabilidades terrenales, nunca podría esa ciudad ser tomada por los métodos de guerrear entonces conocidos. De ahí que respirasen y durmiesen tan libremente como si no hubiese habido enemigo velando en derredor de sus murallas sitiadas. Pero Dios había decretado que la orgullosa y perversa ciudad caería de su trono de gloria. Y cuando él habla, ¿qué brazo mortal puede derrotar su palabra?

En su sentimiento de seguridad estribaba el peligro de los babilonios. Ciro resolvió lograr por una estratagema lo que no podía efectuar por la fuerza. Al saber que se acercaba una fiesta anual durante la cual toda la ciudad se entregaría a las diversiones y las orgías, fijó ese día como la fecha en que ejecutaría su propósito.

No tenía manera de entrar en esa ciudad a menos que la hallase donde el río Éufrates entraba y salía por debajo de las murallas. Resolvió hacer del cauce del río su camino para llegar a la fortaleza de su enemigo. Con este fin el agua debía ser desviada de su lecho que cruzaba la ciudad. Para ello, la víspera del día de fiesta ya mencionado, encargó a una parte de sus soldados que desviase el río a cierta hora a un lago artificial situado a corta distancia aguas arriba de la ciudad; Otra fuerza debía colocarse cerca de dónde el río entraba en la ciudad; y una tercera iba a ocupar una posición a 24 kilómetros más abajo, donde el río salía de la ciudad. Estos últimos dos cuerpos de ejército tenían órdenes de entrar en el cauce tan pronto como el agua bajase lo suficiente como para vadear el río. En las tinieblas de la noche habían de explorar su camino debajo de las murallas, y avanzar hasta el palacio del rey donde debían sorprender y matar a sus guardianes, y capturar o matar al rey. Cuando el agua se desvió al lago, el río no tardó en bajar lo suficiente para que se lo pudiese vadear, y los soldados siguieron su cauce hasta el corazón de la ciudad de Babilonia.[5]

Pero todo esto habría sido en vano, si toda la ciudad misma no se hubiese entregado aquella noche fatídica a la negligencia, el abandono, y la presunción, estado de cosas con el cual Ciro contaba mayormente para la ejecución de su propósito. A cada lado del río a través de la ciudad había murallas de gran altura, y de un espesor igual al de los muros exteriores. En estas murallas había enormes puertas de bronce, que, cuando estaban cerradas y custodiadas, impedían la entrada desde el lecho del río a cualquiera de las calles que cruzaban el río. Si las puertas hubiesen estado cerradas en ese momento, los soldados de Ciro podrían haber penetrado en la ciudad por el cauce del río, y por él haber salido de nuevo de ella, sin poder subyugar la plaza.

Pero en la borrachera y orgía de esa noche fatal, las puertas que daban al río quedaron abiertas, según había sido predicho por el profeta Isaías muchos años antes en estas palabras: "Así dice Jehová a su ungido, a Ciro, al cual tomé yo por su mano derecha, para sujetar gentes delante de él y desatar lomos de reyes; para abrir delante de él puertas, y las puertas no se cerrarán." (Isaías 45:1.) Nadie notó la entrada de los soldados persas. Muchas mejillas habrían palidecido de terror, si se hubiese notado el descenso repentino de las aguas del río, y se hubiese comprendido el peligro que ello significaba. Muchas lenguas habrían difundido la alarma por la ciudad, si se hubiesen visto las sombras de los enemigos armados penetrando furtivamente en la ciudadela que se creía segura. Pero nadie notó el repentino descenso de las aguas del río; nadie vio la entrada de los guerreros persas; nadie se cuidó de que las puertas que daban al río quedasen cerradas y custodiadas; nadie se preocupaba de otra cosa sino de ver cuán profunda y temerariamente podía sumirse en -la desenfrenada crápula. Aquella noche de disipación costó a los babilonios su reino y su libertad. Se hundieron en su embrutecedora borrachera súbditos del rey de Babilonia; se despertaron esclavos del rey de Persia.

Los soldados de Ciro dieron a conocer su presencia en la ciudad cayendo sobre la guardia real en el vestíbulo del palacio del rey. Belsasar no tardó en comprender la causa del disturbio, y murió peleando. Este festín de Belsasar está descrito en el capítulo quinto de Daniel, y el relato se cierra con estas sencillas frases: "La misma noche fue muerto Belsasar, rey de los Caldeos. Y Darío de Media tomó el reino, siendo de sesenta y dos años."

El historiador Prideaux dice: "Darío el medo, es decir, Ciaxares, el tío de Ciro tomó el reino; porque Ciro le concedió el título de todas sus conquistas mientras vivió."[6]

Así el primer imperio, simbolizado por la cabeza de oro de la gran imagen, acabó innoblemente. Habría de suponerse naturalmente que el conquistador al dominar una ciudad tan noble como Babilonia, que superaba cuanto hubiese en el mundo, la habría elegido como sede de su imperio, y le habría conservado su esplendor. Pero Dios había dicho que aquella ciudad llegaría a ser escombros y habitación de las bestias del desierto; que sus casas se llenarían de chacales; que las rieras de las islas rugirían en sus moradas desoladas, y habría dragones en sus lujosos palacios. (Isaías 13:19-22.) Primero debía quedar desierta. Ciro estableció una segunda capital en Susa, célebre ciudad de la provincia de Elam, al este de Babilonia, sobre las riberas del río Choaspes, una rama del Tigris. Esto sucedió probablemente durante el primer año que reinó solo.

Como el orgullo de los babilonios quedó particularmente herido por este acto, en el año quinto de Darío Histaspes, o sea en 517 ant. de J.C., se rebelaron y atrajeron contra sí nuevamente todas las fuerzas del imperio persa. Nuevamente fue tomada la ciudad por estratagema. Darío sacó las puertas de bronce, y rebajó las murallas de doscientos codos a cincuenta. Esto fue el principio de su destrucción. Este acto la dejó expuesta a los estragos de toda banda hostil. Jerjes, al regresar de Grecia, despojó el templo de Belo de su inmensa riqueza, y luego redujo a ruinas la grandiosa estructura. Alejandro Magno procuró reedificarla, pero después de emplear a diez mil hombres durante dos meses para limpiar los escombros, murió a consecuencia de sus excesivas borracheras y el trabajo quedó suspendido. En el año 294 ant. de J.C., Seleuco Nicátor edificó una nueva Babilonia en las proximidades de la ciudad vieja, y empleó gran parte de los materiales y a muchos de los habitantes de la vieja ciudad para edificar y poblar la nueva. Al quedar así casi exhausta de habitantes, la negligencia y la decadencia se hicieron sentir espantosamente en la antigua capital. La violencia de los príncipes partos apresuró su ruina. Hacia fines del cuarto siglo, fue usada por los reyes persas como recinto de fieras. Al final del siglo XII, según un célebre viajero, las pocas ruinas que quedaban del palacio de Nabucodonosor estaban tan llenas de serpientes y reptiles venenosos que no podían ser inspeccionadas detenidamente sin gran peligro. Y hoy apenas si quedan suficientes ruinas para señalar el lugar dónde estuvo una vez la ciudad mayor, más rica y más orgullosa del mundo antiguo.

Así nos muestran las ruinas de Babilonia cuán exactamente Dios cumple su palabra, y las dudas del escepticismo resultan indicios de ceguera voluntaria.

"Y después de ti se levantará otro reino menor que tú." El empleo de la palabra "reino" demuestra que las diferentes partes de esta imagen representaban reinos y no reyes particulares. De ahí que cuando se dijo a Nabucodonosor: "Tú eres aquella cabeza de oro," aunque se usó el pronombre personal, lo designado era el reino y no el rey.

El reina medo-persa— El reino que sucedió a Babilonia, a saber, Medo-Persia, respondía a los pechos y los brazos de plata de la gran imagen. Había de ser inferior al reino precedente. ¿En qué respecto? No en su poder, porque conquisto a Babilonia. No en su extensión, porque Ciro subyugó todo el Oriente desde el mar Egeo hasta el río Indo, y así erigió un imperio más extenso. Pero fue inferior en riquezas, lujos y magnificencia.

Desde el punto de vista bíblico, el acontecimiento principal que sucedió durante el Imperio Babilónico fue el cautiverio de los hijos de Israel. Bajo el reino medo-persa, fue la restauración de Israel a su tierra. Después de tomar a Babilonia, Ciro, como un acto de cortesía, asignó el primer puesto en el reino a su tío Darío, en 538 ant. de J.C. Pero dos años más tarde, murió Darío, dejando a Ciro como único monarca del imperio. Ese año, que cerraba el cautiverio de setenta años que había sufrido Israel, Ciro promulgó su famoso decreto para el regreso de los judíos y la reedificación de su templo. Esta fue la primera parte del gran decreto para la restauración y reedificación de Jerusalén (Esdras 6:14), que se completó en el año séptimo del reinado de Artajerjes, en 457 ant. de J.C., fecha que tiene gran importancia, como se demostrará más tarde.

Después de reinar siete años, Ciro dejó el reino a su hijo Cambises, que reinó siete años y cinco meses, hasta 522 ant. de J.C. Diez monarcas reinaron entre esta fecha y el año 336 ant. de J.C. El año 335 ant. de J.C. es el que la historia señala como el primero de Darío Codomano, el último de los antiguos reyes persas. Este hombre, según Prideaux, era de noble estatura, de buena presencia, y del mayor valor personal, como también de una disposición benigna y generosa. Tuvo la mala fortuna de tener que contender con un hombre que actuaba en cumplimiento de la profecía, y no había cualidades naturales o adquiridas que pudiesen darle éxito en esta desigual contienda. Apenas instalado en el trono, se encontró frente a su enemigo formidable, Alejandro, quien a la cabeza de los soldados griegos se preparaba para derribarle.

Dejaremos a las historias especialmente dedicadas a tales asuntos el estudio de la causa y los detalles de la contienda entre los griegos y los persas. Baste decir que el punto decisivo se alcanzó en 331 ant. de J.C. sobre el campo de Arbelas, donde los griegos, a pesar de tener que pelear con los persas en la proporción de uno contra veinte, ganaron una victoria decisiva. Alejandro llegó a ser señor absoluto del Imperio Persa en una extensión nunca alcanzada por ninguno de sus propios reyes.

El Imperio Griego— "Y otro tercer reino de metal, [bronce] el cual se enseñoreará de toda la tierra," había dicho el profeta. Pocas y breves eran las palabras inspiradas cuyo cumplimiento entrañaba una sucesión en el gobierno del mundo. En el siempre variable calidoscopio político, Grecia entró en el campo de la visión para ser durante un tiempo el objeto que absorbía toda la atención, como el tercero de los que se llaman los imperios universales.

Después de la batalla que decidió la suerte del imperio, Darío procuró refundir los derrotados restos de su ejército, y defender su reino y sus derechos. Pero de toda su hueste, que poco antes era tan numerosa y bien organizada, no pudo reunir una fuerza con la cual considerase prudente arriesgar otro encuentro con los griegos victoriosos. Alejandro le persiguió en las alas del viento. Vez tras vez Darío eludió a duras penas el alcance de su veloz perseguidor. Al fin tres traidores, Beso, Nabarzanes y Barsaentes, se apoderaron del desgraciado príncipe, lo encerraron en un carro, y huyeron con él como prisionero hacia Bactra. Su propósito era comprar su propia seguridad con la entrega de su rey si Alejandro los perseguía. Este, al conocer la peligrosa situación de Darío en mano de los traidores, se puso inmediatamente a la cabeza de la parte más ligera de su ejército para perseguirlos a marcha forzada. Después de apresurarse varios días, alcanzó a los traidores. Estos instaron a Darío a montar a caballo para huir más rápidamente. Cuando se negó a hacerlo, le infligieron varias heridas mortales y lo dejaron moribundo en el carro, mientras subían a sus corceles y huían.

Cuando llegó Alejandro, sólo pudo contemplar el cuerpo inerte del rey persa, que pocos meses antes se sentaba sobre el trono del imperio universal. El desastre, la caída y la deserción habían sobrecogido repentinamente a Darío. Su reino había sido conquistado, sus tesoros tomados, y su familia reducida al cautiverio. Ahora, brutalmente muerto por manos traidoras, yacía su cadáver ensangrentado en un tosco carro. La vista del espectáculo melancólico arrancó lágrimas de los ojos de Alejandro mismo, a pesar de que se había familiarizado con todas las horribles vicisitudes y escenas sangrientas de la guerra. Arrojando su manto sobre el cuerpo, ordenó que lo llevasen a las señoras de la familia real persa cautivas en Susa, y proveyó de su propio peculio los recursos necesarios para un regio funeral.

Cuando murió Darío, Alejandro vio el campo despejado de su último rival formidable. De ahí en adelante podía emplear su tiempo como mejor quisiera, a veces disfrutando del descanso y el placer y otras veces prosiguiendo algunas conquistas menores. Emprendió una pomposa campaña contra la India, porque, según la fábula griega, Baco y Hércules, dos hijos de Júpiter, cuyo hijo aseveraba ser él también, habían hecho lo mismo. Con despreciable arrogancia, reclamó para sí honores divinos. Sin provocación alguna, entregó ciudades conquistadas a la merced de su soldadesca sedienta de sangre y licenciosa. Con frecuencia asesinaba a sus amigos y favoritos en el frenesí de sus borracheras.

Estimulaba de tal manera los excesos de la bebida entre sus adeptos que en una ocasión veinte de ellos murieron como resultado de la embriaguez. Al fin, después de haber estado sentado durante largo tiempo bebiendo, se le invitó inmediatamente a otra orgía, en la cual después de beber en honor de cada uno de los veinte huéspedes presentes, nos dice la historia que, por increíble que parezca, bebió dos veces el contenido de la copa de Hércules, que era más de cinco litros. Se apoderó de él una fiebre violenta, de la cual murió once días más tarde, el 13 de junio de 323 ant. de J. C-, mientras estaba, puede decirse, en el umbral de la madurez, a los 32 años de edad.

VERS. 40: Y el reino cuarto será fuerte como hierro; y como el hierro desmenuza y doma todas las cosas, y como el hierro que quebranta todas estas cosas, desmenuzará y quebrantará.

La férrea monarquía de Roma— Hasta aquí existe acuerdo general entre los expositores de la Escritura con referencia a la aplicación de esta profecía. Todos reconocen que Babilonia, Medo-Persia y Grecia están representadas respectivamente por la cabeza de oro, los pechos y los brazos de plata, y el vientre de metal. Pero, sin que haya más base para tener opiniones diversas, existe, sin embargo, una diferencia de interpretación en cuanto al reino simbolizado por la cuarta división de la gran imagen: las piernas de hierro. ¿Qué reino sucedió a Grecia en el dominio del mundo, puesto que las piernas de hierro denotan el cuarto reino de la serie? El testimonio de la historia es amplio y explícito al respecto. Un reino cumplió esto, y uno solo, a saber, Roma. Venció a Grecia; subyugó todas las cosas; como el hierro, desmenuzó y quebrantó todo lo que se le oponía.

Dice el obispo Newton: "Los cuatro metales diferentes deben significar cuatro naciones diferentes; y como el oro representaba a los babilonios, la plata, a los persas, y el bronce a los macedonios, el hierro no puede significar nuevamente a los macedonios, sino que debe necesariamente representar a alguna otra nación; y nos atrevemos a decir que no hay en la tierra nación a la cual esta descripción se aplique sino a los romanos."[7]

Gibbon, siguiendo las imágenes simbólicas de Daniel, describe así este imperio:

"Las armas de la República, a veces vencidas en la batalla, siempre victoriosas en la guerra, avanzaron a pasos rápidos hasta el Éufrates, el Danubio, el Rin y el Océano; y las imágenes del oro, la plata o el bronce, que podían servir para representar las naciones y sus reyes, fueron sucesivamente quebrantadas por la férrea monarquía de Roma."[8]

Cuando se inició la Era Cristiana, este imperio abarcaba todo el sur de Europa, Francia, Inglaterra, la mayor parte de los Países Bajos, Suiza y el sur de Alemania, Hungría, Turquía y Grecia, sin hablar de sus posesiones del Asia y del África. Bien puede decir por lo tanto Gibbon:

"El imperio de los romanos llenó el mundo, y cuando ese imperio cayó en las manos de una sola persona, el mundo se transformó en una cárcel segura y lóbrega para sus enemigos… Resistir era fatal, y era imposible huir."[9]

Es de notar que al principio el reino es declarado sin reserva tan fuerte como el hierro. Este fue el período de su fortaleza, durante el cual se lo ha comparado a un poderoso coloso que cabalgaba sobre las naciones, lo vencía todo y daba leyes al mundo. Pero esto no había de continuar.

VERS. 41, 42: Y lo que viste de los pies y los dedos, en parte de barro cocido de alfarero, y en parte de hierro, el reino será dividido; más habrá en él algo de fortaleza de hierro, según que viste el hierro mezclado con el tiesto de barro. Y por ser los dedos de los pies en parte de hierro, y en parte de barro cocido, en parte será el reino fuerte, y en parte será frágil.

Roma dividida— La debilidad simbolizada por la arcilla afectaba tanto a los pies como a los dedos. Roma, antes de su división en diez reinos, perdió ese vigor de hierro que poseía en grado superlativo durante los primeros siglos de su carrera. El lujo, el afeminamiento y la degeneración que destruyen las naciones tanto como los individuos, empezaron a corroer y debilitar sus nervios de hierro, y así prepararon su desintegración en diez reinos.

Las piernas de hierro de la imagen terminaban en los pies y en los dedos de los pies. A éstos, que eran por supuesto diez, llama nuestra atención la mención explícita que se hace de ellos en la profecía. El reino representado por esa parte de la imagen a la cual pertenecían los pies, fue dividido finalmente en diez partes. Surge naturalmente la pregunta:

¿Representan los diez dedos de la imagen las diez divisiones finales del Imperio Romano? Contestamos que sí.

La imagen de Daniel 2 tiene su paralelo exacto en las cuatro bestias de la visión de Daniel 7. La cuarta bestia representa el mismo reino que las piernas de hierro de la imagen. Los diez cuernos de la bestia corresponden naturalmente a los diez dedos de los pies de la imagen. Se declara lisa y llanamente que estos cuernos son diez reyes que habían de levantarse. Son reinos independientes como lo son las bestias mismas, porque se habla de las bestias precisamente en el mismo lenguaje, como de "cuatro reyes, que se levantarán." (Daniel 7:17.) No representan una dinastía de reyes sucesivos, sino reyes o reinos que existieron contemporáneamente, pues tres de ellos fueron arrancados por el cuerno pequeño. Sin controversia posible, los diez cuernos representan los diez reinos en los cuales Roma fue dividida.

Hemos visto que, en la interpretación que Daniel da de la imagen, emplea las palabras "rey" y "reino" en forma intercambiable. La primera expresión significa lo mismo que la última. En el versículo 44 dice que "en los días de estos reyes, levantará el Dios del cielo un reino." Esto demuestra que en el momento en que se establezca el reino de Dios, habrá pluralidad de reyes. No puede referirse a los cuatro reinos anteriores; porque sería absurdo usar este lenguaje con referencia a una dinastía de reyes sucesivos, puesto que solamente en los días del último rey, y no en los días de cualquiera que lo hubiese precedido, se establecería el reino de Dios.

Los diez reinos— Aquí se presenta pues una división; y ¿qué nos lo indica en el símbolo? Nada menos que los dedos de los pies de la imagen. A menos que éste sea su significado, estamos completamente a obscuras en cuanto a la naturaleza y la extensión de la división que la profecía revela. Suponer esto sería dudar seriamente de la profecía misma. Nos vemos pues obligados a concluir que los diez dedos de los pies de la imagen representan las diez partes en las cuales fue dividido el Imperio Romano.

Esta división se realizó entre los años 351 y 476 de nuestra era. Esta época de disolución abarcó pues 125 años, desde mediados del siglo IV hasta el último cuarto del V. Ningún historiador que conozcamos fija el comienzo del desmembramiento del Imperio Romano antes de 351 de la era cristiana, y hay acuerdo general en cuanto a designar el año 476 como el final del proceso. Acerca de las fechas intermediarias, es decir el momento preciso en que se estableció cada uno de los diez reinos que se levantaron sobre las ruinas del Imperio Romano, hay cierta diferencia de opinión entre los historiadores. Esto no parece extraño, cuando consideramos que fue una era de gran confusión y el mapa del Imperio Romano sufrió durante ese tiempo muchos cambios repentinos y violentos, mientras que las trayectorias de naciones hostiles que cargaban contra su territorio se cruzaban y recruzaban en un laberinto confuso. Pero todos los historiadores concuerdan en esto que, del territorio de la Roma Occidental, surgieron finalmente diez reinos separados, y podemos decir de su conjunto que se estableció entre las fechas ya dadas, a saber 351 y 476 de nuestra era.

Las diez naciones que más contribuyeron a desmenuzar el Imperio Romano, y que en alguna época de su historia ocuparon respectivamente porciones del territorio romano como reinos separados e independientes, pueden enumerarse (sin tener en cuenta la fecha de su establecimiento) como sigue: los hunos, los ostrogodos, los visigodos, los francos, los vándalos, los suevos, los burgundios, los hérulos, los anglo-sajones y los lombardos.[*] La relación que hay entre estos pueblos y algunas de las naciones modernas de Europa puede rastrearse todavía en los nombres, como Inglaterra, Borgoña, Lombardía, Francia, etc.

Pero puede ser que alguien pregunte: ¿Por qué no suponer que las dos piernas denotan una división tanto como los dedos de los pies? ¿No es tan ilógico decir que los dedos denotan una división y no las piernas, como decir que las piernas denotan división, y los dedos de los pies, no? Contestamos que la profecía misma debe regir nuestras conclusiones al respecto; porque si bien no dice nada de una división en relación con las piernas, introduce el tema de la división cuando llegamos a los pies y los dedos de ellos. La interpretación dice: "Y lo que viste de los pies y los dedos, en parte de barro cocido de alfarero, y en parte de hierro, el reino será dividido." Ninguna división podía producirse, o por lo menos no se nos menciona ninguna, hasta que se introduce el elemento debilitante que es la arcilla; y no lo encontramos antes de llegar a los pies y sus dedos. Pero no hemos de entender que la arcilla denote una división y el hierro otra; porque después que se quebrantó la unidad del reino que existía desde hacía tanto tiempo, ninguno de los fragmentos fue tan fuerte como el hierro original, sino que todos quedaron manifiestamente en el estado de debilidad denotado por la mezcla de hierro y arcilla.

Por lo tanto, es inevitable concluir que el profeta presentó aquí la causa del efecto. La introducción de la debilidad del elemento arcilla, cuando llegamos a los pies, resultó en la división del reino en diez partes, representada por los diez dedos; y este resultado o división, queda indicado por la repentina mención de una pluralidad de reyes contemporáneos. Por lo tanto, mientras que no encontramos pruebas de que las piernas signifiquen división, sino más bien objeciones graves contra esta opinión, hallamos buenos motivos para suponer que los dedos de los pies denotan división, como se sostiene aquí.

Además, cada una de las cuatro monarquías tenía su territorio particular, que era el de su reino propiamente dicho, y allí hemos de buscar los acontecimientos principales de su historia que anunciaba el símbolo. No hemos de buscar, pues, la división del Imperio Romano en el territorio antes ocupado por Babilonia, Persia o Grecia, sino en el territorio del reino romano, que se conoció finalmente como el Imperio Occidental. Roma conquistó el mundo, pero el reino de Roma propiamente dicho se encontraba al oeste de Grecia. Este reino es el que está representado por las piernas de hierro. Por lo tanto, es allí dónde buscamos a los diez reinos, y allí los encontramos. No estamos obligados a mutilar ni deformar el símbolo para que represente con exactitud los acontecimientos históricos.

VERS. 43: Cuanto a aquello que viste, el hierro mezclado con tiesto de barro, mezcláranse con simiente humana, mas no se pegarán el uno con el otro, como el hierro no se mistura con el tiesto.

Roma es el último imperio universal— Con Roma cayó el último de los imperios universales. Hasta entonces había sido posible que una nación, después de alcanzar superioridad sobre sus vecinos por sus proezas y su ciencia de la guerra, consolidase sus conquistas en un vasto imperio. Pero cuando cayó Roma; estas posibilidades desaparecieron para siempre. El hierro quedó mezclado con la arcilla, y perdió su fuerza de cohesión. Ningún hombre ni combinación de hombres pudo volver a consolidar los fragmentos. Este punto ha sido tan bien recalcado por otro escritor que citaremos sus palabras:

"De éste, su estado dividido, desapareció la primera fuerza del imperio, pero no como había sucedido a los demás. Ningún otro reino había de sucederle como habían sucedido a los tres que fueron antes de él. Había de continuar, en esta división de diez reinos, hasta que el reino de la piedra lo hiriese en los pies para desmenuzarlos y esparcir los trozos como el viento esparce el tamo de las eras del verano. Sin embargo, durante todo este tiempo, había de subsistir una porción de su fortaleza. El profeta dice: 'Y por ser los dedos de los pies en parte de hierro, y en parte de barro cocido, en parte será el reino fuerte, y en parte será frágil.'

Vers. 42... Vez tras vez los hombres soñaron con edificar sobre estos dominios un poderoso reino. Carlomagno lo probó, como después de él lo probaron Carlos V, Luis XIV, y Napoleón. Pero ninguno tuvo éxito. Un solo versículo de la profecía era más poderoso que todas sus huestes... 'En parte será fuerte, y en parte será frágil,' decía la descripción profética. Y tal ha sido también el hecho histórico que los concierne... Diez reinos salieron de él; fueron débiles, y continúan todavía siendo débiles... Es en parte fuerte, es decir conserva aún, en su estado quebrantado, bastante de la fuerza del hierro para resistir todas las tentativas de fusionar sus partes. 'Esto no sucederá,' dice la Palabra de Dios. 'Esto no ha sucedido,' contesta el libro de la historia.

"Pero, tal vez digan los hombres: 'Queda todavía otro plan. Si la fuerza no puede triunfar, la diplomacia y las razones de Estado pueden tener éxito. Vamos a probarlo.' Pero la profecía prevé esto cuando dice: 'Mezcláranse con simiente humana.' Es decir, formalizarán matrimonios con la esperanza de consolidar así su poder y al fin unir estos reinos divididos en uno solo.

"¿Y tendrá éxito este plan? No. El profeta contesta: 'Mas no se pegarán el uno con el otro, como el hierro no se mistura con el tiesto.' Y la historia de Europa no es sino un comentario del exacto cumplimiento de estas palabras. Desde el tiempo de Canuto hasta el momento actual, ha sido la política de los monarcas reinantes, la senda trillada que recorrieron para alcanzar un cetro más poderoso y un dominio más amplio... Napoleón... procuró obtener por alianza lo que no pudo obtener por laa fuerza, a saber edificar un poderoso imperio consolidado. Y ¿tuvo éxito? No. La misma potencia con la cual se había aliado, produjo su destrucción, en las tropas de Blucher, sobre el campo de Waterloo. El hierro no quería mezclarse con la arcilla."[10]

Pero Napoleón no fué el último en probar el experimento. Numerosas guerras europeas siguieron a los esfuerzos del Pequeño Cabo. Para evitar conflictos futuros, gobernantes benévolos recurrieron al expediente de los matrimonios para asegurar la paz, hasta que al principio del siglo XX todo ocupante de un trono hereditario de cierta importancia en Europa estaba emparentado con la familia real británica. La primera guerra mundial demostró la futilidad de estas tentativas.

De los horrores de esa lucha titánica nació un ideal expresado por el presidente Woodrow Wilson, quien exclamó: "¡El mundo ha quedado seguro para la democracia!" Con la convicción de que se había peleado una guerra que acabaría con las guerras, se anunciaron los derechos inherentes de las minorías y los principios de la autodeterminación, asegurados por una liga mundial de naciones que sabría refrenar a los dictadores y castigar a los agresores.

Sin embargo, a la misma sombra del palacio de la Liga de las Naciones se levantaron caudillos que iban a destruir la paz del mundo y el ideal de una unión mundial, mientras predicaban una nueva revolución social. En vano prometieron el triunfo de la cultura y una unión basada en la superioridad racial que aseguraba "mil años de tranquilidad" a las naciones de una Europa "en parte... fuerte, y en parte... frágil."

En medio de la confusión, el naufragio de las naciones, la destrucción de las instituciones, el sacrificio de los tesoros resultantes de siglos de frugalidad, a través de ojos empañados por el pesar que le ocasionan la pérdida de la flor de su juventud, el envilecimiento de sus mujeres, la matanza de sus niños y ancianos, a través de las nubes que se levantan sobre la sangre humana humeante, un mundo angustioso busca ansiosamente indicios de que podrá sobrevivir. ¿Volverá el huidizo espejismo de la paz mundial basada en la confianza de una solidaridad europea, resultado de los buenos deseos irracionales, a inducir a los hombres a olvidar la declaración de la Palabra de Dios: "Mas no se pegarán el uno con el otro"?

Pueden realizarse alianzas, y puede parecer que el hierro y el barro de los pies y de los dedos de la gran imagen se van a fusionar finalmente, pero Dios dijo: "No se pegarán." Puede parecer que han desaparecido las viejas animosidades y que los "diez reyes" han seguido el camino de toda la tierra, pero, "la Escritura no puede ser quebrantada." (Juan 10:35.)

Concluiremos con unas palabras de Guillermo Newton: "Y sin embargo, si, como resultado de estas alianzas o de otras causas, este número queda a veces cambiado, ello no necesita sorprendernos. Es en verdad precisamente lo que la profecía parece exigir. El hierro no se mezclaba con el tiesto. Por un tiempo parecía imposible distinguir entre ellos en la imagen. Pero no iban a permanecer así. 'No se pegarán.' Por un lado, la naturaleza de estas substancias les prohíbe mixturarse; y lo mismo hace por el otro la palabra de la profecía. Sin embargo, se iba a hacer la tentativa de mezclarlos; hasta hubo una apariencia de mezcla en ambos casos. Pero abortó. ¡Y con cuán señalado énfasis afirma la historia esta declaración de la Palabra de Dios!"[11]

VERS. 44, 45: Y en los días de estos reyes, levantará el Dios del cielo un reino que nunca jamás se corromperá: y no será dejado a otro pueblo este reino; el cual desmenuzará y consumirá todos estos reinos, y él permanecerá para siempre. De la manera que viste que del monte fué cortada una piedra, no con manos, la cual desmenuzó al hierro, al metal, al tiesto, a la plata, y al oro; el gran Dios ha mostrado al rey lo que ha de acontecer en lo por venir: y el sueño es verdadero, y fiel su declaración.

El Dios del cielo establecerá un reino— Aquí llegamos al punto culminante de esta profecía estupenda. Cuando el tiempo, en su avance, nos lleve a la escena sublime aquí predicha, habremos llegado al fin de la historia humana. ¡El reino de Dios! Grandiosa provisión para una dispensación nueva y gloriosa, en la cual su pueblo hallará el feliz término de la triste y mudable carrera de este mundo degradado. ¡Cuán gozosa transformación para todos los justos, de la lobreguez a la gloria, de la guerra a la paz, de un mundo pecaminoso a otro santo, de la muerte a la vida, de la tiranía y opresión al estado feliz de libertad y los bienaventurados privilegios de un reino celestial! ¡Gloriosa transición, de la debilidad a la fortaleza, de lo mutable y decadente a lo inmutable y eterno!

Pero ¿cuándo se ha de establecer este reino? ¿Puede recibir respuesta una pregunta de tanta importancia para nuestra familia humana? Estas son interrogaciones acerca de las cuales la Palabra de Dios no nos deja en la ignorancia, y en su contestación se ve el valor insuperable de este don celestial.

La Biblia afirma claramente que el reino de Dios era todavía futuro en ocasión de la última Pascua de nuestro Señor. (Mateo 26:29.) Cristo no estableció el reino antes de su ascensión. (Hechos 1:6.) Declara, además, que ni la carne ni la sangre pueden heredar al reino de Dios. (1 Corintios 15:50.) Es motivo de una promesa hecha a los apóstoles y a todos los que aman a Dios. (Santiago 2:5.) Ha sido prometido al rebaño pequeño para un tiempo futuro. (Lucas 12:32.) Por muchas tribulaciones han de entrar los santos en el reino venidero. (Hechos 14:22.) Se ha de establecer cuando Cristo juzgue a los vivos y a los muertos. (2 Timoteo 4:1.) Ello sucederá cuando venga en su gloria con todos sus santos ángeles. (Mateo 25:31-34.) No decimos que ha sido revelado el momento exacto (recalcamos que no lo ha sido) en esta profecía de Daniel 2 o en cualquier otra profecía; pero iban a presentarse tantos indicios de su proximidad, que la generación destinada a ver el establecimiento de este reino podría saber infaliblemente cuándo se acercase y hacer los preparativos que habilitan a los hijos de Dios para que participen de toda su gloria.

El tiempo ha desarrollado por completo esta gran imagen en todas sus partes. Representa con la mayor exactitud los acontecimientos políticos importantes que estaba destinada a simbolizar. Ha estado completa durante más de catorce siglos. Aguarda que la hiera en los pies la piedra cortada de la montaña sin intervención de mano alguna, es decir el reino de Cristo. Esto se cumplirá cuando el Señor se revele en llama de fuego, "para dar el pago a los que no conocieron a Dios, ni obedecen al evangelio de nuestro Señor Jesucristo." (2 Tesalonicenses 1:8. Véase también Salmo 2:8, 9.) En los días de estos reyes el Dios del cielo establecerá un reino. Hemos estado en los días de estos reyes durante muchos siglos, y estamos todavía en esos días. En cuanto se refiere a las profecías, el próximo acontecimiento es el establecimiento del reino eterno de Dios. Otras profecías y señales innumerables demuestran inequívocamente que la venida de Cristo se acerca.

La iglesia cristiana primitiva interpretaba las profecías de Daniel 2, 7 y 8 como nosotros ahora. Hipólito, que vivió entre 160 a 236 de nuestra era, y fué, se cree, discípulo de Irenco, uno de los cuatro teólogos mayores de su época, dice en su exposición de Daniel 2 y Daniel 7:

"La cabeza de oro de la imagen y la leona denotaban a los babilonios; los hombros y los brazos de plata, y el oso representaban a los persas y los medos; el vientre y los muslos de metal, y el leopardo significaban los griegos, que ejercieron la soberanía desde el tiempo de Alejandro; las piernas de hierro y la bestia espantosa y terrible, expresaban a los romanos, que conservan la soberanía actualmente; los dedos de los pies que eran en parte de arcilla y en parte de hierro, y los diez cuernos, eran emblemas de los reinos que todavía se han de levantar; el otro cuerno pequeño que crece entre ellos significaba el Anticristo en su medio; la piedra que hiere la tierra y trae juicio al mundo era Cristo."[12]

"Háblame, oh bienaventurado Daniel. Dame, te lo ruego, plena seguridad. Tú profetizas acerca de la leona en Babilonia; porque fuiste cautivo allí. Tú has revelado el futuro acerca del oso, porque estabas todavía en el mundo, y viste acontecer las cosas. Luego me hablas del leopardo; ¿de dónde puedes saber esto, en vista de que ya pasaste a tu descanso? ¿Quién te instruyó para anunciar estas cosas, sino el que te formó en el seno de tu madre? Es Dios, dices. Has hablado con verdad, y no falsamente. El leopardo se ha levantado; ha venido el macho cabrío; ha herido al carnero; ha quebrantado sus cuernos; lo ha hollado bajo los pies. Se ha exaltado por su caída; los cuatro cuernos han salido debajo del primero. Regocíjate, bienaventurado Daniel; no has estado en el error: todas estas cosas han acontecido.

"Después de esto me has hablado también de la bestia espantosa y terrible. 'La cual tenía dientes de hierro, y sus uñas de metal, que devoraba y desmenuzaba, y las sobras hollaba con sus pies.' Ya reina el hierro; ya lo subyuga y desmenuza todo; ya pone en sujeción a los rebeldes; ya vemos estas cosas nosotros mismos. Ahora glorificamos a Dios, siendo instruidos por ti."[13]

La parte de la profecía que se había cumplido en aquel tiempo era clara para los cristianos primitivos. Veían también que iban a surgir diez reinos del Imperio Romano, y que el Anticristo aparecería entre ellos. Aguardaban con esperanza la gran consumación, el momento en que la segunda venida de Cristo acabaría con todos los reinos terrenales, y se establecería el reino de justicia.

¡El reino venidero! Tal debiera ser el tema que absorbiese toda conversación en la generación actual. Estimado lector, ¿estás listo para su establecimiento? El que entre en este reino no morará en él simplemente durante un plazo como el que viven los hombres en su estado actual. No lo verá degenerar, ni ser derribado por otro reino más poderoso que le suceda. No; porque entra a participar de todos sus privilegios y bendiciones, y a compartir sus glorias para siempre, porque este reino no ha de "ser dejado a otro pueblo."

Volvemos a preguntar: ¿Estáis listos? Las condiciones para heredarlo son muy liberales. "Y si vosotros sois de Cristo, ciertamente la simiente de Abraham sois, y conforme a la promesa los herederos." (Gálatas 3:29.) ¿Sois amigos de Cristo, el Rey venidero? ¿Apreciáis su carácter? ¿Estáis procurando andar humildemente en sus pisadas, y obedecer sus enseñanzas? En caso contrario, leed vuestra suerte en los casos de aquellos personajes de la parábola acerca de los cuales se dice: "Y también a aquellos mis enemigos que no querían que yo reinase sobre ellos, traedlos acá, y degolladlos delante de mí." (Lucas 19:27.) No existirá ningún reino rival en el cual podáis hallar asilo si sois enemigos de éste, porque el reino de Dios ha de ocupar todo el territorio que hayan poseído todos los reinos de este mundo, pasados o presentes. Ha de llenar toda la tierra. Felices serán aquellos a quienes el legítimo Soberano, el gran Rey vencedor, pueda decir al fin: "Venid, benditos de mi Padre, heredad el reino preparado para vosotros desde la fundación del mundo." (Mateo 25:34.)

VERS. 46-49: Entonces el rey Nabucodonosor cayó sobre su rostro, y humillóse a Daniel, y mandó que le sacrificasen presentes y perfumes. El rey habló a Daniel, y dijo: Ciertamente que el Dios vuestro es Dios de dioses, y el Señor de los reyes, y el descubridor de los misterios, pues pudiste revelar este arcano. Entonces el rey engrandeció a Daniel, y le dió muchos y grandes dones, y púsolo por gobernador de toda la provincia de Babilonia, y por príncipe de los gobernadores sobre todos los sabios de Babilonia. Y Daniel solicitó del rey, y él puso sobre los negocios de la provincia de Babilonia a Sadrach, Mesach, y Abed-nego: y Daniel estaba a la puerta del rey.

Debemos volver al palacio de Nabucodonosor, y a Daniel que está en presencia del rey. Ha dado a conocer al monarca el sueño y su interpretación, mientras que los cortesanos y los frustrados adivinadores y astrólogos aguardaban en admiración y silencio reverente.

Nabucodonosor ensalza a Daniel— En cumplimiento de la promesa que hiciera, el rey recompensó a Daniel e hizo de él un gran hombre. Dos cosas hay en esta vida que se consideran como especialmente capaces de hacer grande a un hombre, y ambas las recibió Daniel del rey. En efecto, se considera grande a un hombre que tiene riquezas; y leemos que el rey le dió muchos y grandes presentes. Si en conjunción con sus riquezas un hombre tiene poder, la estima popular lo considera tanto más grande; y en el caso de Daniel el poder le fué concedido ciertamente en medida abundante. Fué hecho gobernante de la provincia de Babilonia, y principal de los gobernadores sobre todos los sabios de Babilonia. De manera que en seguida recibió Daniel presta y abundante recompensa por su fidelidad a su propia conciencia y a los requerimientos de Dios.

Daniel no se dejó perturbar ni embriagar por esta señalada victoria y su progreso maravilloso. Primero recordó a los tres jóvenes que le acompañaron en su ansiedad con respecto al negocio del rey. Como ellos le ayudaron con sus oraciones, resolvió que participasen de sus honores. A petición suya, se los puso sobre los negocios de Babilonia, mientras que Daniel mismo se sentaba a la puerta del rey. La puerta era el lugar dónde se celebraban las reuniones de consejo y se consideraban los asuntos de mayor importancia. El relato nos declara, pues, sencillamente que Daniel llegó a ser el principal consejero del rey.

Notas del Capítulo 2

[1] Véase Adán Clarke, "Commentary on the Old Testament," tomo 4, págs. 564, 567, notas sobre Daniel 1:1; 2:1; Tomás Newton, "Dissertations on the Prophecies," tomo 1, pág. 231; Alberto Barnes, "Notes on Daniel, " págs. 111, 112, comentario sobre Daniel 2:1.

[2] "The Cambridge Ancient History," tomo 3, pág. 212. Con autorización de los editores en los Estados Unidos, Macmillan Company.

[3] Id., pág. 217.

[4] Jorge Rawlinson, "The Seven Great Monarchies of the Ancient Eastern World," tomo 2, pág. 610. Nota 202.

[5] Véase Herodoto, págs. 67-71; Jorge Rawlinson, "The Seven Great Monarchies of the Ancient Eastern World, tomo 2, págs. 254-259; Humphrey Prideaux, "The Old and New Testament Connected in the History of the Jews," tomo I, págs, 136, 137.

[6] Humphrey Prideaux, "The Old and New Testament Connected in the History of the Jews," tomo I. pág. 137.

[7] Tomás Newton, "Dissertations on the Prophecies," tomo I, pág, 240.

[8] Eduardo Gibbon, "The Decline and Fall of the Roman Empire " tomo 3, observaciones generales que siguen al capítulo 38, pág. 634. La obra de Gibbon ha aparecido en muchas ediciones además de la que se usa en la preparación de este libro. Para el estudiante que posea una edición diferente, se ha incluído el capitulo en todas las referencias, a fin de facilitar la búsqueda de las citas.

[9] Id., tomo 1, cap. 3, págs. 99, 100.

[10] Guillermo Newton, "Lectures on the First Two Visions of the Book of Daniel," pags. 34-36.

[11] Id., pág. 36.

[12] Hipólito, "Tratado sobre Cristo y el Anticristo," "Ante-Nicene Fathers," tomo 5, pág. 210, párr. 28.

[13] Id., párr. 32, 33.

[*] En armonía con siete comentadores principales, el autor incluye a los hunos como uno de los diez reinos. Pero otros, con precedentes históricos, nombran a los alamanes en lugar de los hunos. — Comisión revisora.

Capítulo 3—Integridad Probada por el Fuego

VERS. 1: El rey Nabucodonosor hizo una estatua de oro, la altura de la cual era de sesenta codos, su anchura de seis codos: levantóla en el campo de Dura, en la provincia de Babilonia.

ES ADMISIBLE creer que esta imagen se refería en cierto sentido al sueño descrito en el capítulo anterior. En ese sueño, la cabeza era de oro, y representaba el reino de Nabucodonosor. Le sucedían metales de calidad inferior, que simbolizaban una sucesión de reinos. Nabucodonosor se sintió indudablemente satisfecho de que su reino fuese representado por el oro; pero no le agradaba tanto que hubiese de ser sucedido por otro reino. Por lo tanto, en vez de decidir simplemente que la cabeza de su imagen fuese de oro, la hizo completamente de oro, con el fin de indicar que su reino no sería reemplazado por otro reino, sino que se perpetuaría.

VERS. 2-7: Y envió el rey Nabucodonosor a juntar los grandes, los asistentes y capitanes, oidores, receptores, los del consejo, presidentes, y a todos los gobernadores de las provincias, para que viniesen a la dedicación de la estatua que el rey Nabucodonosor había levantado. Fueron pues reunidos los grandes, los asistentes y capitanes, los oidores, receptores, los del consejo, los presidentes y todos los gobernadores de las provincias a la dedicación de la estatua que el rey Nabucodonosor había levantado: y estaban en pie delante de la estatua que había levantado el rey Nabucodonosor. Y el pregonero pregonaba en alta voz: Mándase a vosotros, oh pueblos, naciones y lenguas, en oyendo el son de la bocina, del pífano, del tamboril, del arpa, del salterio, de la zampona, y de todo instrumento músico, os postraréis y adoraréis la estatua de oro que el rey Nabucodonosor ha levantado: y cualquiera que no se postrare y adorare, en la misma hora será echado dentro de un horno de fuego ardiendo. Por lo cual, oyendo todos los pueblos el son de la bocina, del pífano, del tamboril, del arpa, del salterio, de la zampoña, y de todo instrumento músico, todos los pueblos, naciones, y lenguas, se postraron, y adoraron la estatua de oro que el rey Nabucodonosor había levantado.

Debía ser una gran ocasión, pues fueron convocados los hombres principales del reino. A estos extremos de esfuerzos y gastos están dispuestos a llegar los hombres para sostener los sistemas de culto idólatras y paganos. Cuánta lástima es que aquellos que tienen la verdadera religión queden tan superados al respecto por los que sostienen lo falso y espurio. La adoración iba acompañada de música; y cualquiera que no participase de ella se veía amenazado de ser arrojado al horno de fuego. Tales son siempre los motivos más poderosos que se usan para impeler a los hombres en cualquier dirección: el placer por un lado, el dolor por el otro.

VERS. 8-12; Por esto en el mismo tiempo algunos varones Caldeos se llegaron, y denunciaron de los judíos, hablando y diciendo al rey Nabucodonosor; Rey, para siempre vive. Tú, oh rey, pusiste ley que todo hombre en oyendo el son de la bocina, del pífano, del tamboril, del arpa, del salterio, de la zampona, y de todo instrumento músico, se postrase y adorase la estatua de oro: y el que no se postrase y adorase, fuese echado dentro de un horno de fuego ardiendo. Hay unos varones judíos, los cuales pusiste tú sobre los negocios de la provincia de Babilonia; Sadrach, Mesach, y Abed-nego; estos varones, oh rey, no han hecho cuenta de ti; no adoran tus dioses, no adoran la estatua de oro que tú levantaste.

Tres hebreos probados— Los caldeos que acusaron a los judíos pertenecían probablemente a la secta de filósofos así llamada, y los agitaba aún el resentimiento por el fracaso que habían sufrido cuando no pudieron interpretar el sueño del rey relatado en Daniel 2. Deseaban ávidamente aprovechar cualquier pretexto para acusar a los judíos ante el rey, a fin de obtener su deshonor o su muerte. Influyeron en los prejuicios del rey insinuando con insistencia que esos hebreos eran ingratos. Querían decir: "A pesar de que les encargaste los negocios de Babilonia, te desprecian." No se sabe dónde estaba Daniel en esta ocasión. Probablemente estaba ausente atendiendo algún negocio del imperio. Pero ¿por qué estaban presentes Sadrach, Mesach y Abed-nego, sabiendo que no podían adorar la imagen? ¿No sería porque estaban dispuestos a cumplir con los requerimientos del rey hasta donde les fuese posible sin comprometer sus principios religiosos? El rey exigía que estuviesen presentes. Esto podían cumplirlo, y lo hicieron. Se les exigió que adorasen la imagen, pero esto se lo prohibía su religión, y por lo tanto se negaron a hacerlo.

VERS. 13-18: Entonces Nabucodonosor dijo con ira y con enojo que trajesen a Sadrach, Mesach, y a Abed-nego. Al punto fueron traídos estos varones delante del rey. Habló Nabucodonosor y dijoles: ¿Es verdad Sadrach, Mesach, y Abed-nego, que vosotros no honráis a mi dios, ni adoráis la estatua de oro que he levantado? Ahora pues, ¿estáis prestos para que en oyendo el son de la bocina, del pífano, del tamboril, del arpa, del salterio, de la zampoña, y de todo instrumento músico, os postréis, y adoréis la estatua que he hecho? Porque si no la adorareis, en la misma hora seréis echados en medio de un horno de fuego ardiendo: ¿y qué dios será aquel que os libre de mis manos? Sadrach, Mesach, y Abed-nego respondieron y dijeron al rey Nabucodonosor: No cuidamos de responderte sobre este negocio. He aquí nuestro Dios a quien honramos, puede librarnos del horno de fuego ardiendo; y de tu mano, oh rey, nos librará. Y si no, sepas, oh rey, que tu dios no adoraremos, ni tampoco honraremos la estatua que has levantado.

La tolerancia del rey se nota en el hecho de que concedió a Sadrach, Mesach y Abed-nego otra oportunidad después de su primera negativa a cumplir sus requisitos. Indudablemente, ellos comprendían cabalmente el asunto. No podían alegar ignorancia. Sabían lo que quería el rey, y si no le obedecían era porque intencional y deliberadamente rehusaban hacerlo. En el caso de la mayoría de los reyes, eso habría bastado para sellar su suerte. Pero Nabucodonosor dijo: No; pasaré por alto esta ofensa si en una segunda prueba cumplen la ley. Mas ellos informaron al rey que no necesitaba molestarse en repetir la prueba. Su respuesta fué sincera y decisiva. "No cuidamos--dijeron--de responderte sobre este negocio." Es decir, no necesitas concedernos el favor de otra prueba; nuestra decisión está hecha. Podemos contestarte tan bien ahora como en cualquier momento futuro; y nuestra respuesta es: No serviremos tus dioses, ni adoraremos la imagen de oro que has levantado. Nuestro Dios puede librarnos si quiere; pero si no lo hace, no nos quejaremos. Conocemos su voluntad y le obedeceremos incondicionalmente.

VERS. 19-25: Entonces Nabucodonosor fué lleno de ira, y demudóse la figura de su rostro sobre Sadrach, Mesach, y Abed-nego: asi habló, y ordenó que el horno se encendiese siete veces tanto de lo que cada vez solía. Y mandó a hombres muy vigorosos que tenía en su ejército, que atasen a Sadrach, Mesach, y Abed-nego, para echarlos en el horno del fuego ardiendo. Entonces estos varones fueron atados con sus mantos, y sus calzas, y sus turbantes, y sus vestidos, y fueron echados dentro del horno de fuego ardiendo. Y porque la palabra del rey daba priesa, y había procurado que se encendiese mucho, la llama del fuego mató a aquellos que habían alzado a Sadrach, Mesach, y Abed-nego. Y estos tres varones, Sadrach, Mesach, y Abed-nego, cayeron atados dentro del horno de fuego ardiendo. Entonces el rey Nabucodonosor se espantó, y levantóse apriesa, y habló, y dijo a los de su consejo: ¿No echaron tres varones atados dentro del fuego? Ellos respondieron y dijeron al rey; Es verdad, oh rey. Respondió él y dijo: He aquí que yo veo cuatro varones sueltos, que se pasean en medio del fuego, y ningún daño hay en ellos: y el parecer del cuarto es semejante a hijo de los dioses.

Nabucodonosor no estaba completamente exento de las faltas e insensateces en las cuales es tan fácil que caiga un monarca absoluto. Embriagado por el poder ilimitado, no podía soportar la desobediencia ni la contradicción. Aunque fuese por buenos motivos, si alguien resistía a la autoridad que expresaba, manifestaba la debilidad que, en tales circunstancias, es común entre la humanidad caída, y se enfurecía. Aunque dominaba al mundo, no sabía cumplir con el deber más difícil de dominar su propio espíritu. Su rostro mismo se demudó. En vez del dominio propio y la apariencia serena y digna que debiera haber conservado, dejó ver en su expresión y sus actos que era el esclavo de una pasión ingobernable.

Arrojados en el horno de fuego— El horno fue calentado siete veces más que de costumbre; en otras palabras, hasta lo sumo. En esto el rey anulaba su propósito; porque si el horno sobrecalentado tenía sobre las personas arrojadas en él el efecto que era de esperar, las víctimas quedaban destruidas tanto más pronto. Nada ganaría el rey con su furia. Pero al quedar libres de aquellos efectos, se ganó mucho para la causa de Dios y su verdad; porque cuanto más intenso era el calor, tanto mayor y más impresionante había de ser el milagro constituido por el libramiento de los jóvenes. Cada circunstancia reveló el poder directo de Dios. Los hebreos fueron atados con todas sus vestiduras, pero salieron sin que se notase siquiera en ellos el olor del fuego. Se eligieron a los hombres más fuertes del ejército para que los arrojasen al horno, pero el fuego los mató antes que llegasen en contacto con él. Y sin embargo no tuvo efecto sobre los hebreos, aun cuando estuvieron en medio de las llamas. Es evidente que el fuego se hallaba bajo el dominio de algún ser sobrenatural, porque aun cuando consumió las cuerdas con que los habían atado, de manera que podían andar libremente por en medio del fuego, ni siquiera chamuscó sus vestiduras. No salieron del fuego tan pronto como estuvieron libres, sino que permanecieron en él; porque el rey ios había metido en el horno, y a él le tocaba invitarlos a salir. Además, había una cuarta persona con ellos, y en su presencia podían estar tan contentos y gozosos en el horno de fuego como en las delicias y los lujos del palacio. ¡Ojalá que en todas nuestras pruebas, aflicciones, persecuciones y estrecheces nos acompañe la presencia "del Cuarto," y nos bastará!

El rey obtiene una. nueva visión— El rey dijo: "El parecer del cuarto es semejante a hijo de los dioses." Algunos piensan que este lenguaje se refiere a Cristo. El significado más literal es que tenía aspecto de ser divino. Pero si bien ésa era la manera en que Nabucodonosor solía hablar de los dioses a quienes adoraba (véanse los comentarios sobre Daniel 4:18), ello no es óbice para creer que la expresión podía referirse a Cristo, por cuanto la palabra elahin, usada aquí en su forma caldea, aunque está en número plural, se traduce regularmente "Dios" en todo el Antiguo Testamento.

¡Qué mordaz represión fué para la insensatez y locura del rey esta liberación que del horno de fuego obtuvieron estos nobles jóvenes! Un poder superior a cualquier otro de la tierra había vindicado a los que habían permanecido firmes contra la idolatría, y despreciado el culto y los requerimientos del rey. Ninguno de los dioses paganos había efectuado ni podía efectuar jamás una liberación como ésta.

VERS. 26-30: Entonces Nabucodonosor se acercó a la puerta del horno de fuego ardiendo, y habló y dijo: Sadrach, Mesach, y Abed-nego, siervos del alto Dios, salid y venid. Entonces Sadrach, Mesach, y Abednego, salieron de en medio del fuego. Y juntáronse los grandes, los gobernadores, los capitanes, y los del consejo del rey, para mirar estos varones, como el fuego no se enseñoreó de sus cuerpos, ni cabello de sus cabezas fué quemado, ni sus ropas se mudaron, ni olor de fuego había pasado por ellos. Nabucodonosor habló y dijo; Bendito el Dios de ellos, de Sadrach, Mesach, y Abed-nego, que envió su ángel, y libró sus siervos que esperaron en él, y el mandamiento del rey mudaron, y entregaron sus cuerpos antes que sirviesen ni adorasen otro dios que su Dios. Por mí pues se pone decreto, que todo pueblo, nación, o lengua, que dijere blasfemia contra el Dios de Sadrach, Mesach, y Abed-nego, sea descuartizado, y su casa sea puesta por muladar; por cuanto no hay dios que pueda librar como éste. Entonces el rey engrandeció a Sadrach, Mesach, y Abed-nego en la provincia de Babilonia.

Cuando recibieron la orden de hacerlo, los tres hombres salieron del horno. Entonces los príncipes, los gobernadores, y consejeros del rey, por cuyo consejo o asentimiento, habían sido arrojados al horno, pues el rey les dijo: "¿No fueron tres los hombres que echamos atados en medio del fuego?" (Vers. 24, V.M.), se reunieron para mirar a estos hombres, y obtuvieron la prueba tangible de su protección milagrosa. Todos se olvidaron del culto de la gran imagen. El interés de este vasto concurso de gente se concentró en estos tres hombres notables. ¡Cómo debió difundirse a través del imperio el conocimiento de esta liberación, cuando la gente volvió a sus respectivas provincias! ¡Cuán notablemente obtuvo Dios alabanza de la ira del hombre!

El rey reconoce al verdadero Dios— Entonces el rey bendijo al Dios de Sadrach, Mesach y Abed-nego, y decretó que nadie hablase contra él. Es indudable que los caldeos habían hablado contra él. En aquellos días, cada nación tenía su dios o sus dioses, porque había "muchos dioses y muchos señores." La victoria de una nación sobre otra se consideraba como debida a que los dioses de la nación vencida no habían podido librarla de sus conquistadores. Los judíos habían sido completamente subyugados por los babilonios, y éstos habían hablado sin duda despectivamente del Dios de los judíos. Esto el rey lo prohibía ahora; porque comprendía claramente que su éxito contra los hebreos era resultado de los pecados de ellos y no porque faltara poder a su Dios. ¡En qué situación conspicua y exaltada colocaba esto al Dios de los hebreos en comparación con los dioses de las naciones! Era un reconocimiento de que él imponía a los hombres alguna elevada norma de carácter moral, y no miraba con indiferencia sus acciones al respecto. Nabucodonosor hizo bien al ensalzar públicamente al Dios del cielo por encima de todos los demás dioses. Pero no tenía más derecho civil ni moral de imponer a sus súbditos una confesión y reverencia similar, ni de amenazar de muerte a los hombres por no adorar al verdadero

Dios, de lo que había tenido para amenazar de muerte a todos los que se negaban a adorar su imagen de oro. Dios no fuerza nunca la conciencia.

Tres hebreos ascendidos— El rey ascendió a los jóvenes cautivos, es decir que les devolvió los cargos que habían desempeñado antes que se los acusase de desobediencia y traición. Al final del versículo 30, la Septuaginta, o versión griega del Antiguo Testamento, añade lo siguiente al texto hebreo: "Los ascendió a gobernadores sobre todos los judíos que había en su reino." No es probable que insistiera en que se siguiese adorando su imagen.

Capítulo 4— El Altísimo Reina

VERS. 1-3: Nabucodonosor rey, a todos los pueblos, naciones, y lenguas, que moran en toda la tierra: paz os sea multiplicada: Las señales y milagros que el alto Dios ha hecho conmigo, conviene que yo las publique. ¡Cuán grandes son sus señales, y cuán potentes sus maravillas! Su reino, reino sempiterno, y su señorío hasta generación y generación.

ESTE capítulo, dice Adán Clarke, "es un decreto regular, y uno de los más antiguos registrados; no hay duda de que fué copiado de los documentos oficiales de Babilonia. Daniel lo ha conservado en el idioma original."[1]

El rey engrandece al Dios verdadero— Este decreto de Nabucodonosor se promulgó de la manera común. Deseaba dar a conocer, no sólo a algunos pocos hombres, sino a todos los pueblos y naciones, la manera admirable en que Dios había obrado con él. La gente propende generalmente a contar lo que Dios ha hecho para ella en lo que se refiere a beneficios y bendiciones. Debiéramos estar igualmente dispuestos a contar lo que Dios ha hecho para humillarnos y castigarnos. Nabucodonosor nos dió un buen ejemplo al respecto, como veremos en las partes subsiguientes de este capítulo. Confesó francamente la vanidad y el orgullo de su corazón, y habló libremente de los métodos que Dios había empleado para humillarle. Con un sincero espíritu de arrepentimiento y humillación, consideró bueno revelar estas cosas a fin de que la soberanía de Dios fuese ensalzada y adorado su nombre. Nabucodonosor ya no pedía inmutabilidad para su reino, sino que se entregó plenamente a Dios, reconociendo que sólo su reino era eterno, y su dominio de generación en generación.

VERS. 4-18: Yo Nabucodonosor estaba quieto en mi casa, y floreciente en mi palacio. Vi un sueño que me espantó, y las imaginaciones y visiones de mi cabeza me turbaron en mi cama. Por lo cual yo puse mandamiento para hacer venir delante de mi todos los sabios de Babilonia, que me mostrasen la declaración del sueño. Y vinieron magos, astrólogos, Caldeos, y adivinos; y dije el sueño delante de ellos, mas nunca me mostraron su declaración; hasta tanto que entró delante de mi Daniel, cuyo nombre es Beltsasar, como el nombre de mi dios, y en el cual hay espíritu de los dioses santos, y dije el sueño delante de él, diciendo; Beltsasar, príncipe de los magos, ya que he entendido que hay en ti espíritu de los dioses santos, y que ningún misterio se te esconde, exprésame las visiones de mi sueño que he visto, y su declaración. Aquestas las visiones de mi cabeza en mi cama; Parecíame que veía un árbol en medio de la tierra, cuya altura era grande. Crecía este árbol, y hacíase fuerte, y su altura llegaba hasta el cielo, y su vista hasta el cabo de toda la tierra. Su copa era hermosa, y su fruto en abundancia, y para todos habla en él mantenimiento. Debajo de él se ponían a la sombra las bestias del campo, y en sus ramas hacían morada las aves del cielo, y manteníase de él toda carne. Veía en las visiones de mi cabeza en mi cama, y he aquí que un vigilante y santo descendía del cielo. Y clamaba fuertemente y decía así: Cortad el árbol, y desmochad sus ramas, derribad su copa, y derramad su fruto: váyanse las bestias que están debajo de él, y las aves de sus ramas. Mas la cepa de sus raices dejaréis en la tierra, y con atadura de hierro y de metal entre la hierba del campo; y sea mojado con el rocío del cielo, y su parte con las bestias en la hierba de la tierra. Su corazón sea mudado de corazón de hombre, y séale dado corazón de bestia, y pasen sobre él siete tiempos. La sentencia es por decreto de los vigilantes y por dicho de los santos la demanda: para que conozcan los vivientes que el Altísimo se enseñorea del reino de los hombres, y que a quien él quiere lo da, y constituye sobre él al más bajo de los hombres. Yo el rey Nabucodonosor he visto este sueño. Tú pues, Beltsasar, dirás la declaración de él, porque todos los sabios de mi reino nunca pudieron mostrarme su interpretación: mas tú puedes, porque hay en ti espíritu de los dioses santos.

Esta parte de la narración se inicia cuando Nabucodonosor había vencido a todos sus enemigos. Había realizado con éxito todas sus empresas militares. Había subyugado a Siria, Fenicia, Judea, Egipto y Arabia. Estas grandes conquistas le indujeron probablemente a sentir vanidad y confianza en sí mismo. En este mismo momento, cuando se sentía más seguro, cuando parecía más improbable que ocurriese algo que perturbase su complaciente tranquilidad, en ese momento Dios decidió afligirle con temores y presentimientos.

El rey afligido por otro sueño— Pero ¿qué podía infundir temor al corazón de un monarca como Nabucodonosor? Había guerreado desde su juventud. Había arrostrado a menudo los peligros de los combates, los terrores de la matanza, y en medio de estas escenas había permanecido inconmovible. ¿Qué podía asustarlo ahora? Ningún enemigo le amenazaba, ninguna nube hostil había en el horizonte. Sus propios pensamientos y visiones sirvieron para enseñarle lo que ninguna otra cosa podía enseñarle: una lección saludable de dependencia y humildad. El que había aterrorizado a otros, pero a quien ningún otro hombre podía aterrorizar, fue hecho terror de sí mismo.

Sufrieron los magos una humillación aun mayor que la narrada en el segundo capítulo. En aquella oportunidad, se jactaron de que si tan sólo conocieran el sueño podrían revelar su interpretación. En esta ocasión, Nabucodonosor recordaba distintamente el sueño y se lo relató, pero sus magos volvieron a fracasar ignominiosamente. No pudieron dar a conocer la interpretación, y nuevamente el rey se dirigió al profeta de Dios.

El reinado de Nabucodonosor fue simbolizado por un árbol que crecía en medio de la tierra. Babilonia, la ciudad donde reinaba Nabucodonosor, se hallaba aproximadamente en el centro del mundo entonces conocido. El árbol llegaba hasta el cielo, y sus hojas eran lozanas. Grandes eran su gloria externa y su esplendor. Su fruto era abundante, y proporcionaba alimento para todos. Las bestias del campo se refugiaban a su sombra, y las aves del cielo moraban en sus ramas. ¿Qué otra cosa podría haber representado con más claridad y fuerza el hecho de que Nabucodonosor regía su reino con tanta eficacia que proporcionaba la más plena protección, sostén y prosperidad a todos sus súbditos? Cuando se dio la orden de cortar este árbol, se ordenó también que el tronco fuese dejado en la tierra. Había de ser protegido por una atadura de hierro y bronce, a fin de que no se pudriese, sino que subsistiese la base de su futuro crecimiento y grandeza.

Se está acercando el día en que los impíos serán cortados, y no les quedará esperanza. No habrá misericordia mezclada con su castigo. Serán destruidos raíz y rama, como lo expresa Malaquías.

"Pasen sobre él siete tiempos," fué el decreto. Es evidente que esta sencilla expresión se ha de entender literalmente. Pero ¿cuánto abarca este período de "siete tiempos"? Ello puede determinarse por el tiempo que Nabucodonosor, en cumplimiento de esta predicción, pasó alejado y tuvo su morada con las bestias del campo. Eso, nos informa Josefo, duró siete años.[2] Por tanto, aquí un "tiempo" representa un año.

¡Cuánto interés sienten los ángeles por los asuntos humanos! Ven, como no pueden verlo los mortales, cuán indecoroso es el orgullo en el corazón humano. Como ministros de Dios ejecutan alegremente sus decretos para corregir el mal. El hombre debe saber que no es el arquitecto de su propia fortuna, porque hay. Uno que predomina sobre el gobierno de los hombres y en él debieran ellos confiar humildemente. Un hombre puede tener mucho éxito como gobernante, pero no debe enorgullecerse de esto; porque si el Señor no le hubiese permitido gobernar, nunca habría alcanzado este puesto de honor.

Nabucodonosor reconoció la supremacía del verdadero Dios sobre los oráculos paganos. Solicitó a Daniel que resolviese el misterio. "Mas tú puedes--dijo,--porque hay en tí espíritu de los dioses santos." Según se ha observado al tratar Daniel 3:25, Nabucodonosor vuelve aquí a seguir su manera acostumbrada de mencionar a los dioses en plural, aunque la Septuaginta traduce así esta frase: "El espíritu santo de Dios está en tí."

VERS. 19-27: Entonces Daniel, cuyo nombre era Beltsasar, estuvo callando casi una hora, y sus pensamientos lo espantaban: el rey habló, y dijo: Beltsasar, el sueño ni su declaración no te espante. Respondió Beltsasar, y dijo; Señor mío, el sueño sea para tus enemigos, y su declaración para los que mal te quieren. El árbol que viste, que crecía y se hacía fuerte, y que su altura llegaba hasta el cielo, y su vista por toda la tierra; y cuya copa era hermosa, y su fruto en abundancia, y que para todos había mantenimiento en él; debajo del cual moraban las bestias del campo, y en sus ramas habitaban las aves del cielo, tú mismo eres, oh rey, que creciste, y te hiciste fuerte, pues Página 63 creció tu grandeza, y ha llegado hasta el cielo, y tu señorío hasta el cabo de la tierra. Y cuanto a lo que vió el rey, un vigilante y santo que descendía del cielo, y decía: Cortad el árbol y destruídlo: mas la cepa de sus raíces dejaréis en la tierra, y con atadura de hierro y de metal en la hierba del campo; y sea mojado con el rocío del cielo, y su parte sea con las bestias del campo, hasta que pasen sobre él siete tiempos: ésta es la declaración, oh rey, y la sentencia del Altísimo, que ha venido sobre el rey mi señor: Que te echarán de entre los hombres, y con las bestias del campo será tu morada, y con hierba del campo te apacentarán como a los bueyes, y con rocío del cielo serás bañado; y siete tiempos pasarán sobre ti, hasta que entiendas que el Altísimo se enseñorea en el reino de los hombres, y que a quien él quisiere lo dará. Y lo que dijeron, que dejasen en la tierra la cepa de las raíces del mismo árbol, significa que tu reino se te quedará firme luego que entiendas que el señorío es en los cielos. Por tanto, oh rey, aprueba mi consejo, y redime tus pecados con justicia, y tus iniquidades con misericordias para con los pobres; que tal vez será eso una prolongación de tu tranquilidad.

La vacilación de Daniel, que permaneció sentado, callando de asombro, no se debía a que tuviese dificultad alguna en interpretar el sueño, sino a lo delicado que le resultaba dar a conocer su significado al rey. Daniel había recibido favores del rey, solamente favores por cuanto sepamos, y le era sumamente difícil transmitir tan terrible amenaza de juicio contra él como la que entrañaba ese sueño. Al profeta le perturbaba la necesidad de determinar de qué manera sería mejor comunicar su mensaje. Parece que el rey calculaba que iba a recibir algo por el estilo, pues animó al profeta diciéndole que no se dejase perturbar por el sueño o la interpretación. Era como si hubiese dicho: No vaciles en hacérmelo conocer, cualquiera que sea su significado para mí.

Daniel interpreta el sueño— Así alentado, Daniel habló en lenguaje categórico, aunque delicado: "El sueño sea para tus enemigos, y su declaración para los que mal te quieren." Este sueño presentaba una calamidad que Daniel habría deseado ver caer sobre los enemigos del rey más bien que sobre él.

Nabucodonosor había relatado minuciosamente el sueño, y tan pronto como Daniel le comunicó que el sueño se le aplicaba, quedó evidente que el rey había pronunciado su propia sentencia. La interpretación que sigue es tan clara que no necesita explicación. Los castigos con que se le amenazaba eran condicionales. Habían de enseñar al rey "que el señorío es en los cielos," pero la palabra "cielos" significa aquí Dios, el gobernante de los cielos. Daniel aprovechó la ocasión para dar al rey algunos consejos con respecto al juicio que le amenazaba. Pero no le acusó con espíritu duro ni lo censuró. La bondad y la persuasión fueron las armas que decidió emplear: "Aprueba mi consejo." Igualmente el apóstol Pablo ruega a los hombres que soporten la palabra de exhortación. (Hebreos 13:22.) Si el rey quería abandonar sus pecados haciendo "justicia," y sus iniquidades manifestando "misericordias para con los pobres," el resultado podría ser una prolongación de su tranquilidad, o como dice una nota marginal de cierta versión, "la curación de tu error." Por el arrepentimiento podría haber evitado el juicio que el Señor se proponía hacer caer sobre él.

VERS. 28-33: Todo aquesto vino sobre el rey Nabucodonosor. A cabo de doce meses, andándose paseando sobre el palacio del reino de Babilonia, habló el rey, y dijo: ¿No es ésta la gran Babilonia, que yo edifiqué para casa del reino, con la fuerza de mi poder, y para gloria de mí grandeza? Aun estaba la palabra en la boca del rey, cuando cae una voz del cielo: A ti dicen, rey Nabucodonosor; el reino es traspasado de ti: y de entre los hombres te echan, y con las bestias del campo será tu morada, y como a los bueyes te apacentarán: y siete tiempos pasarán sobre ti, hasta que conozcas que el Altísimo se enseñorea en el reino de los hombres, y a quien él quisiere lo da. En la misma hora se cumplió la palabra sobre Nabucodonosor, y fué echado de entre los hombres; y comía hierba como los bueyes, y su cuerpo se bañaba con el rocío del cielo, hasta que su pelo creció como de águila, y sus uñas como de aves.

La exaltación propia y humillación del rey—Nabucodonosor no aprovechó la amonestación recibida, pero Dios tuvo paciencia con él doce meses más antes de dejar caer el golpe. Durante todo ese tiempo, el rey siguió albergando orgullo en su corazón, y al fin llegó al punto que Dios no podía dejarle superar. El rey se estaba paseando en el palacio, y mientras miraba los esplendores de aquella maravilla del mundo, la corona de los reinos, olvidó la fuente de toda su fuerza y grandeza y exclamó: "¿No es ésta la gran Babilonia, que yo edifiqué?" Los arqueólogos han descubierto las ruinas de aquella antigua ciudad, que sir Federico Ken yon describe como sigue:

"Estas ruinas confirmaron el carácter generalmente asolado del sitio, pero. también revelaron mucho de su plan, arquitectura y ornamentación. Los edificios hallados eran casi todos, obra de Nabucodonosor, quien reconstruyó la ciudad anterior muy extensamente, siendo el edificio más conspicuo de todos, su propio enorme palacio ('la gran Babilonia, que yo edifiqué para casa del reino, con la fuerza de mi poder, y para gloria de mi grandeza')."[3]

Había llegado el momento en que Nabucodonosor había de quedar humillado. Una voz del cielo volvió a anunciar el castigo con que se le amenazaba, y la divina providencia prosiguió inmediatamente a ejecutarlo. Perdió la razón. Ya no le encantaron la pompa y la gloria de su gran ciudad. Con el toque de su dedo, Dios le arrebató la capacidad de apreciarla y disfrutarla. Abandonó las moradas de los hombres, y buscó refugio y compañía entre las bestias del campo.

VERS. 34-37: Mas al fin del tiempo yo Nabucodonosor alcé mis ojos al cielo, y mi sentido me fué vuelto; y bendije al Altísimo, y alabé y glorifiqué al que vive para siempre; porque su señorío es sempiterno, y su reino por todas las edades. Y todos los moradores de la tierra por nada son contados: y en el ejército del cielo, y en los habitantes de la tierra, hace según su voluntad: ni hay quien estorbe su mano, y le diga: ¿Qué haces? En el mismo tiempo mi sentido me fué vuelto, y la majestad de mi reino, mi dignidad y mi grandeza volvieron a mí, y mis gobernadores y mis grandes me buscaron; y fuí restituído a mi reino, y mayor grandeza me fué añadida. Ahora yo Nabucodonosor alabo, engrandezco y glorifico al Rey del cielo, porque todas sus obras son verdad, y sus caminos juicio; y humillar puede a los que andan con soberbia.

Nabucodonosor ensalza al Rey del cielo— Al final de los siete años la mano de Dios dejó de afligir al rey, y recobró la razón y el entendimiento. Su primer acto consistió en bendecir al Altísimo. Acerca de esto, Mateo Henry observa con mucha propiedad lo siguiente: "Se puede con justicia considerar como privados de entendimiento a los que no bendicen ni alaban a Dios; y hasta que empiezan a ser religiosos los hombres no usan correctamente su razón, ni viven como hombres hasta que viven para gloria de Dios."[4]

La honra y la inteligencia le fueron devueltas, sus consejeros le buscaron, y quedó restablecido en el reino. Recibió la promesa de que su reino le quedaría asegurado. (Vers. 26.) Se dice que durante su locura su hijo Evil-Merodach reinó en su lugar. La interpretación que Daniel dió al sueño fué indudablemente bien comprendida en el palacio, y fué probablemente tema de conversación. De ahí que el regreso de Nabucodonosor a su reino debe haber sido esperado con interés. No tenemos información acerca de por qué se le permitió vivir en campo abierto y en condición tan desamparada en vez de ser cómodamente atendido por los asistentes del palacio.

La aflicción tuvo el efecto para el cual estaba destinada. El rey aprendió la lección de humildad. No la olvidó cuando recuperó su prosperidad. Supo reconocer que el Altísimo reina entre los hombres, y da el reino a quien quiere. Promulgó en todo su reino una proclamación real que reconocía su orgullo, y alababa y adoraba al Rey del cielo.

Es la última mención de Nabucodonosor que hallamos en la Escritura. Este decreto fué dado en 563 ant. de J.C., o sea, según la cronología aceptada por Adán Clarke,[5] un año antes de la muerte de Nabucodonosor; pero algunos le atribuyen una fecha que antecede su muerte en 17 años. No hay indicación ni crónica de que el rey haya vuelto a caer en la idolatría. Por lo tanto, podemos concluir que murió creyendo en el Dios de Israel.

Así terminó la vida de este hombre notable. En medio de todas las tentaciones que acompañaban a su elevado puesto de rey, ¿no podemos suponer que Dios vió en él una sinceridad, integridad y pureza de propósito, que podía usar para la gloria de su nombre? De ahí que obrase en forma tan admirable con él, con el fin aparente de separarle de su falsa religión, y hacerle servir al Dios verdadero. Tenemos su sueño de la gran imagen, que contiene una valiosa lección para los hombres de todas las generaciones venideras. Recordamos lo que experimentó con Sadrach, Mesach y Abed-nego cuando rehusaron adorar su imagen de oro, con lo que se vió nuevamente inducido a reconocer la supremacía del verdadero Dios.

Finalmente, tenemos los admirables incidentes registrados en este capítulo, que nos muestran los esfuerzos incesantes del Señor para inducir a Nabucodonosor a reconocer plenamente al Creador. ¿No nos es permitido esperar que el rey más ilustre de Babilonia, la cabeza de oro, tendrá al fin parte en aquel reino delante del cual todos los reinos serán como el tamo, y cuya gloria no se marchitará jamás?

Notas del Capítulo 4

[1] Adán Clarke, "Commentary on the Old Testament," tomo 4, pág. 582, nota sobre Daniel 4:1.

[2] Véase Flavio Josefo, "Antigüedades Judaicas," libro 10, cap. 10, sec. 6.

[3] Sir Federico Kenyon, "The Bible and Archaeology," pág. 126.

[4] Mateo Henry, "Commentary," tomo 2, pág. 965, nota sobre Daniel 4:34-37.

[5] Adán Clarke, "Commentary on the Old Testament," tomo 4, pág. 585, nota sobre Daniel 4:37.

Capítulo 5—La Escritura en la Pared

VERS. 1: El rey Belsasar hizo un gran banquete a mil de sus príncipes, y en presencia de los mil bebía vino.

ESTE capítulo describe las escenas finales del imperio babilónico, la transición del oro a la plata en la gran imagen de Daniel 2; y del león al oso, en la visión del capítulo 7. Algunos suponen que este banquete era una fiesta anual que se celebraba en honor de las divinidades paganas. Ciro, que estaba entonces sitiando Babilonia, sabiendo que se la iba a celebrar, la tuvo en cuenta en sus planes para tomar la ciudad. Nuestra traducción dice que habiendo invitado Belsasar a mil de sus príncipes, "en presencia de los mil bebía vino." Algunos traducen así la expresión; "Bebía . . . contra los mil," con lo que dan a entender que, además de cualesquiera otras debilidades que tuviese, era también un gran bebedor.

VERS. 2-4: Belsasar, con el gusto del vino, mandó que trajesen los vasos de oro y de plata que Nabucodonosor su padre había traído del templo de Jerusalén; para que bebiesen con ellos el rey y sus príncipes, sus mujeres y sus concubinas. Entonces fueron traídos los vasos de oro que habían traído del templo de la casa de Dios que estaba en Jerusalén, y bebieron con ellos el rey y sus príncipes, sus mujeres y sus concubinas. Bebieron vino, y alabaron a los dioses de oro y de plata, de metal, de hierro, de madera, y de piedra.

Este hecho de que, cuando el rey empezó a sentir el efecto del vino pidió que se trajesen los vasos sagrados que habían sido tomados en Jerusalén, parecería indicar que la fiesta se refería en cierto sentido a las victorias anteriores obtenidas sobre los judíos. Era de esperar, ciertamente, que el rey usase estos vasos para celebrar la victoria que los había entregado a los babilonios. Probablemente, ningún otro rey había ido tan lejos en su impiedad. Y mientras bebían vino en los vasos dedicados al Dios verdadero, alababan a sus dioses de oro, plata, bronce, hierro, madera y piedra. Posiblemente, como lo hemos notado en los comentarios referentes a Daniel 3:29, celebraban la superioridad del poder de sus dioses frente al Dios de los judíos, de cuyos vasos bebían ahora en honor de sus divinidades paganas.

VERS. 5-9: En aquella misma hora salieron unos dedos de mano de hombre, y escribían delante del candelero sobre lo encalado de la pared del palacio real, y el rey veía la palma de la mano que escribía. Entonces el rey se demudó de su color, y sus pensamientos lo turbaron, y desatáronse las ceñiduras de sus lomos, y sus rodillas se batían la una con la otra. El rey clamó en alta voz que hiciesen venir magos, Caldeos, y adivinos. Habló el rey, y dijo a los sabios de Babilonia: Cualquiera que leyere esta escritura, y me mostrare su declaración, sera vestido de púrpura, y tendrá collar de oro a su cuello; y en el reino se enseñoreará el tercero. Entonces fueron introducidos todos los sabios del rey, y no pudieron leer la escritura, ni mostrar al rey su declaración. Entonces el rey Belsasar fué muy turbado, y se le mudaron sus colores, y alteráronse sus príncipes.

La escritura en la pared— Ningún fulgor de luz sobrenatural ni trueno ensordecedor anunció la intervención de Dios en la impía orgía. Apareció silenciosamente una mano que trazó caracteres místicos sobre la pared. Escribió frente al candelero. El terror se apoderó del rey, porque su conciencia lo acusaba. Aunque no sabía leer lo escrito, comprendía que no era un mensaje de paz ni de bendición el que había sido trazado en caracteres resplandecientes sobre la pared de su palacio. La descripción que hace el profeta del efecto que sobre el rey producía el temor es insuperable. Se demudó el rostro del rey, su corazón desfalleció en él, dolores se apoderaron de él, y tan violento era su temblor que sus rodillas se entrechocaban. Se olvidó de sus jactancias y su orgía. Se olvidó de su dignidad. Y clamó en alta voz que viniesen sus astrólogos y adivinadores a revelarle el significado de la inscripción misteriosa.

VERS. 10-16: La reina, por las palabras del rey y de sus príncipes, entró a la sala del banquete. Y habló la reina, y dijo: Rey, para siempre vive, no te asombren tus pensamientos, ni tus colores se demuden: En tu reino hay un varón, en el cual mora el espíritu de los dioses santos; y en los días de tu padre se halló en él luz e inteligencia y sabiduría, como ciencia de los dioses: al cual el rey Nabucodonosor, tu padre, el rey tu padre constituyó príncipe sobre todos los magos, astrólogos, Caldeos, y adivinos: Por cuanto fué hallado en él mayor espíritu, y ciencia, y entendimiento, interpretando sueños, y declarando preguntas, y deshaciendo dudas, es a saber, en Daniel; al cual el rey puso por nombre Beltsasar. Llámese pues ahora a Daniel, y él mostrará la declaración. Entonces Daniel fué traído delante del rey. Y habló el rey, y dijo a Daniel: ¿Eres tú aquel Daniel de los hijos de la cautividad de Judá, que mi padre trajo de Judea? Yo he oído de ti que el espíritu de los dioses santos está en ti, y que en ti se halló luz, y entendimiento y mayor sabiduría. Y ahora fueron traídos delante de mí, sabios, astrólogos, que leyesen esta escritura, y me mostrasen su interpretación: pero no han podido mostrar la declaración del negocio. Yo pues he oído de ti que puedes declarar las dudas, y desatar dificultades. Si ahora pudieres leer esta escritura, y mostrarme su interpretación, Serás vestido de púrpura, y collar de oro tendrás en tu cuello, y en el reino serás el tercer señor.

De las circunstancias narradas aquí parecería desprenderse que en la corte y en el palacio se habían olvidado de Daniel como profeta de Dios. Esto se debía indudablemente a que, por asuntos del reino, él se había ausentado a Susán, en la provincia de Elam. (Daniel 8:1, 2, 27.) Probablemente, la invasión del país por el ejército persa le había obligado a volver a Babilonia. La reina que hizo saber al rey que había una persona a quien dirigirse para obtener conocimiento de las cosas sobrenaturales, debe haber sido la reina madre, hija de Nabucodonosor. Debe haber recordado el admirable consejo que Daniel había dado durante el reinado de su padre.

Aquí se llama a Nabucodonosor padre de Belsasar, de acuerdo con la costumbre entonces común de llamar padre a cualquier antepasado paterno, e hijo a cualquier descendiente masculino. En realidad, Nabucodonosor era abuelo de Belsasar. Cuando entró Daniel, el rey preguntó si el profeta era uno de los hijos del cautiverio de Judá. De modo que pareció ordenado del Altísimo que, mientras los príncipes celebraban su banquete impío en honor de sus falsos dioses, un siervo del Dios verdadero, uno de aquellos a quienes retenían en cautiverio, fuera llamado a pronunciar el juicio que merecía su conducta impía.

VERS. 17-24: Entonces Daniel respondió, y dijo delante del rey: Tus dones sean para ti, y tus presentes dalos a otro. La escritura yo la leeré al rey, y le mostraré la declaración. El altísimo Dios, oh rey, dio a Nabucodonosor tu padre el reino, y la grandeza, y la gloria, y la honra: y por la grandeza que le dió, todos los pueblos, naciones, y lenguas, temblaban y temían delante de él. Los que él quería mataba, y daba vida a los que quería: engrandecía a los que quería, y a los que quería humillaba. Mas cuando su corazón se ensoberbeció, y su espíritu se endureció en altivez, fué depuesto del trono de su reino, y traspasaron de él la gloria: y fué echado de entre los hijos de los hombres; y su corazón fué puesto con las bestias, y con los asnos monteses fué su morada. Hierba le hicieron comer, como a buey, y su cuerpo fué bañado con el rocío del cielo, hasta que conoció que el altísimo Dios se enseñorea del reino de los hombres, y que pondrá sobre él al que quisiere. Y tú, su hijo Belsasar, no has humillado tu corazón, sabiendo todo esto: antes contra el Señor del cielo te has ensoberbecido, e hiciste traer delante de ti los vasos de su casa, y tú, y tus príncipes, tus mujeres y tus concubinas, bebisteis vino en ellos: demás de esto, a dioses de plata y de oro, de metal, de hierro, de madera, y de piedra, que ni ven, ni oyen, ni saben, diste alabanza: y al Dios en cuya mano está tu vida, y cuyos son todos tus caminos, nunca honraste. Entonces de su presencia fué enviada la palma de la mano que esculpió esta escritura.

Daniel reprende a Belsasar— Ante todo Daniel procuró destruir la idea de que pudieran influir en él motivos como los que regían a los adivinadores y astrólogos. Dijo: "Tus presentes dalos a otro." Deseaba dejar bien sentado que no se ponía a interpretar esta inscripción por el ofrecimiento de los dones y las recompensas. Luego relató lo que había experimentado el abuelo del rey, Nabucodonosor, según lo explicado en el capítulo precedente. Reprochó a Belsasar porque, sabiendo todo esto, no había humillado su corazón, sino que se había ensalzado contra el Dios del cielo. Había llevado su impiedad hasta el punto de profanar los vasos sagrados de Dios, alabando a dioses insensibles, de creación humana, y negándose a glorificar a Dios de cuya mano dependía su aliento. Por esa razón, le dijo Daniel, la mano había sido enviada por el Dios a quien había desafiado en forma atrevida e insultante, para que trazase aquellos caracteres de significado espantoso aunque oculto. Procedió luego a explicar la escritura.

VERS. 25-29: Y la escritura que esculpió es: MENE, MENE, TEKEL, UPHARSIN. La declaración del negocio es: MENE: Contó Dios tu reino, a halo rematado. TEKEL: Pesado has sido en balanza, y fuiste hallado falto. PERES: Tu reino fué rompido, y es dado a Medos y Persas. Entonces, mandándolo Belsasar, vistieron a Daniel de púrpura, y en su cuello fué puesto un collar de oro, y pregonaron de él que fuese el tercer señor en el reino.

Daniel interpreta la escritura— En esta inscripción, cada palabra representa una corta frase. Mene: "contado;" Tekel: "pesado;" Upharsin, del radical peres: "dividido." El Dios a quien tú desafiaste tiene tu reino en sus manos, y ha contado tus días y acabado tu carrera precisamente en el momento en que creíste que estabas en el apogeo de tu prosperidad. Tú, que ensalzaste tu corazón con orgullo como el más grande de la tierra, has sido pesado y hallado más liviano que la vanidad. Tu reino, que en tu sueño debía subsistir para siempre, queda dividido entre los enemigos que están ya aguardando a tus puertas.

A pesar de esta terrible denuncia, Belsasar no se olvidó de su promesa, sino que invistió en seguida a Daniel del manto de escarlata y la cadena de oro, y lo proclamó tercer príncipe del reino. Daniel aceptó esto, probablemente para estar en mejores condiciones de atender los intereses de su pueblo durante la transición de aquel reino al sucesivo.

VERS. 30, 31: La misma noche fué muerto Belsasar, rey de ios Caldeos. Y Darío de Media tomó el reino, siendo de sesenta y dos años.

La escena tan brevemente mencionada aquí ha sido descrita en las observaciones que hemos hecho sobre Daniel 2:39. Mientras Belsasar se entregaba a su presuntuosa orgía, mientras que la mano del ángel trazaba la sentencia del imperio en los muros del palacio, mientras Daniel daba a conocer el temible significado de la escritura celestial, los soldados persas entraban por el cauce vacío del Eufrates hasta el corazón de la ciudad, y se acercaban rápidamente al palacio del rey con las espadas desenvainadas. Casi no puede decirse que lo sorprendieron, porque Dios acababa de advertirle la suerte que le esperaba. Pero le encontraron y le mataron, y en aquella hora cesó de existir el imperio de Babilonia.

Capítulo 6—Daniel en el Foso de los Leones

VERS. 1-5: Pareció bien a Darío constituir sobre el reino ciento veinte gobernadores, que estuviesen en todo el reino. Y sobre ellos tres presidentes, de los cuales Daniel era el uno, a quienes estos gobernadores diesen cuenta, porque el rey no recibiese daño. Pero el mismo Daniel era superior a estos gobernadores y presidentes, porque había en él más abundancia de espíritu; y el rey pensaba de ponerlo sobre todo el reino. Entonces los presidentes y gobernadores buscaban ocasiones contra Daniel por parte del reino; mas no podían hallar alguna ocasión o falta, porque él era fiel, y ningún vicio ni falta fué en él hallado. Entonces dijeron aquellos hombres: No hallaremos contra este Daniel ocasión alguna, si no la hallamos contra él en la ley de su Dios.

BABILONIA fué tomada por los persas, y Darío el Medo ascendió al trono en 538 ant. de J.C. Cuando Darío murió dos años más tarde, Ciro se hizo cargo del trono. En algún momento entre estas dos fechas, ocurrió el suceso narrado en este capítulo.

Daniel era dirigente activo del reino de Babilonia en el apogeo de su gloria. Seguía residiendo en la capital cuando los medos y persas llegaron a ocupar la sede del imperio universal, y se hallaba familiarizado con todos los asuntos del reino. Sin embargo, no nos dejó ningún relato consecutivo de los sucesos ocurridos durante su larga actuación en ambos reinos. Rozó tan sólo aquí y allí algún suceso que pudiese inspirar fe, esperanza y valor en el corazón de los hijos de Dios en toda época e inducirlos a ser fieles en su adhesión a lo recto. El acontecimiento narrado en este capítulo se menciona en Hebreos 11, dónde se nos habla de aquellos que por la fe "taparon las bocas de leones."

Daniel primer ministro de Medo-Persia— Darío estableció sobre el reino 120 príncipes, porque, se supone, había 120 provincias en el imperio; y cada una de ellas tenía su príncipe o gobernador. Gracias a las victorias de Cambises y de Darío Histaspes, el imperio se ensanchó hasta tener 127 provincias. (Esther 1:1.) Sobre estos príncipes fueron colocados tres presidentes, y de éstos Daniel era el principal. Daniel fué sin duda ascendido a este puesto elevado por el excelente espíritu y la fidelidad que manifestó en su obra.

Como uno de los grandes del imperio de Babilonia, Daniel pudo ser considerado por Darío como un enemigo digno del destierro o de ser eliminado de cualquier otra manera. O como cautivo de una nación entonces en ruinas, pudo ser despreciado. Pero debe decirse para honra de Darío que prefirió a Daniel sobre todos los demás, porque el inteligente rey vió en él un espíritu magnífico, y pensaba establecerlo sobre todo el reino.

Entonces se despertó contra él la envidia de los otros príncipes, y se pusieron a maquinar su destrucción. En todo lo referente al reino, la conducta de Daniel era perfecta. Era fiel en todo. No podían hallar motivo de queja contra él al respecto. Decidieron entonces que, excepto en lo concerniente a la ley de su Dios, no podrían hallar ocasión de acusarle. ¡Ojalá sea así con nosotros! Nadie podría pedir una mejor recomendación.

VERS. 6-10: Entonces estos gobernadores y presidentes se juntaron delante del rey, y le dijeron así: Rey Darío, para siempre vive: todos los presidentes del reino, magistrados, gobernadores, grandes, y capitanes, han acordado por consejo promulgar un real edicto, y confirmarlo, que cualquiera que demandare petición de cualquier dios u hombre en el espacio de treinta días, sino de ti, oh rey, sea echado en el foso de los leones. Ahora, oh rey, confirma el edicto, y firma la escritura, para que no se pueda mudar, conforme a la ley de Media y de Persia, la cual no se revoca. Firmó pues el rey Darío la escritura y el edicto. Y Daniel, cuando supo que la escritura estaba firmada, entróse en su casa, y abiertas las ventanas de su cámara que estaban hacia Jerusalem, hincábase de rodillas tres veces al día, y oraba, y confesaba delante de su Dios, como lo solía hacer antes.

La maquinación contra Daniel— Notemos la conducta que siguieron estos hombres para lograr sus nefandos propósitos. Se acercaron al rey, en forma tumultuosa, dice una nota marginal. Vinieron como si se hubiese presentado un asunto urgente, y necesitasen sometérselo. Aseveraron estar todos de acuerdo. Esto era falso, porque Daniel, el principal de ellos todos, no había sido consultado.

El decreto que presentaron parecía destinado a acrecentar la honra y el respeto tributados a la voluntad real. Durante treinta días, ninguna oración ni petición, declararon, debía dirigirse a hombre o dios alguno, excepto al rey. Mediante esta introducción halagüeña, los príncipes ocultaron su maligno designio contra Daniel. El rey firmó el decreto, y éste pasó a ser una ley inalterable de los medos y persas.

Notemos la sutileza de estos hombres, el extremo al cual llegaron para lograr la ruina de un hombre bueno. Si hubiesen indicado en el decreto que ninguna petición debía dirigirse al Dios de los hebreos, ya que tal era el fin que perseguían, el rey habría adivinado inmediatamente su objeto, y no habría firmado el decreto. Pero le dieron una aplicación general, y se manifestaron dispuestos a dejar de lado y hasta insultar su propia religión y a la multitud de sus dioses, para provocar la ruina del objeto de su odio.

Daniel comprendió lo que se estaba tramando contra él, pero no dió paso alguno para desbaratar la conspiración. Confió simplemente en Dios y dejó el resultado en sus manos. No abandonó la capital con pretexto de atender asuntos gubernamentales, ni cumplió sus devociones en forma más secreta que por lo común. Cuando supo que el edicto había sido firmado, siguió arrodillándose en su cámara tres veces por día, como antes, con el rostro vuelto hacia su amada Jerusalén, y siguió elevando sus oraciones y súplicas a Dios.

VERS. 11-17: Entonces se juntaron aquellos hombres, y hallaron a Daniel orando y rogando delante de su Dios. Llegáronse luego, y hablaron delante del rey acerca del edicto real: ¿No has confirmado edicto que cualquiera que pidiere a cualquier dios u hombre en el espacio de treinta días, excepto a ti, oh rey, fuese echado en el foso de los leones? Respondió el rey y dijo: Verdad es, conforme a la ley de Media y de Persia, la cual no se abroga. Entonces respondieron y dijeron delante del rey: Daniel que es de los hijos de la cautividad de los Judíos, no ha hecho cuenta de ti, oh rey, ni del edicto que confirmaste; antes tres veces al día hace su petición. El rey entonces, oyendo el negocio, pesóle en gran manera, y sobre Daniel puso cuidado para librarlo; y hasta puestas del sol trabajó para librarle. Empero aquellos hombres se reunieron cerca del rey, y dijeron al rey: Página 76 Sepas, oh rey, que es ley de Media y de Persia, que ningún decreto u ordenanza que el rey confirmare pueda mudarse. Entonces el rey mandó, y trajeron a Daniel, y echáronle en el foso de los leones. Y hablando el rey dijo a Daniel: El Dios tuyo, a quien tu continuamente sirves, él te libre. Y fué traída una piedra, y puesta sobre la puerca del foso, la cual selló el rey con su anillo, y con el anillo de sus principes, porque el acuerdo acerca de Daniel no se mudase.

Daniel arrojado al foso de los leones— Una vez tendida la trampa, sólo les quedaba a estos hombres observar a su víctima para hacerla caer. De manera que volvieron a reunirse, esta vez en la residencia de Daniel, como si algún negocio importante los obligara repentinamente a consultar al principal de los presidentes; y he aquí lo hallaron orando a su Dios, como era su propósito y expectativa. Hasta ese punto su plan les había dado el resultado que apetecían. No tardaron, pues, en presentarse ante el rey con su acusación.

Al oír al monarca reconocer que el decreto estaba en vigor, se vieron en situación de presentar un informe contrario a Daniel. A fin de excitar los prejuicios del rey dijeron: "Daniel que es de los hijos de la cautividad de los Judíos, no ha hecho cuenta de ti, oh, rey, ni del edicto que confirmaste." Sí, se quejaron, este pobre cautivo, que depende de tí por todo lo que goza, en vez de ser agradecido y apreciar tus favores, no manifiesta consideración hacia ti, ni presta atención a tu decreto. Entonces el rey vió la trampa que habían preparado tanto para él como para Daniel, y trabajó hasta la puesta del sol para librarlo, haciendo probablemente esfuerzos personales cerca de los conspiradores para inducirlos a la indulgencia, o procurando por argumentos y esfuerzos la abrogación de la ley. Pero la ley quedó en pie; y Daniel, el venerable, el grave, el íntegro e intachable siervo del reino, fué arrojado al foso de los leones.

VERS. 18-24: Fuése luego el rey a su palacio, y acostóse ayuno; ni instrumentos de música fueron traídos delante de él, y se le fué el sueño. El rey, por tanto, se levantó muy de mañana, y fué apriesa al foso de los leones: y llegándose cerca del foso llamó a voces a Daniel con voz triste: y hablando el rey dijo a Daniel: Daniel, siervo del Dios viviente, el Dios tuyo, a quien tú continuamente sirves ¿te ha podido librar de los leones? Entonces habló Daniel con el rey; Oh rey, para siempre vive. El Dios mío envió su ángel, el cual cerró la boca de los leones, para que no me hiciesen mal: porque delante de él se halló en mí justicia: y aún delante de ti, oh rey, yo no he hecho lo que no debiese. Entonces se alegró el rey en gran manera a causa de él, y mandó sacar a Daniel del foso: y fué Daniel sacado del foso, y ninguna lesión se halló en él, porque creyó en su Dios. Y mandándolo el rey fueron traídos aquellos hombres que habían acusado a Daniel, y fueron echados en el foso de los leones, ellos, sus hijos, y sus mujeres; y aún no habían llegado al suelo del foso, cuando los leones se apoderaron de ellos, y quebrantaron todos sus huesos.

Daniel libertado— La conducta del rey después que Daniel hubo sido arrojado al foso de los leones atestigua el sincero interés que sentía por el profeta, y cuán severamente condenaba su propia conducta en el asunto. Al amanecer, se dirigió al foso de las fieras hambrientas. Daniel estaba vivo, y en su respuesta al saludo del monarca no le reprochó haber cedido a sus malos consejeros. En tono respetuoso dijo: "Oh rey, para siempre vive." Luego recordó al rey, en forma que debió dolerle agudamente, pero sin ofenderlo, que no había hecho mal alguno delante de él. A causa de su inocencia, Dios, a quien servía continuamente, había enviado su ángel y cerrado la boca de los leones.

Allí estaba pues Daniel, protegido por un poder superior a cualquier poder de la tierra. Su causa había quedado vindicada y proclamada su inocencia. "Y ninguna lesión se halló en él, porque creyó en su Dios." La fe le salvó. Se produjo un milagro. ¿Por qué fueron, pues, traídos los acusadores de Daniel y arrojados al foso? Probablemente, atribuyeron la protección de Daniel, no a un milagro hecho en su favor, sino a que los leones no tenían hambre en el momento. El rey puede haber dicho: "En este caso no os atacarán tampoco a vosotros, asi que probaremos el asunto poniéndoos a vosotros en su lugar." Los leones tenían bastante hambre cuando no los refrenaba la intervención divina, y esos hombres fueron desgarrados antes de llegar al suelo. Así quedó Daniel doblemente vindicado, y las palabras de Salomón se cumplieron sorprendentemente: "El justo es librado de la tribulación: más el impío viene en lugar suyo." (Proverbios 11:8.)

VERS. 25-28: Entonces el rey Darío escribió a todos los pueblos, naciones, y lenguas, que habitan en toda la tierra: Paz os sea multiplicada: De parte mía es puesta ordenanza, que en todo el señorío de mi reino todos teman y tiemblen de la presencia del Dios de Daniel. Porque él es el Dios viviente y permanente por todos los siglos, y su reino tal que no será deshecho, y su señorío hasta el fin. Que salva y libra, y hace señales y maravillas en el cielo y en la tierra; el cual libró a Daniel del poder de los leones. Y este Daniel fué prosperado durante el reinado de Darío, y durante el reinado de Ciro, Persa.

Daniel prosperado— La liberación de Daniel tuvo por resultado que en todo el imperio se promulgara otra proclamación en favor del verdadero Dios, el Dios de Israel. Se ordenó a todos los hombres que temiesen y temblasen delante de él. La maquinación por la cual los enemigos de Daniel habían procurado su ruina, produjo su ascenso. En este caso, y en el caso de los tres hebreos que fueron arrojados al horno de fuego. Dios aprobó dos grandes

divisiones del deber: la negativa a ceder a cualquier pecado conocido, y la negativa a omitir cualquier deber conocido. De estos ejemplos puede obtener estímulo el pueblo de Dios en todas las épocas.

El decreto del rey presenta el carácter del verdadero Dios: es el Creador; todos los demás no tienen vida en sí. Permanece para siempre; todos los demás son impotentes y sin valor. El tiene un reino; porque los ha hecho y los gobierna todos. Su reino no será destruído; todos los demás llegarán a su fin. Su dominio no acaba nunca; ningún poder humano puede prevalecer contra él. Libra a los que están en servidumbre. Rescata a sus siervos de sus enemigos cuando invocan su ayuda. Realiza prodigios en los cielos y señales en la tierra. Y para completarlo todo, libró a Daniel y ofreció a nuestros ojos la prueba más plena de su poder y bondad al rescatar a su siervo del poder de los leones. ¡Cuán excelente elogio del Dios grande y de su siervo fiel! Así termina la parte histórica del libro de Daniel.

Capítulo 7—La Lucha por el Dominio Mundial

VERS. 1: En el primer año de Belsasar rey de Babilonia, vió Daniel un sueño y visiones de su cabeza en su cama: luego escribió el sueño, y notó la suma de los negocios.

ESTE es el mismo Belsasar mencionado en Daniel 5. Cronológicamente, este capítulo precede al quinto; pero la cronología se deja aquí de lado para que la parte histórica del libro quede separada del resto.

VERS. 2, 3: Habló Daniel y dijo: Veía yo en mi visión de noche, y he aquí que los cuatro vientos del cielo combatían en la gran mar. Y cuatro bestias grandes, diferentes la una de la otra, subían de la mar.

Daniel mismo relata su visión— El lenguaje de la Escritura debe aceptarse como literal a menos que haya buenos motivos por considerarlo figurativo. Todo lo que es figurativo debe ser interpretado por lo que es literal. Que el lenguaje empleado aquí es simbólico se desprende del versículo 17 que dice: "Estas grandes bestias, las cuales son cuatro, cuatro reyes son, que se levantarán en la tierra." Que esto se refiere a reinos y no simplemente a reyes individuales, es algo que resalta de estas palabras: "Después tomarán el reino los santos del Altísimo." Al explicar el versículo 23 el ángel dijo: "La cuarta bestia será un cuarto reino en la tierra." Estas bestias son por lo tanto símbolos de cuatro grandes reinos. Las circunstancias en las cuales se levantaron, según las representa la profecía, se describen también en lenguaje simbólico. Los símbolos introducidos son los cuatro vientos, el mar, cuatro grandes bestias, diez cuernos y otro cuerno que tenía ojos y boca, y que hizo guerra contra Dios y su pueblo. Tenemos ahora que averiguar lo que denotan.

En el lenguaje simbólico los vientos representan luchas, conmociones políticas y guerras; como leemos en el profeta Jeremías: "Así ha dicho Jehová de los ejércitos: He aquí que el mal sale de gente en gente, y grande tempestad se levantará de los fines de la tierra. Y serán muertos de Jehová en aquel día desde el un cabo de la tierra hasta el otro cabo." (Jeremías 25:32, 33.) El profeta habla de una controversia que el Señor ha de sostener con todas las naciones. La lucha y la conmoción que produce toda esta destrucción son llamadas "grande tempestad," o "grande torbellino," según la versión católica del presbítero Scío de San Miguel.

Que el viento denote lucha y guerra es evidente por la visión misma. Como resultado de los vientos que soplan, los reinos se levantan y caen por obra de las luchas políticas.

Los mares o las aguas, cuando se usan como símbolo bíblico, representan pueblos, naciones y lenguas. Dijo el ángel al profeta Juan: "Las aguas que has visto… son pueblos y muchedumbres y naciones y lenguas." (Apocalipsis 17:15.)

La definición del símbolo de las cuatro bestias es dada a Daniel antes del fin de la visión: "Estas grandes bestias, las cuales son cuatro, cuatro reyes son, que se levantarán en la tierra." (Versículo 17.)

Con esta explicación de los símbolos, queda definidamente abierto delante de nosotros el campo de la visión.

Puesto que estas bestias representan cuatro reyes, o reinos, preguntamos: ¿Dónde empezaremos y cuáles son los cuatro imperios representados? Estas bestias se levantan consecutivamente, puesto que se las enumera desde la primera hasta la cuarta. La última subsiste cuando todas las escenas terrenales acaban con el juicio final. Desde el tiempo de Daniel hasta el fin de la historia de este mundo, debía haber solamente cuatro reinos universales, según aprendimos del sueño de Nabucodonosor relativo a la gran imagen de Daniel 2, interpretado por el profeta 65 años antes. Daniel vivía todavía bajo el reino representado por la cabeza de oro.

La primera bestia de esta visión debe representar por lo tanto el mismo reino que la cabeza de oro de la gran imagen, a saber, Babilonia. Las otras bestias representan sin duda los reinos sucesivos presentados por esa imagen. Pero si esta visión abarca esencialmente el mismo período de la historia que la imagen de Daniel a, puede uno preguntarse: ¿Por qué fué dada? ¿Por qué no bastó la primera visión? Contestamos: La historia de los imperios mundiales se presenta vez tras vez para destacar ciertas características, hechos y datos adicionales. La lección nos es dada "renglón tras renglón," según las Escrituras. En el capítulo 2, se presentan solamente los aspectos políticos del dominio mundial. En el capítulo 7, los gobiernos terrenales nos son presentados en relación con la verdad y el pueblo de Dios. Su verdadero carácter queda revelado por los símbolos empleados, a saber, fieras.

VERS. 4: La primera era como león, y tenía alas de águila. Yo estaba mirando hasta tanto que sus alas fueron arrancadas, y fué quitada de la tierra; y púsose enhiesta sobre los pies a manera de hombre, y fuéle dado corazón de hombre.

El león— En la visión de Daniel 7, la primera bestia que vio el profeta era un león. Acerca del empleo del león como símbolo, véase Jeremías 4:7; 50:17, 43, 44. El león que apareció en la visión que estudiamos tenía alas de águila. El uso simbólico de las alas queda descripto en forma impresionante en Habacuc 1:6-8, donde se dice que los caldeos "volarán como águilas que se apresuran a la comida."

De estos símbolos podemos deducir fácilmente que Babilonia era un reino de gran fortaleza, y que bajo Nabucodonosor sus conquistas se extendieron con gran rapidez. Pero llegó un momento en que las alas fueron arrancadas. El león no se precipitaba ya sobre su

presa como un águila. Hasta desaparecieron su audacia y espíritu de león. Un corazón de hombre, débil, temeroso y desfalleciente, reemplazó la fuerza del león. Tal fué la condición de la nación durante los años finales de su historia, cuando se volvió débil y afeminada por la riqueza y el lujo. VERS. 5: Y he aquí otra segunda bestia, semejante a un oso, la cual se puso al un lado, y tenía en su boca tres costillas entre sus dientes; y fuéle dicho así: Levántate, traga carne mucha.

El oso— Así como en la imagen de Daniel 2, en esta serie de símbolos se nota un notable deterioro a medida que descendemos de un reino a otro. La plata de los pechos y los brazos es inferior al oro de la cabeza. El oso es inferior al león. Medo-Persia distaba mucho de equipararse con Babilonia en cuanto a riqueza, magnificencia y brillo. El oso se alzaba a un lado. El reino estaba compuesto de dos nacionalidades, los medos y los persas. El mismo hecho fué indicado más tarde por los dos cuernos del carnero de Daniel 8. Acerca de estos cuernos se dice que el más alto subió a la postre, y acerca del oso, el texto indica que se alzaba más de un lado que del otro. Esto fué cumplido por la división persa del reino, porque, aunque surgió después, alcanzó mayor eminencia que la de los medos; y su influencia llegó a predominar en la nación. (Véanse los comentarios sobre Daniel 8:3.) Las tres costillas significan indudablemente las tres provincias de Babilonia, Lidia y Egipto, que fueron especialmente oprimidas por Medo-Persia. La orden: "Levántate, traga carne mucha," debe referirse sin duda al estímulo que dió a los medos y persas la conquista de esas provincias. El carácter de esa potencia está bien representado por un oso. Los medos y los persas era crueles y rapaces, ladrones y despojadores del pueblo. El reino medo-persa continuó desde el derrocamiento de Babilonia por Ciro hasta la batalla de Arbelas en 331 ant. de J.C., o sea un período de 207 años. VERS. 6: Después de esto yo miraba, y he aquí otra, semejante a un tigre, y tenía cuatro alas de ave en sus espaldas: tenía también esta bestia cuatro cabezas; y fuéle dada potestad.

El leopardo— El tercer reino, Grecia, nos es presentado aquí bajo el símbolo de un leopardo. Si las alas que tenía el león significaban rapidez en las conquistas, deben significar lo mismo aquí. El leopardo mismo es un animal muy ligero, pero ello no bastaba para representar la carrera de la nación aquí simbolizada. Debía tener alas. Y dos alas, o sea el número que tenía el león, no bastaban; el leopardo debía tener cuatro. Esto debía denotar una celeridad de movimiento sin precedente, que fué un hecho histórico en el reino griego. Las conquistas de Grecia bajo la dirección de Alejandro no tuvieron paralelo en los tiempos antiguos por su carácter repentino y veloz. Sus realizaciones militares quedan así resumidas por W. W. Tarn: "Era maestro en la combinación de varias armas; enseñó al mundo las ventajas de las campañas de invierno, el valor de la persecución llevada hasta lo sumo, y del principio que se expresa así: 'Marchar divididos, pelear unidos.' Su ejército iba generalmente en dos divisiones, una de las cuales llevaba la impedimenta, mientras que su propia división viajaba con poca carga, y la velocidad de sus movimientos era extraordinaria. Se dice que atribuía su éxito militar al hecho de que 'nunca postergaba nada.'... Las enormes distancias que atravesó en países desconocidos implican un altísimo grado de capacidad organizadora. En diez años tuvo solamente dos reveses graves... Si un hombre de menor calibre hubiese intentado lo que él realizó, y fracasado, habríamos oído lo suficiente acerca de las dificultades militares desesperadas de la empresa."[1]

"Tenía también esta bestia cuatro cabezas." Apenas si el Imperio Griego conservó su unidad un poco más que durante la vida de Alejandro. Después que su brillante carrera quedó tronchada por una fiebre inducida por la orgía y la borrachera, el imperio quedó dividido entre sus cuatro generales principales. Casandro tuvo Macedonia y Grecia en el oeste; Lisímaco recibió Tracia y las partes de Asia que están sobre el Helesponto y el Bósforo por el norte; Tolomeo obtuvo Egipto, Libia, Arabia y Palestina en el sur; y Seleuco recibió Siria y todo el resto de los dominios de Alejandro en el oriente. En el año 301 ant. de J.C., con la muerte de Antígono, completaron los generales de Alejandro la división de su reino en cuatro partes,[2] que indicaban las cuatro cabezas del leopardo.

Con toda exactitud se cumplieron las palabras del profeta. Ya que Alejandro no había dejado sucesor disponible, ¿por qué no se dividió el inmenso imperio en incontables fragmentos? ¿Por qué se dividió en cuatro partes solamente? Sencillamente, por motivos que la profecía previó y predijo. El leopardo tenía cuatro cabezas, el macho cabrío poderoso tenía cuatro cuernos, el reino había de ser dividido en cuatro; y así sucedió. (Véanse los comentarios más completos sobre Daniel 8.)

VERS. 7: Después de esto miraba yo en las visiones de la noche, y he aquí la cuarta bestia, espantosa y terrible, y en grande manera fuerte; la cual tenía unos dientes grandes de hierro: devoraba y desmenuzaba, y las sobras hollaba con sus pies: y era muy diferente de todas las bestias que habían sido antes de ella, y tenía diez cuernos.

Una bestia espantosa— La inspiración no halló en la naturaleza bestia alguna con que simbolizar el poder aquí ilustrado. No bastaba la adición de pezuñas, cabezas, cuernos, alas, escamas, dientes o uñas a cualquier bestia hallada en la naturaleza. Esta potencia difiere de todas las demás, y el símbolo es completamente diferente de cualquier cosa hallada en el reino animal.

Podría basarse todo un volumen en el versículo 7, pero por falta de espacio nos vemos obligados a tratarlo brevemente aquí. Esta bestia corresponde a la cuarta división de la gran imagen:

las piernas de hierro. En el comentario referente a Daniel 2:40 hemos dado algunas de las razones que tenemos para creer que esa potencia fue Roma. Las mismas razones se aplican a la profecía que estudiamos ahora. ¡Con cuánta exactitud respondió Roma a la porción férrea de la imagen! ¡Con cuánta exactitud responde a la bestia que tenemos delante! Por el espanto y terror que inspiraba, y por su gran fortaleza, respondió admirablemente a la descripción profética. Nunca antes había visto el mundo cosa igual. Devoraba como con dientes de hierro, y desmenuzaba todo lo que se le oponía. Hundía las naciones en el polvo debajo de sus uñas de bronce. Tenía diez cuernos que, según se explica en el versículo 24, habían de ser diez reyes o reinos que se levantarían de este imperio. Según se ha notado en los comentarios sobre Daniel 2, Roma fue dividida en diez reinos. Estas divisiones se han mencionado desde entonces como los diez reinos del Imperio Romano.

VERS. 8: Estando yo contemplando los cuernos, he aquí que otro cuerno pequeño subía entre ellos, y delante de él fueron arrancados tres cuernos de los primeros; y he aquí, en este cuerno había ojos como ojos de hombre, y una boca que hablaba grandezas.

Daniel estaba considerando los cuernos. Notó un movimiento extraño entre ellos. Otro cuerno, al principio pequeño, pero más tarde más corpulento que sus compañeros, fue subiendo. No se conformó con hallar tranquilamente su lugar, y ocuparlo; tenía que empujar a un lado a algunos de los otros cuernos, y usurpar sus lugares. Tres reinos fueron así derribados.

Un cuerno pequeño entre los diez— Este cuerno pequeño, como tendremos ocasión de notarlo más ampliamente más tarde, fue el papado. Los tres cuernos arrancados de raíz representaban los hérulos, los ostrogodos y los vándalos. La razón por la cual fueron suprimidos fue su oposición a las enseñanzas y pretensiones de la jerarquía papal.

"En este cuerno había ojos como ojos de hombre, y una boca que hablaba grandezas." Estas cosas eran emblemas adecuados de la astucia, la penetración y los asertos arrogantes de una organización religiosa apóstata.

VERS. 9, 10: Estuve mirando hasta que fueron puestas sillas: y un Anciano de grande edad se sentó, cuyo vestido era blanco como la nieve, y el pelo de su cabeza como lana limpia; su silla llama de fuego, sus ruedas fuego ardiente. Un río de fuego procedía y salía de delante de él: millares de millares le servían, y millones de millones asistían delante de él: el Juez se sentó, y los libros se abrieron.

Una escena de juicio— En la Palabra de Dios no se hallará una descripción más sublime de una escena más inspiradora de reverencia. No sólo deben llamar nuestra atención las imágenes grandiosas y sublimes; la naturaleza de la escena misma exige nuestra más seria consideración. Aquí se nos presenta el juicio. Siempre que se menciona el juicio, la reverencia debe embargar irresistiblemente todos los espíritus, porque todos están profundamente interesados en sus resultados eternos.

Por una traducción infortunada del versículo 9, ciertas versiones crean una idea equivocada con respecto a las sillas, o tronos. Traducen por "arrojadas" o "derribadas" la palabra caldea 'remi', que puede rendirse apropiadamente por "precipitado con violencia," como es claramente su significado donde se la usa para describir el lanzamiento de los tres hebreos al horno de fuego y el de Daniel al foso de los leones. Pero otra traducción igualmente correcta es "colocar o poner en orden," como sería la colocación de los asientos del juicio mencionados aquí, o un ordenamiento semejante al mencionado en Apocalipsis 4:2, donde el griego tiene el mismo significado. Por esto son correctas las traducciones castellanas de Daniel 7:9 que dicen "fueron puestos tronos," (Versión Moderna) y "fueron puestas sillas," (Versión de Valera). Así precisamente define Gesenio el radical remah, con referencia a Daniel 7:9.

El "Anciano de días," Dios el Padre, preside el juicio. Notemos la descripción de su persona. Los que creen en la impersonalidad de Dios se ven obligados a reconocer que aquí se lo describe como un ser personal, pero se consuelan diciendo que es la única descripción de esta clase que hay en la Biblia. No admitimos este último aserto; pero aceptando que fuese verdad, ¿no resulta una sola descripción de esta clase tan fatal para su teoría como si fuese repetida una docena de veces? Los miles de millares que sirven delante de él, y los millones que están en su presencia, no son los pecadores emplazados ante el tribunal, sino los seres celestiales que ministran delante de él, a la espera de su voluntad. Juan vio a los mismos asistentes celestiales delante del trono de Dios, y describe la escena majestuosa en estas palabras:

"Y miré, y oí voz de muchos ángeles alrededor del trono, y de los animales, y de los ancianos; y la multitud de ellos era millones de millones." (Apocalipsis 5:11.) Para comprender mejor estos versículos es necesario comprender los servicios del santuario.

Porque el juicio que introduce aquí es la parte final del ministerio de Cristo, nuestro gran Sumo Sacerdote, en el santuario celestial. Es un juicio investigador. Se abren los libros, y los casos de todos son presentados para ser examinados por ese gran tribunal, a fin de que pueda decidirse de antemano quiénes han de recibir la vida eterna cuando el Señor venga a conferirla a su pueblo. Otro pasaje, Daniel 8:14, atestigua que esta obra solemne se está realizando ahora mismo en el santuario celestial. VERS. 11, 12: Yo entonces miraba a causa de la voz de las grandes palabras que hablaba el cuerno; miraba hasta tanto que mataron la Página 87 bestia, y su cuerpo fue deshecho, y entregado para ser quemado en el fuego. Habían también quitado a las otras bestias su señorío, y les había sido dada prolongación de vida hasta cierto tiempo.

Fin de la cuarta bestia— Hay quienes creen que habrá un reinado de mil años de justicia en todo el mundo antes de la venida de Cristo. Otros creen que habrá un tiempo de gracia después que venga el Señor, y que durante ese plazo los justos inmortales seguirán proclamando el Evangelio a los pecadores mortales, y los llevarán al camino de la salvación. Ni una ni otra de estas teorías halla apoyo en la Biblia, según veremos.

La cuarta bestia espantosa continúa sin que su carácter cambie, y el cuerno pequeño continúa pronunciando sus blasfemias, encerrando a sus millones de adeptos en las ligaduras de la ciega superstición, hasta que la bestia es entregada a las llamas devoradoras. Esto no representa su conversión, sino su destrucción. (Véase 2 Tesalonicenses 2:8.)

La vida de la cuarta bestia no se prolonga después que desapareció su dominio, como sucedió con la vida de las bestias precedentes. Les fué quitado el dominio, pero su vida se prolongó por un tiempo. El territorio de los súbditos del reino de Babilonia seguía existiendo, aunque sujeto a los persas. Así también sucedió con el reino persa con respecto a Grecia, y con ésta respecto a Roma. Pero ¿qué le sucede al cuarto reino? Lo que le sigue no es un gobierno ni estado en el cual tengan parte los mortales. Su carrera termina en el lago de fuego, y no subsiste después. El león fué absorbido por el oso, el oso por el leopardo, el leopardo por la cuarta bestia. Pero la cuarta bestia no se fusiona con otra bestia. Ha de ser arrojada a un lago de fuego.

VERS. 13, 14: Miraba yo en la visión de la noche, y he aquí en las nubes del cielo como un hijo de hombre que venía, y llegó hasta el Anciano de grande edad, e hiciéronle llegar delante de él. Y fuéle dado señorío, y gloria, y reino; y todos los pueblos, naciones y lenguas le sirvieron; su señorío, señorío eterno, que no será transitorio, y su reino que no se corromperá.

El Hijo del hombre recibe su reino— La escena descrita aquí no es la segunda venida de Cristo a esta tierra, porque el Anciano de días no está en esta tierra, y la venida de la cual se habla aquí es la del Anciano de días. Allí, en presencia del Padre, el dominio, la gloria y un reino son dados al Hijo del hombre. Cristo recibe su reino antes de regresar a esta tierra. (Véase Lucas 19:10-12.) Por lo tanto, ésta es una escena que sucede en el cielo, y está estrechamente relacionada con la que se presenta en los versículos 9 y 10. Cristo recibe su reino al finalizar su obra sacerdotal en el santuario. Los pueblos y naciones que le servirán son los redimidos (Apocalipsis 21:24), no las naciones impías de la tierra, porque éstas quedan destruidas en ocasión del segundo advenimiento de Cristo y por el resplandor de su venida. (Salmo 2:9; 2 Tesalonicenses 2:8.) De todas las naciones, tribus y pueblos de la tierra saldrán aquellos que servirán a Dios con gozo y alegría. Heredarán el reino de nuestro Señor.

VERS. 15-18: Mi espíritu fué turbado, yo Daniel, en medio de mi cuerpo, y las visiones de mi cabeza me asombraron. Llegúeme a uno de los que asistían, y pregunté la verdad acerca de todo esto. Y hablóme, y declaróme la interpretación de las cosas. Estas grandes bestias, las cuales son cuatro, cuatro reyes son, que se levantarán en la tierra. Después tomarán el reino los santos del Altísimo, y poseerán el reino hasta el siglo, y hasta el siglo de los siglos.

La interpretación dada a Daniel— No debiéramos nosotros tener menos preocupación que Daniel por comprender la verdad de estas cosas. Tenemos la seguridad de que cuando averiguamos con corazón sincero, encontramos al Señor tan dispuesto ahora como en los días del profeta para comunicarnos una comprensión correcta de estas verdades importantes. Las bestias y los reinos que representan han sido explicados ya. Hemos seguido al profeta a través de los sucesos, aun hasta la destrucción de la cuarta bestia, el derrocamiento final de todos los gobiernos terrenales. Luego la escena cambia, porque leemos: "Tomarán el reino los santos." ¡Los santos que fueron despreciados, cubiertos de oprobio, perseguidos, desechados, considerados como los que de entre todos los hombres eran los menos indicados para ver materializarse sus esperanzas, éstos tomarán el reino y lo poseerán para siempre! La usurpación y el mal gobierno de los impíos acabará. Será redimida la herencia perdida por causa del pecado. La paz y la justicia reinarán eternamente por toda la hermosa expansión de la tierra renovada.

VERS. 19, 20: Entonces tuve deseo de saber la verdad acerca de la cuarta bestia, que tan diferente era de todas las otras, espantosa en gran manera, que tenía dientes de hierro, y sus uñas de metal, que devoraba y desmenuzaba, y las sobras hollaba con sus pies: asimismo acerca de los diez cuernos que tenia en su cabeza, y del otro que había subido, de delante del cual habían caído tres: y este mismo cuerno tenía ojos, y boca que hablaba grandezas, y su parecer mayor que el de sus compañeros.

La verdad respecto a la cuarta bestia— Daniel comprendía claramente lo referente a las primeras tres bestias de esta visión. Pero lo asombraba la cuarta bestia, por su carácter espantoso y contrario a la naturaleza. Acerca de esta bestia y de sus diez cuernos, y más particularmente acerca del cuerno pequeño que surgió a la postre, y era de "parecer mayor que el de sus compañeros," deseaba tener más información. El león es un producto de la naturaleza, pero era necesario que tuviese dos alas para representar el reino de Babilonia. El oso también se halla en la naturaleza, pero como símbolo de Medo-Persia las tres costillas que tiene en la boca denotan una ferocidad que no es natural. El leopardo igualmente es una bestia de la naturaleza, pero para que pudiese representar en forma apropiada a Grecia, era necesario añadirle cuatro alas y cuatro cabezas. Pero la naturaleza no proporciona símbolo alguno que pueda ilustrar en forma idónea el cuarto reino. Por lo tanto, la visión introduce una bestia nunca vista, una bestia espantosa y terrible, con unas de bronce y dientes de hierro, que era tan cruel, rapaz y feroz, que, por el deleite que hallaba en la opresión, devoraba y desmenuzaba a sus víctimas para hollarlas luego bajo los pies.

Por asombroso que esto le resultase al profeta, pronto le llamó la atención algo todavía más notable. Subió un cuerno pequeño que, fiel a la naturaleza de la bestia de la cual brotaba, hizo a un lado a tres de sus compañeros. Pero era un cuerno que tenía ojos. No eran los ojos incultos de un bruto, sino los ojos agudos, astutos e inteligentes de un hombre. Más extraño aún era el hecho de que tenía una boca, y con esta boca expresaba palabras llenas de orgullo y arrogancia. No es raro que el profeta hiciera una averiguación especial acerca de este monstruo, tan sorprendente en sus instintos, tan feroz en sus acciones y modales. En los versículos que siguen, da, pues, acerca del cuerno pequeño, algunas especificaciones que permiten al que estudia las profecías hacer la aplicación de este símbolo sin peligro de equivocarse.

VERS. 21, 22: Y veía yo que este cuerno hacía guerra contra los santos, y los vencía, hasta tanto que vino el Anciano de grande edad, y se dió el juicio a los santos del Altísimo; y vino el tiempo, y los santos poseyeron el reino.

El cuerno pequeño guerreaba contra los santos— La ira asombrosa de este cuerno pequeño contra los santos atrajo particularmente la atención de Daniel. El nacimiento de los diez cuernos, o sea la división de Roma en diez reinos, entre los años 351 y 476, se estudió ya en los comentarios sobre Daniel 2:41.

Como estos cuernos denotan reinos, el cuerno pequeño debe significar también un reino, pero no de la misma naturaleza que los demás, porque es declarado "diferente" (Vers. 24, V.M.), pues los demás eran reinos políticos. Ahora nos bastará averiguar si, desde 476, se ha levantado entre las divisiones del Imperio Romano algún reino diferente de todos los demás; y si lo hubo, ¿cuál fué? La respuesta es: Sí, el reino espiritual del papado. Corresponde en todo detalle al símbolo, como veremos a medida que procedamos en nuestro estudio.

Daniel vio a esta potencia hacer guerra contra los santos. ¿Hizo esta guerra el papado? Millares de mártires contestan que sí. Lo atestiguan las crueles persecuciones que la potencia papal hizo sufrir a los valdenses, los albigenses y los protestantes en general.

En el versículo 22 parecen presentarse tres sucesos consecutivos. Mirando adelante desde el momento en que el cuerno pequeño se hallaba en el apogeo de su poder hasta la terminación de la larga contienda entre los santos y Satanás con todos sus agentes, Daniel nota tres sucesos que se destacan, como piedras miliarias a lo largo del camino, y que vamos a enumerar:

1. La venida del Anciano de días, es decir la posición que Jehová ocupa en la apertura del juicio descrita en los versículos 9 y 10.

2. El juicio que es dado a los santos, a saber, el momento en que los santos se sientan para juzgar con Cristo durante mil años, después de la primera resurrección (Apocalipsis 20:14), y asignar a los impíos el castigo que merecen sus pecados. Los mártires se sentarán entonces para juzgar la gran potencia perseguidora que, en sus días de aflicción, los perseguía a ellos como a fieras del desierto, y derramaba su sangre como agua.

3. El momento en que los santos entrarán en posesión del reino, es decir cuando reciban la tierra nueva. Entonces habrá quedado borrado el último vestigio de la maldición del pecado, y de los pecadores, raíz y rama, y el territorio que durante tanto tiempo fué mal gobernado por los impíos poderes de la tierra, enemigos del pueblo de Dios, será dado a los justos, para que lo posean para siempre jamás. (1 Corintios 6:2, 3; Mateo 25:34.)

VERS. 23-26: Dijo así: La cuarta bestia será un cuarto reino en la tierra, el cual será más grande que todos los otros reinos, y a toda la tierra devorará, y la hollará, y la despedazará. Y los diez cuernos significan que de aquel reino se levantarán diez reyes; y tras ellos se levantará otro, el cual será mayor que los primeros, y a tres reyes derribará. Y hablará palabras contra el Altísimo, y a los santos del Altísimo quebrantará, y pensará en mudar los tiempos y la ley: y entregados serán en su mano hasta tiempo, y tiempos, y el medio de un tiempo. Empero se sentará el juez, y quitaránle su señorío, para que sea destruido y arruinado hasta el extremo.

Nacimiento y obra del cuerno pequeño— Posiblemente se ha dicho ya bastante con respecto a la cuarta bestia (Roma) y los diez cuernos, o diez reinos, que salieron de esta potencia. El cuerno pequeño requiere ahora particular atención. Como se declara en los comentarios sobre el versículo 8, hallamos el cumplimiento de la profecía concerniente a este cuerno en el nacimiento y la obra del papado. Es a la vez importante e interesante, por lo Canto, averiguar las causas que favorecieron el desarrollo de esta potencia arrogante.

Los primeros pastores u obispos de Roma eran objeto de un respeto proporcional a la jerarquía de la ciudad en la cual residían. Durante los primeros siglos de la era cristiana, Roma fué la ciudad mayor, más rica y más poderosa del mundo. Era la sede del Imperio, la capital de las naciones. "Todos los habitantes de la tierra le pertenecen," dijo Juliano; y Claudiano declara que es "la fuente de las leyes." "Si Roma es la reina de las ciudades, ¿por qué no habría de ser su pastor el rey de los obispos?" era el raciocinio que presentaban estos pastores romanos. "¿Por qué no habría de ser la iglesia romana la madre de la cristiandad? ¿Por qué no habrían de ser todos los pueblos sus hijos, y su autoridad la ley soberana? Para el corazón ambicioso del hombre era fácil razonar así—dice d'Aubigné, cuyas palabras citamos.—Así lo hizo la ambiciosa Roma."[3]

A los obispos de las diferentes partes del Imperio Romano les agradaba tributar al obispo de Roma parte de aquel honor que la ciudad recibía de las naciones de la tierra. Originalmente este honor que le tributaban no era de parte de ellos indicio de que dependían de él. "Pero--continúa d'Aubigné—el poder usurpado aumenta como un alud. Las amonestaciones que al principio eran simplemente fraternales, no tardaron en hacerse órdenes absolutas en la boca del pontífice... Los obispos occidentales favorecían esta usurpación de los pastores romanos, fuese por los celos que sentían hacia los obispos orientales, o porque preferían someterse a la supremacía de un papa más bien que al dominio de un poder temporal."[4] Tales fueron las influencias que se concentraron en derredor del obispo de Roma, y así tendió todo a elevarlo prontamente al dominio espiritual de la cristiandad.

El desafío del arrianismo— Pero el siglo IV estaba destinado a presenciar cómo se cruzaba un obstáculo en la senda que desarrollaba este sueño ambicioso. La profecía había declarado que el poder representado por el cuerno pequeño habría de derribar tres reyes. En el nacimiento y desarrollo del arrianismo, a principios del siglo IV, y el desafío que presentó a la supremacía papal, encontramos las causas que condujeron al arrancamiento de tres de los reinos de la Roma occidental por la potencia papal.

Arrio, párroco de la antigua e influyente iglesia de Alejandría, pregonó su doctrina al mundo, y ocasionó una controversia tan violenta en la iglesia cristiana que el emperador Constantino convocó el concilio general de Nicea en 325 para considerar sus enseñanzas y decidir acerca de ellas. Arrio sostenía "que el Hijo era total y esencialmente distinto del Padre; que era el primero y más noble de aquellos seres a quienes el Padre creó de la nada, el instrumento por cuya operación subordinada el Padre Todopoderoso formó el universo, y por lo tanto era inferior al Padre tanto en su naturaleza como en su dignidad." Esta opinión fue condenada por el concilio, que decretó que Cristo era de una misma substancia con el Padre. A raíz de esto Arrio fue desterrado a Iliria, y sus seguidores se vieron obligados a asentir al credo compuesto en aquella ocasión.[5]

Pero la controversia misma no pudo suprimirse de esta manera sumaria. Durante siglos continuó agitando el mundo cristiano, y los arrianos se hicieron por doquiera acerbos enemigos del papa y de la iglesia Católica Romana. Era evidente que la difusión del arrianismo habría de frenar la marcha del catolicismo, y que la posesión de Italia y de su renombrada capital por un pueblo arriano sería fatal para la supremacía de un obispo católico. Pero la profecía había declarado que este cuerno que simbolizaba el papado llegaría al poder supremo, y que en el proceso de alcanzar esta situación habría de subyugar a tres reyes.

El cuerno pequeño derriba tres potencias— Ha habido cierta divergencia de opinión en cuanto a las potencias que fueron derribadas por el papado en su ascensión al poder. En relación con esto parecen venir bien las observaciones de Alberto Barnes: "En la confusión que existió cuando se destrozó el Imperio Romano, y por los relatos imperfectos que tenemos de los acontecimientos acaecidos en el nacimiento de la potencia papal, no es de extrañar que resulte difícil hallar anales bien claros de los sucesos que habrían de ser en todo respecto un cumplimiento exacto y absoluto de la visión. Sin embargo, en la historia del papado, es posible discernir el cumplimiento de ella con un grado razonable de certidumbre."[6]

José Mede supone que los tres reinos arrancados fueron los griegos, los lombardos y los francos; y Sir Isaac Newton supone que fueron el exarcato de Ravena, los lombardos y el senado y ducado de Roma. Tomás Newton[7] opone graves objeciones a ambas suposiciones. Los francos no pudieron ser uno de estos reinos, porque nunca fueron desarraigados. Los lombardos no pudieron ser el otro, porque nunca fueron sometidos por los papas. Dice además Alberto Barnes: "No hallo, en verdad, que el reino de los lombardos estuviera, como se declara comúnmente, entre el número de las soberanías temporales que fueron sometidas a la autoridad de los papas."[8] El senado y el ducado de Roma no pudieron ser uno de estos cuernos, porque nunca constituyeron uno de los diez reinos, de los cuales tres fueron arrancados delante del cuerno pequeño.

Pero nos damos cuenta de que la principal dificultad que encontraron estos eminentes comentadores en la aplicación que hacían de la profecía estribaba en el hecho de que suponían que la profecía relativa a la exaltación del papado no se había cumplido aún, y no podía cumplirse hasta que el papa llegase a ser príncipe temporal. Por lo tanto, procuraban encontrar el cumplimiento de la profecía en los acontecimientos que favorecieron la soberanía temporal del papa. Pero evidentemente la profecía de los versículos 24 y 25 se refiere, no a su poder civil, sino a su poder de dominar las mentes y conciencias de los hombres. El papado llegó a ejercer este poder en 538, como se verá más tarde. La palabra "delante" usada en los versículos 8 y 20 es la traducción del caldeo qadam, cuyo radical significa "frente a." Combinada con min, que significa "de," como se halla en estos dos versículos, Davidson la traduce "de la presencia de," y Gesenio dice que equivale al hebreo lipna, que significa "en presencia de." Por lo tanto, corresponde a nuestro adverbio de lugar "delante de," como sucede en la misma frase que se encuentra en el versículo 10, donde se ha traducido en forma muy apropiada "de delante de él." Tenemos, pues, en el versículo 8 el cuadro de un cuerno pequeño que va subiendo entre los diez y arranca por la fuerza a tres cuernos de delante de sí. En el versículo 20 se declara que los tres cuernos "cayeron" delante de él, como si fueran vencidos por él. En el versículo 24, leemos que otro rey, que representa el cuerno pequeño, "a tres reyes [cuernos] derribará," evidentemente por actos de fuerza. Aunque la palabra qadam se usa también para denotar una comparación de tiempo, como en el versículo 7, donde se rinde por la palabra "antes," no cabe la menor duda de que se usa como adverbio de lugar en los tres versículos citados arriba. Con esta interpretación concuerda claramente Eduardo Elliott. (Véase la pág. 100.)

Afirmamos positivamente que las tres potencias, o cuernos arrancados fueron los hérulos, los vándalos y los ostrogodos; y esta creencia se basa en datos históricos fidedignos. Odoacro, el caudillo de los hérulos, fué el primero de los bárbaros que reinó sobre los romanos. Ascendió al trono de Italia en 476. Acerca de sus creencias religiosas, dice Gibbon: "Como el resto de los bárbaros, había sido instruido en la herejía arriana; pero reverenciaba los caracteres monásticos y episcopales; y el silencio de los católicos atestigua la tolerancia que les concedió."[9]

El mismo autor dice: "Los ostrogodos, los burgundios, los suevos, y los vándalos, que habían escuchado la elocuencia del clero latino, preferían las lecciones más inteligibles de sus maestros domésticos; y el arrianismo fue adoptado como fe nacional por los guerreros conversos que se habían asentado sobre las ruinas del Imperio Occidental. Esta diferencia irreconciliable en la religión era fuente perpetua de celos y odio; y el reproche de ser bárbaros era exacerbado por el más odioso epíteto de herético. Los héroes del norte, a quienes les había costado someterse y creer que todos sus antepasados estaban en el infierno, se quedaron asombrados y exasperados al saber que ellos mismos no habían hecho sino cambiar el modo de su condenación eterna."[10]

La doctrina arriana tuvo una influencia notable sobre la iglesia de aquel tiempo; como lo demostrarán los siguiente párrafos:

"Toda la vasta población goda que descendió sobre el Imperio Romano, en lo que tenía de cristiana, rendía acatamiento a la fe del hereje alejandrino. Nuestra primera versión teutónica de las Escrituras fué hecha por un misionero amano, Ulfilas. El primer conquistador de Roma, Alarico; el primer conquistador de África, Genserico, eran arrianos. Teodorico el Grande, rey de Italia, y héroe mencionado en los cantos de los 'Nibelungos,' era arriano. El lugar vacío que hay en su tumba maciza de Ravena atestigua la venganza que tomaron los ortodoxos contra su memoria, cuando en su triunfo derribaron la urna de pórfido en la cual sus súbditos arrianos habían guardado sus cenizas."[11]

Ranke dice: "Pero ella [la iglesia] cayó, como era inevitable, en muchas situaciones embarazosas, y se vió en una condición completamente alterada. Un pueblo pagano se apoderó de Gran Bretaña; reyes arrianos tomaron la mayor parte del resto del Occidente; mientras que los lombardos, durante largo tiempo fieles al arrianismo, establecieron, como sus vecinos más peligrosos y hostiles, una soberanía poderosa a las mismas puertas de Roma. Mientras tanto, los obispos romanos, asediados por todos lados, se esforzaron, con toda la prudencia y perseverancia que han continuado siendo sus atributos peculiares, por recuperar el dominio, a lo menos en su diócesis patriarcal."[12]

Maquiavelo dice: "Casi todas las guerras que los bárbaros del norte llevaron a cabo en Italia, puede observarse aquí, fueron ocasionadas por los pontífices; y las hordas que inundaron el país, fueron generalmente llamadas por ellos."[13]

La relación que estos reyes arrianos sostenían con el papa se recalca en el siguiente testimonio de Mosheim en su historia eclesiástica:

"Por otro lado, se establece, mediante una variedad de los anales más auténticos, que tanto los emperadores como las naciones en general distaban mucho de sentirse dispuestos a soportar con paciencia el yugo de servidumbre que la sede de Roma estaba imponiendo arrogantemente a la iglesia cristiana. Los príncipes godos pusieron límites al poder del obispo de Roma en Italia; no permitían que nadie fuese elevado al pontificado sin su aprobación, y se reservaban el derecho de juzgar la legalidad de cada nueva elección."[14]

Un caso que prueba esta declaración ocurrió en la historia de Odoacro, el primer rey arriano mencionado ya[15] Cuando, al morir el papa Simplicio, en 483, el clero y el pueblo se hubieron congregado para elegir a un nuevo papa, de repente, Basilio, lugarteniente del rey Odoacro, se presentó en la asamblea; expresó su sorpresa de que se emprendiese sin él la designación de un sucesor para el papa difunto; declaró, en nombre del rey, que todo lo que se había hecho quedaba anulado; y ordenó que se iniciase de nuevo la elección.

Mientras tanto, Zenón, emperador del Oriente y amigo del papa, anhelaba echar a Odoacro de Italia, movimiento que pronto tuvo la satisfacción de ver realizado sin molestia para sí. Teodorico había asumido el trono del reino ostrogodo de Mesia y Panonia. Como era amigo de Zenón, le escribió explicándole que le resultaba imposible retener a sus godos dentro de la provincia empobrecida de Panonia, y le pedía permiso para llevarlos a alguna región más favorable que pudiesen conquistar y poseer. Zenón le dio permiso para marchar contra Odoacro y apoderarse de Italia. De acuerdo con esto, después de cinco años de guerra, quedó destruido el reino hérulo de Italia, Odoacro fue muerto traicioneramente, y Teodorico estableció sus ostrogodos en la península itálica. Como ya se ha indicado, era arriano, y conservó la ley de Odoacro, que sometía la elección del papa a la aprobación del rey.

El siguiente incidente demostrará cuán completamente el papado estuvo sujeto a su poder. Como los católicos del Oriente habían iniciado una persecución contra los arrianos en 523, Teodorico llamó al papa Juan a su presencia y le habló así: " 'Por lo tanto, si el emperador [Justino, predecesor de Justiniano] no considera propio revocar el edicto que ha proclamado últimamente contra los de mi religión [es decir, los amaños], tengo la firme resolución de promulgar un edicto igual contra los de la suya [es decir, los católicos]; y procurar que por doquiera se ejecute con el mismo rigor. Los que no profesan la fe de Nicca son herejes para él, y los que la profesan son herejes para mí. Cualquier cosa que pueda excusar o justificar su severidad para con los primeros, excusará y justificará la mía para con los últimos. Pero el emperador-continuó el rey-no tiene en derredor suyo a nadie que se atreva a decir franca y abiertamente lo que piensa, ni lo escucharía si hubiese quien lo hiciese. Pero la gran veneración que él profesa hacia vuestra Sede, no me deja dudas de que os escucharía. Por lo tanto, quiero que vayáis inmediatamente a Constantinopla, y allí protestéis en mi nombre y en el vuestro propio, contra las violentas medidas que aquella corte ha iniciado temerariamente. Está en vuestro poder apartar al emperador de ellas; y hasta que lo hayáis hecho; más, hasta que los católicos [este nombre Teodorico lo aplica a los arrianos] puedan nuevamente ejercer libremente su religión, y les sean devueltas todas las iglesias de las cuales han sido echados, no debéis pensar en volver a Italia.' "[16]

El papa que recibió así del emperador arriano la orden perentoria de no asentar nuevamente el pie en suelo italiano hasta que hubiese cumplido la voluntad del rey, no podía ciertamente esperar hacer mucho progreso hacia cualquier clase de supremacía mientras ese poder no fuese eliminado.

Pueden calcularse exactamente los sentimientos que los partidarios papales albergaban hacia Teodorico, a juzgar por la cita ya dada, referente a la venganza que se tomaron contra su memoria. Arrancaron de su tumba la urna en la cual sus súbditos arrianos habían encerrado sus cenizas. Estos sentimientos los expresa en palabras Baronio, que acusa "a Teodorico de haber sido un bárbaro cruel, un tirano bárbaro, y un impío arriano."[17]

Mientras que los católicos sentían en esta forma las restricciones de un rey arriano en Italia, sufrían violenta persecución de los vándalos arrianos en Africa.[18] Elliott dice: "Los reyes vándalos no eran solamente arrianos, sino también perseguidores de los católicos, tanto en Cerdeña y Córcega, bajo el episcopado romano, corno en Africa."[19]

Tal era la situación cuando en 533 Justiniano inició sus guerras contra los vándalos y los godos. Deseando alistar de su parte la influencia del papa y el partido católico, promulgó aquel decreto memorable que había de constituir al papa cabeza de todas las iglesias, y de cuya ejecución, en 538, dala el comienzo de la supremacía papal. Y quienquiera que lea la historia de la campaña africana (533-534) y de la realizada en Italia (534-538) notará que en todas partes los católicos saludaban como libertadores a los soldados del ejército de Belisario, general de Justiniano.

Pero ningún decreto como el mencionado podía entrar en vigor mientras no fuesen derribados los pueblos arrianos que se oponían a él. Las cosas cambiaron, sin embargo, pues en las campañas militares de África e Italia las legiones victoriosas de Belisario asestaron al arrianismo un golpe tan aplastador que quedaron vencidos sus últimos sostenedores.

Procopio relata que la guerra africana fue emprendida por Justiniano para aliviar a los cristianos (católicos) de aquella región, y que cuando expresó su intención al respecto, el prefecto del palacio casi lo disuadió de su propósito. Pero tuvo un sueño en el cual se le ordenó "que no retrocediese ante la ejecución de su designio; porque al asistir a los cristianos derribaría el poder de los vándalos."[20]

Mosheim declara: "Es verdad que los griegos que habían recibido los decretos del concilio de Nicea [es decir, los católicos] perseguían y oprimían a los arrianos dondequiera que alcanzaban su influencia y autoridad; pero a su vez los partidarios del concilio de Nicea no eran menos rigurosamente tratados por sus adversarios [los arrianos], particularmente en África y en Italia, dónde sentían en forma muy severa el peso del poder de los arrianos y la amargura de su resentimiento. Los triunfos del arrianismo fueron, sin embargo, transitorios; y sus días de prosperidad quedaron completamente eclipsados cuando los vándalos fueron arrojados de África, y los godos de Italia, por las armas de Justiniano."[21]

Elliott resume así el asunto: "Podría citar tres miembros de la lista dada al principio que fueron desarraigados de delante del papa, a saber: los hérulos, bajo Odoacro, los vándalos, y los ostrogodos." [22]

Basados en el testimonio histórico ya citado, creemos que ha quedado claramente establecido que los tres cuernos arrancados eran las potencias nombradas: los hérulos, en 493, los vándalos en 534, y los ostrogodos finalmente en 553, aunque la oposición efectiva de esos últimos al decreto de Justiniano cesó cuando fueron arrojados de Roma por Belisario en 538,[23] según se explica en la página 99.

El cuerno pequeño iba a hablar "grandezas contra el Altísimo." -Esta profecía se ha cumplido también desgraciadamente en la historia de los pontífices. Ellos han procurado, o por lo menos permitido, que se les aplicasen títulos que resultarían hiperbólicos y blasfemos si se aplicasen a un ángel de Dios.

Lucio Ferraris, en su Prompta Bibliotheca a la cual se refiere la Catholic Encyclopedia como "una verdadera enciclopedia de conocimientos religiosos," y "una preciosa mina de información," declara en el artículo dónde trata del papa, que "el papa es de tan grande dignidad y ensalzado que no es un simple hombre, sino como si fuese Dios, y el vicario de Dios... El papa es de dignidad tan sublime y suprema que, hablando con propiedad, no ha sido establecido en algún grado de dignidad, sino más bien ha sido puesto en la misma cumbre de todas las dignidades... El papa es llamado santísimo porque se presume legítimamente que lo es...

"Sólo el papa merece ser llamado 'santísimo' porque únicamente él es vicario de Cristo, manantial, fuente y plenitud de toda la santidad... 'Es igualmente el monarca divino, emperador supremo, y rey de reyes.'... De ahí que el papa lleva una corona triple, como rey del cielo, de la tierra y de las regiones inferiores... Además, la superioridad y el poder del pontífice romano no se refieren sólo a las cosas celestiales, a las terrenales y a las que están debajo de la tierra, sino que llegan hasta sobre los ángeles, pues es mayor que ellos... De manera que, si se pudiera dar el caso de que los ángeles errasen en la fe, o pensasen en forma contraria a la fe, podrían ser juzgados y excomulgados por el papa... Porque él tiene tan grande dignidad y poder que forma con Cristo uno y el mismo tribunal...

"El papa es como si fuese Dios en la tierra, solo soberano de los fieles de Cristo, principal rey de reyes, que tiene la plenitud del poder, a quien el Dios omnipotente ha confiado no sólo la dirección de lo terreno, sino también del reino celestial... El papa tiene tan grande autoridad y poder que puede modificar, explicar o interpretar aun las leyes divinas."[24]

Cristóbal Marcelo, en la cuarta sesión del quinto concilio de Letrán en una oración dirigida al papa, exclamó: "Tú eres el pastor, tú eres el médico, tú eres el director, tú eres el labrador; finalmente tú eres otro Dios en la tierra."[25]

Dice Adán Clarke, con referencia al versículo 25: " 'Hablará como si fuese Dios.' Así es como cita a Símaco San Jerónimo. A nadie puede esto aplicarse tan clara y plenamente como a los papas de Roma. Han asumido la infalibilidad, que pertenece únicamente a Dios. Profesan perdonar los pecados, cosa que pertenece solamente a Dios. Profesan abrir y cerrar el cielo, que pertenece únicamente a Dios. Profesan ser superiores a todos los reyes de la tierra, la cual pertenece solamente a Dios. Y van más allá de Dios al pretender relevar naciones enteras de su juramento de fidelidad a sus reyes, cuando los tales reyes no les agradan. Y van contra Dios cuando dan indulgencias por el pecado. Esta es la peor de todas las blasfemias."[26]

El cuerno pequeño "a los santos del Altísimo quebrantará,"- Poca investigación histórica se requiere para probar que Roma, tanto en los tiempos antiguos como durante la Edad Media, persiguió a la iglesia de Dios. Pueden presentarse abundantes pruebas para demostrar que, antes y después de la Reforma, las guerras, las cruzadas, las matanzas, las inquisiciones y persecuciones de todas clases fueron los métodos adoptados para obligar a todos a someterse al yugo romano.

La historia de la persecución medioeval espanta, y nos cuesta espaciarnos en sus detalles. Sin embargo, para que se comprenda debidamente este pasaje es necesario recordar algunas de las cosas que sucedieron en aquellos tiempos desgraciados. Alberto Barnes, en su comentario sobre este pasaje, observa:

"¿Puede alguno dudar de que esto fue verdad con referencia al papado? La Inquisición, 'las persecuciones de los valdenses;' los estragos del duque de Alba; las hogueras de Smithfield; las torturas de Goa; en verdad toda la historia del papado puede invocarse para probar que esa declaración se aplica a dicha potencia. Si hubo algo que procuró quebrantar 'a los santos del Altísimo,' que los habría raido de la tierra para que la religión evangélica se extinguiese, fueron las persecuciones del poder papal. En el año 1208, el papa Inocencio III proclamó una cruzada contra los valdenses y los albigenses, y en ella perecieron un millón de hombres. Desde que se fundó la orden de los jesuitas, en 1540, hasta 1580, se dio muerte a 900.000 personas. Como 150.000 hizo perecer la Inquisición en 30 años. En los Países Bajos, 50.000 personas fueron ahorcadas, decapitadas, quemadas y enterradas vivas, por el delito de herejía, en el plazo de 38 años desde el edicto de Carlos V contra los protestantes hasta la paz de Cateau Cambresis en 1559. En el espacio de cinco años y medio, durante la administración del Duque de Alba,

18.000 fueron entregados al verdugo. En verdad, el menor conocimiento de la historia del papado convencerá a cualquiera de que es verdad lo dicho aquí con respecto a que iba a hacer 'guerra contra los santos' (vers. 21), y de que la declaración de que quebrantaría 'a los santos del Altísimo,' (vers. 25), se aplica estrictamente a esa potencia, y describe con exactitud su historia."[27]

Estos hechos quedan confirmados por el testimonio de G. E. H. Lecky, quien declara:

"Que la iglesia de Roma haya derramado más sangre inocente que cualquier otra institución que haya existido entre la humanidad, es algo que no pondrá en duda ningún protestante que tenga un conocimiento completo de la historia. A la verdad los elementos que podrían recordar muchas de sus persecuciones escasean ahora de tal manera que es imposible formarse un concepto completo de la multitud de sus víctimas. Es igualmente cierto que no hay facultades de la imaginación que puedan comprender adecuadamente sus sufrimientos... Estas atrocidades no fueron perpetradas en breves paroxismos de un reinado de terror, ni por la mano de sectarios obscuros, sino infligidas por una iglesia triunfante, con toda circunstancia de solemnidad y deliberación."[28]

Y en nada cambia el asunto porque en numerosos casos las víctimas fueron entregadas a las autoridades civiles. La iglesia era la que decidía en cuestiones de herejía, y luego entregaba a los ofensores al tribunal secular. Pero en aquellos tiempos el poder secular no era sino un instrumento manejado por la iglesia. Estaba bajo su dominio y hacía lo que ella le ordenaba. Cuando la iglesia entregaba a sus prisioneros a los verdugos para que los matasen, pronunciaba la siguiente fórmula: "Te dejamos y entregamos al brazo secular y al poder del tribunal secular; pero al mismo tiempo rogamos ardientemente a ese tribunal que modere su sentencia para no tocar tu sangre, ni poner tu vida en peligro."[29] Luego, como realmente se quería que sucediese, las infortunadas víctimas del odio papal eran inmediatamente ejecutadas.

El testimonio de Lepicier es muy oportuno al respecto: "El poder civil puede castigar únicamente el delito de incredulidad en la forma y grado en que ese delito ha sido revelado judicialmente por personas eclesiásticas, expertas en la doctrina de la fe. Pero la iglesia, al tomar por sí misma conocimiento del delito de incredulidad, puede por sí misma decretar la sentencia de muerte, aunque no ejecutarla; pero confía la ejecución de ella al brazo secular."[30]

Los enérgicos asertos de algunos católicos de que su iglesia nunca mató a los disidentes, han sido negados rotundamente por uno de sus portavoces autorizados, el cardenal Belarmino, quien nació en Toscana en 1542, y quien, después de su muerte en 1621, estuvo a punto de ser colocado entre los santos del calendario por los grandes servicios que prestó a la iglesia. Este hombre, en una ocasión, en el calor de una controversia, se traicionó al punto de admitir los hechos reales del caso. Habiendo dicho Lutero que la iglesia (con la cual quería decir la iglesia verdadera) nunca quemaba los herejes, Belarmino, entendiendo por el término la iglesia católica romana, contestó: "Este argumento prueba, no el sentimiento, sino la ignorancia o impudencia de Lutero; porque como un número casi infinito fueron quemados o muertos de otra manera, resulta que, o Lutero no lo sabía, y por lo tanto era ignorante; o si lo sabía queda convicto de impudencia y mentira, porque esos herejes fueron a menudo quemados por la iglesia y ello puede probarse por algunos de los muchos ejemplos."[31]

Alfredo Baudrillart, rector del Instituto Católico de París, refiriéndose a la actitud de la iglesia hacia la herejía, observa:

"Cuando se halla frente a la herejía, no se contenta con la persuasión; le parecen insuficientes los argumentos de orden intelectual y moral, y recurre a la fuerza, al castigo corporal y la tortura. Crea tribunales como los de la Inquisición, invoca la ayuda de las leyes del Estado; si es necesario estimula una cruzada, o una guerra religiosa, y en la práctica todo su 'horror de la sangre' culmina en su incitación del poder secular a derramarla, procedimiento que es casi más odioso, porque es menos franco que el de derramarla ella misma.

"Obró así especialmente en el siglo XVI con respecto a los protestantes. No se conformó con reformarlos moralmente, enseñarles por el ejemplo, convertir a la gente mediante misioneros elocuentes y santos, y encendió en Italia, en los Países Bajos, y sobre todo en España, las piras fúnebres de la Inquisición. En Francia bajo Francisco I y Enrique II, en Inglaterra bajo María Tudor, torturó a los herejes, mientras que tanto en Francia como en Alemania, durante la segunda mitad del siglo XVI, y la primera del XVII, si no las inició en realidad, por lo menos estimuló y fomentó activamente las guerras religiosas."[32]

En una carta del papa Martín V (1417-1431), se encuentran las siguientes instrucciones dirigidas al rey de Polonia:

" 'Sabed que el interés de la Santa Sede, y los de vuestra corona, os imponen el deber de exterminar a los husitas. Recordad que estos impíos se atreven a proclamar principios de igualdad; sostienen que todos los cristianos son hermanos, y que Dios no ha dado a hombres privilegiados el derecho de gobernar las naciones; sostienen que Cristo vino a la tierra para abolir la esclavitud; llaman a la gente a ser libre, es decir a aniquilar a los reyes y sacerdotes. Por lo tanto, mientras aún hay tiempo, dirigid vuestras fuerzas contra Bohemia; matad, haced desiertos por doquiera, porque nada podría ser más agradable a Dios, ni más útil a la causa de los reyes, que el exterminio de los husitas.' "[33] Todo esto estaba en armonía con las enseñanzas de la iglesia. La herejía no debía ser tolerada, sino destruída.

La Roma pagana persiguió implacablemente a la iglesia cristiana. Se calcula que tres millones de cristianos perecieron durante los tres primeros siglos de la era cristiana. Sin embargo, se dice que los cristianos primitivos oraban para que subsistiese la Roma imperial, porque sabían que cuando cesara esta forma de gobierno, se levantaría otro poder perseguidor peor aún, que literalmente habría de quebrantar a "los santos del Altísimo," según lo declara esta profecía. La Roma pagana podía matar a los niños, pero perdonaba a las madres; mientras que la Roma papal mataba tanto a las madres como a los niños. No había edad, ni sexo ni condición que pudiese eximir a uno de su ira implacable.

El cuerno pequeño pensaría "cambiar los tiempos y la ley."- ¿Qué ley? No la ley de otros gobiernos terrenales; porque no era cosa extraña que una potencia cambiase las leyes de otra, cada vez que lograse poner a esta otra potencia bajo su dominio. No era una ley humana; porque el cuerno pequeño tenía el poder de cambiar las leyes humanas donde alcanzaba su jurisdicción; pero los tiempos y la ley que se mencionan aquí eran de tal naturaleza que esta potencia podía solamente pensar en cambiarlos, sin tener poder para hacer realmente el cambio. Es la ley del mismo Ser a quien pertenecen los santos que son quebrantados por este poder, a saber, la ley del Altísimo. ¿Ha intentado cambiarla el papado? Sí, en verdad.

Añadió el segundo mandamiento del Decálogo al primero, haciendo uno solo de los dos, y dividió el décimo en dos, haciendo que el noveno prohíba codiciar la esposa del prójimo, y el décimo la propiedad del prójimo, a fin de conservar el número completo de diez. Aunque todas las palabras del segundo mandamiento se conservan en la Biblia católica y en el catecismo romano autorizado por el Concilio de Trento, se encuentran en ambos lugares esmeradas explicaciones en el sentido de que, en el caso de las imágenes y semejanzas de cualquier clase, excepto las de Dios mismo, su confección y empleo no quedan prohibidos por el mandamiento cuando se emplean solamente para venerar las virtudes de los santos, y no para adorarlos como dioses, que es lo que prohíbe expresamente el mandamiento. Se aplica también el mismo principio a las cenizas, los huesos y otras reliquias de los santos, y a las representaciones de los ángeles.

Algunos autores católicos tienen mucho que decir para justificar a su iglesia en el uso de las imágenes en su culto; y nos hablan sobre todo de la utilidad de ellas "para enseñar al pueblo las grandes verdades de la religión." Pero la realidad de las cosas es que en el culto católico el papel que desempeñan las imágenes no se limita a la fase didáctica. Se les tributa veneración, y el pueblo se inclina ante ellas y las honra, cosas que son precisamente las vedadas, pues la prohibición de hacer las imágenes se aplica cuando ellas se destinan a fines de culto, y no, lógicamente, cuando sólo los tienen de enseñanza.

En cuanto al cuarto mandamiento, que es el tercero en el orden cambiado, el catecismo de más autoridad en la iglesia católica romana conserva todo el mandamiento e insiste en que es un privilegio y deber sagrado observar escrupulosamente el día de reposo en la vida personal y el culto público. Sin embargo, declara que el día particular en el cual se debía reposar se relacionaba con los ritos ceremoniales de los judíos, y juntamente con ellos quedó eliminado en Cristo; y da luego razones por las cuales el día de reposo debe observarse el primer día de la semana, comúnmente llamado domingo.

Para apoyar la breve declaración que antecede acerca del cambio de los tiempos y la ley por el papado, presentaremos pruebas obtenidas de ese catecismo de más autoridad en la iglesia católica romana. De acuerdo con The Catholic Encyclopedia, "la autoridad de este catecismo es superior a la de cualquier otro, pero no alcanza, por supuesto, el nivel de la que tienen los cánones y decretos de un concilio."[34]

Antes de presentar las citas, debe declararse primero que en el gobierno de la iglesia católica romana, los cánones y decretos de un concilio eclesiástico ecuménico son oficiales y supremos.

Entre DECALOGO ORIGINAL Según Exodo 20, Versión de Torres Amat

I

No tendrás otros dioses delante de mí.

II

No harás para ti imagen de escultura, ni figura alguna de las cosas que hay arriba en el cielo, ni abajo en la tierra, ni de las que hay en las aguas debajo de la tierra. No las adorarás ni rendirás culto. Yo soy el Señor Dios tuyo, el fuerte, el celoso, que castigo la maldad de los padres en los hijos hasta la tercera y cuarta generación, de aquellos, digo, que me aborrecen; y que uso de misericordia hasta millares de generaciones con los que me aman y guardan mis mandamientos.

III

No tomarás en vano el nombre del Señor tu Dios: porque no dejará el Señor sin castigo al que tomare en vano el nombre del Señor Dios suyo.

IV

Acuérdate de santificar el día de sábado. Los seis días trabajarás, y harás todas tus labores: Mas el día séptimo es sábado, o fiesta del Señor Dios tuyo. Ningún trabajo harás en él, ni tú, ni tu hijo, ni tu hija, ni tu criado, ni tu criada, ni tus bestias de carga, ni el extranjero que habita dentro de tus puertas o poblaciones. Por cuanto el Señor en seis días hizo el cielo, y la tierra, y el mar, y todas las cosas que hay en ellos, y descansó en el día séptimo: por esto bendijo el Señor el día del sábado, y le santificó.

V

Honra a tu padre y a tu madre, para que vivas largos años sobre la tierra que te ha de dar el Señor Dios tuyo.

VI

No matarás.

VII

No fornicarás.

VIII

No hurtarás.

IX

No levantarás falso testimonio contra tu prójimo.

X

No codiciarás la casa de tu prójimo: ni desearás su mujer, ni esclavo, ni esclava, ni buey, ni asno, ni cosa alguna de las que le pertenecen.

DECALOGO POPULAR Según el Catecismo

I

Amarás a Dios sobre todas las cosas.

II

No jurar su santo nombre en vano.

III

Santificar las fiestas.

IV

Honrar padre y madre.

V

No matar.

VI

No fornicarás.

VII

No robarás.

VIII

No levantarás falso testimonio ni mentiras.

IX

No codiciarás la mujer de tu prójimo.

X

No desearás los bienes de tu prójimo.

Los tales concilios eclesiásticos ecuménicos, se destaca el de Trento, celebrado en Trento, Italia, desde 1545 a 1503. Puesto que aquel concilio llamado a contrarrestar la influencia de la Reforma protestante, trataba extensamente las doctrinas y costumbres de la iglesia, decretó oficialmente que el santo sínodo ordenara a todos los obispos que explicasen los sacramentos de acuerdo con la forma que el santo sínodo prescribiría para todos los sacramentos en un catecismo que los obispos habrían de hacer traducir fielmente a la lengua vulgar y cuidar de que lo expongan al pueblo los sacerdotes de las parroquias.[35]

En cumplimiento de esta orden, San Carlos Borromeo y otros teólogos compusieron en latín para la iglesia católica, en 1566, y fué publicado en Roma por la Congregación Vaticana de la Propaganda de la Fe, bajo el título de Catechismus Romanus ex decreto Sacrosancti Concilii Tridentini, jussu S. Pii V Pontificis Maximi editus, en otras palabras, "Catecismo romano según el decreto del Sagrado Concilio de Trento, publicado por orden de su santidad Pío V, Pontífice Máximo."

Este libro fué traducido a diferentes idiomas, y en castellano hay diversas ediciones de él, pero copiaremos nuestras citas del "Catecismo del Santo Concilio de Trento para los Párrocos, ordenado por disposición de San Pío V. Traducido en Lengua Castellana por el P. Fr. Agustín Zorita, religioso domínico, según la impresión que de orden del Papa Clemente XIII, se hizo en Roma ano de 1761," y "publicado por orden del rey en Valencia por Don Benito Monfort. Año de 1782."

Transcribiremos, pues, algunas citas de este "Catecismo de Trento," o sea la exposición oficial y autorizada de la doctrina católica. La primera de estas citas se referirá al cuarto mandamiento del Decálogo (el tercero en la lista que presenta la iglesia católica). Veremos cómo ella reconoce haber realizado un cambio en cuanto al día de la semana que se ha de observar, y los argumentos que aduce para ordenar que se guarde el domingo en lugar del sábado: "Pero la Iglesia de Dios tubo por acertado trasladar el culto y celebridad del Sábado al Domingo. Porque así como ese día fué el primero, en que alumbró la luz al mundo, así fué sacada nuestra vida de las tinieblas a la luz resucitando en ese día nuestro Redentor, quien nos abrió la puerta para la vida eterna. Por esto los Apóstoles quisiéron se llamase día del Señor. Y a más de esto echamos de ver en las Sagradas Letras, ser solemne este día, por haber empezado en él la obra de la creación del mundo, y haber sido emviado sobre los Apóstoles el Espíritu Santo."[36]

Tenemos aquí la declaración del papado mismo de que la iglesia católica romana cambió la observancia del día de reposo, del séptimo día ordenado por el Decálogo al primer día de la semana, que se llama aquí erróneamente "día del Señor." (Véase comentario sobre Apocalipsis 1:10.) Es de observar que se acusa a los apóstoles de haber hecho el cambio del séptimo día al primero, pero sin citar ninguna prueba de las Escrituras, porque no la hay. Todas las razones que se aducen en esta declaración para defender el cambio, son pura y simplemente de invención humana y eclesiástica.

El testimonio que antecede basta para demostrar cómo el papado procuró cambiar los tiempos y la ley. Los datos de cómo ulteriores catecismos católicos romanos para la instrucción de "los fieles" declaran osadamente que la iglesia cambió el día y hasta desafían a los protestantes porque aceptan y observan el cambio, se encontrará en nuestro comentario referente a la marca de la bestia, cuando se trate el capítulo 13 del Apocalipsis.

Antes de abandonar este tema del cambio del sábado, resultará iluminador observar otros motivos que aduce el papado por haber cambiado el día del reposo, además del aserto erróneo de que el cambio fué hecho por los apóstoles. En el mismo catecismo romano al cual nos hemos referido ya, se halla una tentativa de explicar cómo el mandamiento del sábado difiere de los demás del Decálogo:

"Pues la diferencia cierta es, que los demás preceptos del Decálogo son naturales, perpetuos, y que en modo ninguno se pueden variar. De aquí proviene que aunque fue abrogada la ley de Moysés, todavía guarda el pueblo Christiano todos los mandamientos que están en las dos tablas. Y esto se hace no porque Moisés lo mando así, sino porque convienen a la naturaleza cuya fuerza impele á los hombres á guardarlos. Pero este mandamiento del culto del Sábado, si miramos al tiempo señalado, no es fixo y constante, sino que se puede mudar: porque no pertenece á las costumbres sino á las ceremonias; ni tampoco es natural, porque no nos enseña ni nos dicta la naturaleza, que tributémos culto externo á Dios, mas bien ese día que en otro cualquiera, sino que el pueblo de Israel empezó á guardar ese día del Sábado desde aquel tiempo en que fue libertado de la servidumbre de Faraon.

"El tiempo pues en que se había de quitar el culto del Sábado era aquel mismo, en que debían antiquarse los demás cultos y ceremonias Hebraicas: es a saber, en la muerte de Cristo. Porque siendo aquellas ceremonias unas como imágenes sombreadas de la luz y la verdad, era necesario que se auyentasen con la venida de la luz y la verdad, que es JESU CHRISTO."[37]

El lector necesita tan sólo recordar que la ley de los diez mandamientos fue escrita por el dedo de Dios sobre tablas de piedra, mientras que las leyes ceremoniales fueron escritas por Moisés en un libro. Además, el Decálogo fue escrito antes que las leyes ceremoniales fuesen dadas a Moisés. ¿Creeremos a Dios capaz de mezclar un mandamiento ceremonial con los nueve de la ley moral, y de confiar la corrección a un cuerpo eclesiástico presuntuoso? En verdad el motivo por el cual se debía reposar el séptimo día era, según se indica en el mandamiento mismo, porque el Creador mismo reposó en aquel día, y lo puso aparte como monumento recordativo de su obra creadora, sin la menor implicación de que pudiese ser "sombra de las cosas venideras" en Cristo, hacia quien apuntaban todos los ritos y ordenanzas ceremoniales.

Una cita más del Catecismo Romano merece que se la considere, pues contiene sugestiones que aun hoy se repiten a menudo:

"Por esta razón determinaron los Apóstoles consagrar al culto divino el primero de aquellos siete días, y le llamaron Domingo. Del día de Domingo hace mención San Juan en su Apocalipsis (a). Y el Apóstol manda que se hagan las colectas el primer día de la semana (b) que es el Domingo: según lo explica San Juan

Crisóstomo (c). Para que entendamos que ya entonces era tenido en la Iglesia el día de Domingo por Santo."[38]

Además de acusar falsamente a los apóstoles de haber cambiado el día de reposo, se quiere decir aquí que los cálculos comerciales referentes a las cuentas de uno el primer día de la semana constituyen un motivo para observarlo como día de reposo contrariamente a la inmutable ley de Dios.

Esta cita revela también el hecho de que se confía más en las prácticas e interpretaciones de los padres, como "San Crisóstomo," mencionado aquí, en vez de las Escrituras mismas para probar que el sábado de la ley de Dios fue cambiado al domingo.

Una observación más corresponde hacer aquí, especialmente para que la consideren los clérigos y laicos protestantes. En este Catecismo Romano, compuesto por orden del papa Pío V hacia mediados del siglo XVI, se presentan casi todos los argumentos que emplean los protestantes en nuestra época para apoyar el cambio del día de reposo del séptimo al primer día de la semana. Nótense los siguientes:

Asumen sin prueba alguna que el mandamiento del sábado formaba parte de la ley ceremonial (aunque se hallaba incorporado en el mismo corazón de la ley moral escrita por el dedo de Dios), y afirman que por lo tanto fue eliminado en Cristo.

Aseveran osadamente que los apóstoles ordenaron que se observase el primer día de la semana en lugar del séptimo, y citan el empleo que hace Juan del término "día del Señor" en Apocalipsis 1:10, a pesar del hecho de que el único día que Dios haya puesto alguna vez aparte como santo y reclamado como suyo reposando él mismo en él, fue el séptimo día del cuarto mandamiento.

Sostienen que la ley del día de reposo "concuerda con la ley de la naturaleza" al exigir que cesen las labores y se observe un día de meditación y culto; pero aseveran que el día que se debe observar "puede ser cambiado," puesto que, según su argumento, "no pertenece a la ley moral sino a la ceremonial," y que fué efectivamente cambiado por los apóstoles, por los padres y por la iglesia, y transferido al primer día de la semana.

Los argumentos que presentan en favor de un cambio tal son: que la luz brilló por primera vez sobre el mundo el primer día de la semana; la resurrección de Cristo se produjo en ese día; el Espíritu Santo descendió sobre los apóstoles ese mismo día de la semana; Pablo aconsejó a los cristianos que hiciesen sus cálculos comerciales el primer día de la semana y pusiesen aparte algo para el Señor. Todos estos argumentos son inventados por los hombres y no hay autoridad bíblica para justificar el cambio. Las únicas razones presentadas por el Creador y Señor del sábado, son que él creó el mundo en seis días, reposó el séptimo, y lo puso aparte para un uso santo, en la misma forma permanente e inalterable en que creó todas las otras cosas durante los otros días de la semana de la creación.

Tal vez los protestantes no se den cuenta de que, al defender el domingo como día de reposo, emplean los argumentos católicos romanos contenidos en el catecismo del concilio de Trento, publicado en el siglo XVI; pero el hecho es que cada uno de los que se han mencionado se hallan en aquella obra. Para ser consecuentes, los protestantes deben apartarse completamente del papado, y aferrarse a la Biblia y a la Biblia solamente en su fe y práctica.

"Tiempo, y tiempos, y el medio de un tiempo."-El pronombre "ellos" relacionado con esta frase abarca a los santos, los tiempos y la ley que se han mencionado. ¿Cuánto tiempo habían de ser entregados en las manos de esta potencia? Un tiempo, según vimos en Daniel 4:23, es un año; dos tiempos, que es la menor cantidad que podría denotar el plural, dos años; y la mitad de un tiempo es medio año. Tenemos así tres años y medio como duración de esta potencia. El vocablo caldeo que se traduce "tiempo" en el texto que consideramos es iddan, que Gesenio define precisamente con esa palabra "tiempo"' y añade: "Empleado en lenguaje profético para designar un año. Daniel 7:25."

Debemos considerar que estamos estudiando una profecía simbólica, y por ello esta medida de tiempo no puede ser literal sino simbólica. Surge entonces la pregunta: ¿Cuál es la longitud del período denotado por tres años y medio de tiempo profético? El principio sentado en la Biblia es que cuando un día se usa en una profecía simbólica, representa un año. (Ezequiel 4:6; Números 14:34.) Con referencia a la palabra hebrea yom, que significa día, Gesenio observa lo siguiente respecto a su plural: "A veces yamin denota un plazo definido de tiempo; por ejemplo, un año; como también en siríaco y caldeo, iddan significa tanto tiempo como año."

Los estudiantes de la Biblia han reconocido este principio a través de los siglos. Las siguientes citas revelan cómo concuerdan los diversos autores al respecto. Joaquín, abate de Calabria, una de las grandes figuras eclesiásticas del siglo XII, aplicó este principio de un día por año al período de 1.260 años. "La mujer, vestida del sol, que representa la iglesia, permaneció en el desierto oculta de la faz de la serpiente, siendo indudablemente aceptado un día por un año y 1.260 días por el mismo número de años."[39]

"Tres tiempos y medio; es decir, 1.260 años solares, calculando un tiempo como año calendario de 360 días, y un día como un año solar. Después de lo cual 'se sentará el juez, y quitaránle su señorío,' no en seguida, sino por grados, para consumirlo, y destruirlo hasta el fin."[40]

El año bíblico, que debe emplearse como base del cálculo, contenía 360 días. (Véanse comentarios sobre Apocalipsis 11:3.) Tres años y medio contenían 1.260 días. Como cada día representa un año, tenemos que la duración de la supremacía de ese cuerno es de 1.260 años. ¿Poseyó el papado dominio durante este lapso? La respuesta es: Sí. El edicto del emperador Justiniano, dado en 533, hacía al obispo de Roma cabeza de todas las iglesias. Pero este edicto no pudo entrar en vigor antes que los ostrogodos arrianos, el último de los tres cuernos que habían de ser arrancados para dejar lugar al papado, fuesen expulsados de Roma; y esto no se realizó, según se ha mencionado ya, antes de 538. (Véase pág. 99.) El edicto no habría tenido valor si este último acontecimiento no se hubiese producido; de ahí que hemos de partir de este último año 538, puesto que no cayeron en realidad los santos en manos de esta potencia antes de esa fecha. Pero, ¿ejerció el papado la supremacía durante 1.260 años desde aquella fecha? Exactamente. Porque 538+1.260=1.798; y en el año 1798, el general Berthier, a la cabeza de un ejército francés, entró en Roma, proclamó la república, tomó prisionero al papa e infligió una herida mortal al papado. Aunque desde entonces no ha vuelto a tener todos los privilegios e inmunidades que poseyó antes, estamos presenciando actualmente la restauración gradual de su poder anterior.

Se sentará el juez— Después de describir la espantosa carrera del cuerno pequeño, y declarar que los santos serían entregados en sus manos durante 1.260 años, plazo que nos lleva hasta 1798, el versículo 26 añade: "Empero se sentará el juez, y quitaránle su señorío, para que sea destruído y arruinado hasta el extremo." En el versículo 10 del mismo capítulo, encontramos más o menos la misma expresión acerca del juicio: "El Juez se sentó." Parece apropiado suponer que en ambos casos se refiere al mismo juicio. Pero la escena sublime descrita en el versículo 10 es la apertura del juicio investigador en el santuario celestial, según se verá en las observaciones relativas a Daniel 8:14 y 9:25-27. La profecía sitúa esta apertura del juicio al final del gran período profético de 2.300 años, que terminó en 1844. (Véanse los comentarios sobre Daniel 9:25-27.)

Cuatro años después de esto, en 1848, la gran revolución que sacudió a tantos tronos de Europa, expulsó también al papa de sus dominios. Su restauración, efectuada poco después, lo fué por la fuerza de las bayonetas extranjeras, que lo sostuvieron hasta que en 1870 sufrió la pérdida final de su poder temporal. La caída del papado en 1798 señaló la conclusión del período profético de 1.260 años, y constituyó la "herida mortal," profetizada en Apocalipsis 13:3; pero, según la profecía, esta herida mortal iba a ser "curada," y, como se estudiará oportunamente, los acontecimientos de nuestros propios tiempos han permitido que el papado recuperase gran parte del poder espiritual que tuvo antaño.

Curación de la herida mortal— En 1800 fue elegido otro papa, y le fueron devueltos su palacio y su dominio temporal sobre los estados papales, y como dice Jorge Croly, célebre comentador británico, recuperó toda prerrogativa, excepto la de ejercer persecuciones sistemáticas, porque la "herida mortal" empezaba a curarse. (Apocalipsis 13:3, V.M.)

¿Cómo es posible que se vea a esta "herida mortal" curarse y a las especificaciones de Daniel 7:26 cumplirse: "Y quitaránles su señorío, para que sea destruído y arruinado hasta el extremo"? ¿Cómo podemos explicar esta aparente paradoja? Cualesquiera que sean las dificultades exegéticas, subsiste el hecho de que en la historia del papado se ven estas dos especificaciones.

En 1844, el juicio inició su obra en el santuario celestial. (Vers. 10.) En el versículo 11, se nos dice que a causa de "las grandes palabras que hablaba el cuerno ... mataron la bestia." El 8 de diciembre de 1854, el papa promulgó el dogma de la Inmaculada Concepción. Los ejércitos de Víctor Manuel quitaron al papa su poder temporal en 1870, el mismo año en que el vigésimo concilio ecuménico decretó que el papa es infalible cuando habla ex cáthedra, es decir, cuando, como pastor y doctor de todos los cristianos, define una doctrina referente a la fe o a la moral. Pero a pesar de los crecientes honores acumulados por el clero sobre el cargo de obispo de Roma, perdió completamente el poder temporal. Desde entonces los papas se encerraron como prisioneros en el Vaticano de Roma hasta que en 1929 se firmó con Italia el concordato que devolvió al papa el dominio sobre la Ciudad Vaticana, pequeña sección de la ciudad de Roma.

VERS. 27, 28: Y que el reino, y el señorío, y la majestad de los reinos debajo de todo el cielo, sea dado al pueblo de los santos del Altísimo; cuyo reino es reino eterno, y todos los señoríos le servirán y obedecerán. Hasta aquí fué el fin de la plática. Yo Daniel, mucho me turbaron mis pensamientos, y mi rostro se me mudo: mas guardé en mi corazón el negocio.

Después de contemplar el cuadro sombrío y desolador de la opresión ejercida por los papas sobre la iglesia, el profeta puede mirar nuevamente el glorioso descanso de los santos, cuando poseerán para siempre jamás el reino, libres de toda potestad opresora. ¿Cómo podrían los hijos de Dios mantenerse alentados en este mundo actual tan perverso, en medio de la tiranía y la opresión de los gobiernos de la tierra, y de las abominaciones que se cometen en ella, si no pudiesen mirar hacia adelante, al reino de Dios y el regreso de su Señor, con la plena seguridad de que las promesas referentes a ambos se cumplirán con segundad y rapidez?

Notas del Capítulo 7

[1] "The Cambridge Ancient History," tomo 6, págs. 425, 426. Por autorización de los editores en los Estados Unidos, Macmillan Company.

[2] Id., págs. 461-504.

[3] Juan Enrique Merle d'Aubigné, "History of the Reformation of the Sixteenth Century," tomo I, pág. 8.

[4] Id., pág. 9.

[5] Véase Juan L. Mosheim, "An Ecclesiastical History, Ancient and Modern," tomo I, pág. 412; Arturo P. Stanley. "Lectures on the History of the Eastern Church," págs. 239, 240.

[6] Alberto Barnes, "Notes on Daniel," pág. 324, comentarios sobre Daniel 7:25.

[7] Tomás Newton, "Dissertations on the Prophecies," tomo I, págs 275, 276.

[8] Alberto Barnes. "Notes on Daniel," pág. 327, comentarios sobre Daniel 7:25.

[9] Eduardo Gibbon, "The Decline and Fall of the Roman Empire," tomo 3, cap.36, págs. 515, 516.

[10] Id., cap. 37, pág. 547.

[11] Arturo P Stanley, "Lectures on the History of the Eastern Church," pág. 151.

[12] Leopoldo Ranke, "History of the Popes," tomo I, pág. 9.

[13] Niccolo Machiavelli, "History oí Florence." pág. 14.

[14] Juan L. Mosheim, "An Ecclesiastical History, Ancient and Modern," tomo 1, págs. 113, 114.

[15] Véase Archibaldo Bower, "The History of the Popes," tomo 1, pág. 257.

[16] Id., tomo 1, pág. 325.

[17] Id., pág. 328.

[18] Véase Eduardo Gibbon, "The Decline and Fall of the Roman Empire," tomo 3, cap. 37, págs. 548-552.

[19] Eduardo B. Elliott, "Horae Apocalypticae," tomo 3, pág. 139, nota 3.

[20] Teodoreto y Evagrio, "A History of the Church," pág. 399.

[21] Juan L. Mosheim, "An Ecclesiastical History, Ancient and Modern," tomo I, págs. 142, 143.

[22] Eduardo B. Elliott, "Horae Apocalypticae," tomo 3, pág. 139, nota 1.

[23] Véase "Student's Gibbon," págs. 309-319.

[24] Traducido de Lucio Ferraris, "Prompta Bibliotheca," art. "Papa," TI, tomo 6, págs. 2629.

[25] P. Juan Arduino, "Acta Conciliorum," tomo 9, pág. 1651.

[26] Adán Clarke, "Commentary on the Old Testament," tomo 4, pág, 596, nota sobre Daniel 7:25.

[27] Alberto Barnes, "Notes on Daniel," pág. 328, comentarios sobre Daniel 7:25.

[28] Guillermo E. H. Lecky, "History of the Rise and Influence of the Spirit of Rationalism in Europe," tomo 2, págs. 35, 37.

[29] Miguel Geddes, "A View of the Court of Inquisition in Portugal," Miscellaneous Tracts, tomo 1, pág. 408. Véase también Felipe Limborch, "The History of the Inquisition," tomo 2, pág. 289.

[30] Alejo M. Lepicier, "The Stability and Progress of Dogma," pág. 195.

[31] Juan Dowling, "The History of Romanism," pág. 547.

[32] Alfredo Baudrillart, "The Catholic Church, the Renaissance, and Protestantism," págs. 182, 183.

[33] L. M. de Cormenin. "The Public and Private History of the Popes of Rome," tomo 2 , págs. 116, 117.

[34] "The Catholic Encyclopedia," art. "Doctrine, Christian," tomo 5, pág.

[35] Véase J. Donovan, en sus citas del "Council of Trent, Sess. xxiv, c. vii, on Reformation," "Catechism of the Council of Trent," pág. 4.

[36] P. Fr. Agustin Zorita, "Catecismo del Santo Concilio de Trento para loa Párrocos," págs. 260, 261.

[37] Id., pág. 257.

[38] Id., pág. 258.

[39] Joaquín de Flores, "Concordantia," libro 2, cap. 16, pág. 12b.

[40] Sir Isaac Newton, "Observations Upon the Prophecies of Daniel," págs.127, 128.

Capítulo 8—El Mundo Emplazado Ante el Tribunal Celestial

"VOLVEMOS nuevamente--dice Adán Clarke--al hebreo, pues terminó la parte caldea del libro. Como los caldeos tenían interés particular en la historia y las profecías registradas desde Daniel 2:4 hasta el fin del capítulo 7, esa parte del libro se escribió en caldeo; pero como las profecías restantes se refieren a tiempos posteriores a la monarquía caldea y se relacionan principalmente con la iglesia y el pueblo de Dios en general, están escritas en hebreo, que era la lengua en la cual Dios quiso revelar todos los consejos que diera bajo el Antiguo Testamento con relación al Nuevo."[1]

VERS. 1: En el año tercero del reinado del rey Belsasar, me apareció una visión a mí, Daniel, después de aquella que me había aparecido antes.

Una característica destacada de los escritos sagrados que debe ponerlos para siempre a cubierto de la acusación de ser obra de la fantasía, es la franqueza y libertad con que sus autores presentan todas las circunstancias relacionadas con los acontecimientos que registran. Aquí el versículo 1 indica el tiempo en que esta visión fué dada a Daniel. El primer año de Belsasar era el 540 ant. de J.C. Su tercer año, en el cual fué dada la visión, había de ser, por consiguiente, el 538, cuando Daniel tenía más o menos 80 años, en vista de que tenía probablemente alrededor de veinte cuando fué llevado a Babilonia el primer año de Nabucodonosor, en 606 ant. de J.C. La visión que designa como la que le "había aparecido antes," es indudablemente la visión del capítulo 7, que tuvo en el primer año del reinado de Belsasar.

VERS. 2: Vi en visión, (y aconteció cuando vi, que yo estaba en Susán, que es cabecera del reino en la provincia de Persia;) vi pues en visión, estando junto al río Ulai.

Así como el versículo 1 indica la fecha en que fué dada la visión, este versículo indica el lugar donde el profeta recibió la revelación. Susán era la metrópoli de la provincia de Elam, entonces en manos de los babilonios, y el rey de Babilonia tenía allí un palacio real. Como ministro de estado empleado en los negocios del rey, Daniel se hallaba en ese lugar. Abrádates, virrey de Susán, prometió fidelidad a Ciro, y la provincia quedó unida a los medos y persas; de manera que, de acuerdo con la profecía de Isaías 21:2, Elam subió con los medos para sitiar a Babilonia. Bajo los medos y persas, Elam recuperó las libertades que le habían quitado los babilonios, según la profecía de Jeremías 49:39.

VERS. 3, 4: Y alcé mis ojos, y miré, y he aquí un carnero que estaba delante del rio, el cual tenía dos cuernos: y aunque eran altos, el uno era más alto que el otro; y el más alto subió a la postre. Vi que el carnero hería con los cuernos al poniente, al norte, y al mediodía, y que ninguna bestia podía parar delante de él, ni había quien escapase de su mano: y hacia conforme a su voluntad y engrandecíase.

Los reinos de Media y Persia— En el versículo 20 se presenta en lenguaje claro una interpretación de este símbolo: "Aquel carnero que viste, que tenía cuernos, son los reyes de Media y Persia." Sólo nos falta considerar cuán adecuadamente la potencia correspondió al símbolo. Los dos cuernos representaban las dos nacionalidades que componían el imperio. El más alto subió a la postre. Simbolizaba a Persia, que al principio era simplemente un aliado de los medos, pero más tarde llegó a ser la división principal del imperio. Las direcciones hacia las cuales acometía el carnero denotan las direcciones en las cuales los medos y persas ejecutaron sus conquistas. Ninguna potencia terrenal podía resistirles mientras marchaban hacia la posición exaltada a la cual los había llamado la providencia de Dios. Tanto éxito tuvieron en sus conquistas que en los días de Asuero (Esther 1:1), el reino medo-persa comprendía 127 provincias, y se extendía desde la India hasta Etiopía, que eran los límites del mundo conocido entonces.

VERS. 5-7: Y estando yo considerando, he aquí un macho de cabrío venía de la parte del poniente sobre la haz de toda la tierra, el cual no tocaba la tierra: y tenía aquel macho de cabrío un cuerno notable entre sus ojos: y vino hasta el carnero que tenía los dos cuernos, al cual había yo visto que estaba delante del río, y corrió contra él con la ira de su fortaleza. Y vilo que llegó junto al carnero, y levantóse contra él, e hirólo, y quebró sus dos cuernos, porque en el carnero no había fuerzas para parar delante de él: derribólo por tanto en tierra, y hollólo; ni hubo quien librase al carnero de su mano.

El reino de Grecia— "Y estando yo considerando," dijo el profeta. Aquí encuentran un ejemplo todos los que aman la verdad y todos los que aprecian las cosas espirituales. Cuando Moisés vio la zarza ardiente, dijo: "Iré yo ahora, y veré esta grande visión." ¡Cuán pocos están ahora dispuestos a apartarse de sus negocios o placeres para considerar los temas importantes que Dios procura presentar a su atención!

El símbolo que se introduce aquí es explicado a Daniel por el ángel. "Y el macho cabrío es el rey [o reino] de Javán [rey de Grecia, V.M.]." Acerca de la idoneidad de este símbolo para representar al pueblo griego o macedónico, Tomás Newton observa que los macedonios, "como doscientos años antes de Daniel, se llamaban Egedas, o pueblo de las cabras" Explica así el origen del nombre, según lo relatado por los autores paganos:

"Su primer rey, Carano, mientras iba con una gran multitud de griegos a buscar nuevas moradas en Macedonia, recibió del oráculo la orden de llevar cabras como guías que lo condujesen al imperio; y al ver más tarde a un rebaño de cabras que huía de una violenta tempestad, las siguió hasta Edesa, donde fijó la sede de su imperio; hizo de las cabras sus enseñas o estandartes, y llamó la ciudad Egea, o ciudad de las cabras, y a los habitantes Egedas, o el puebla de las cabras.... La ciudad de Egea era el lugar dónde solían enterrar a los reyes macedónicos. Es también muy notable que el hijo que de Roxane tuvo Alejandro se llamó Alejandro Egos, o el hijo de la cabra; y algunos de los sucesores de Alejandro son representados en sus monedas con cuernos de cabras."[2]

El "macho de cabrío venía de la parte del poniente sobre la haz de toda la tierra." Esto se debía a que Grecia se encontraba al oeste de Persia y atacaba desde esa dirección. El ejército griego barría de la faz de la tierra todo lo que había delante de él.

El macho cabrío "no tocaba la tierra." Tal era la maravillosa celeridad de sus movimientos que parecía volar de un punto al otro con la rapidez del viento. Esa misma característica de velocidad queda indicada en la visión de Daniel 7 por las cuatro alas del leopardo, que representa la misma nación.

Alejandro era el "cuerno notable."—El cuerno notable que había entre sus ojos queda explicado en el versículo 21 como siendo el primer rey del imperio macedónico. Este rey fué Alejandro Magno.

En los versículos 6 y 7 se nos relata concisamente el derrocamiento del imperio persa por Alejandro. Las batallas entre los griegos y los persas fueron muy enconadas. Algunas de las escenas registradas en la historia nos recuerdan vívidamente la figura empleada en la profecía: un carnero de pie junto al río, y el macho cabrío que corre hacia él "con la ira de su fortaleza." Alejandro derrotó primero a los generales de Darío a orillas del Gránico, en Frigia. Luego atacó y derrotó a Darío en los pasos de Iso en Cilicia, y más tarde lo derrotó en las llanuras de Arbelas en Siria. Esta última batalla se riñó en 331 ant. de J.C. y señaló la caída del Imperio Persa. Gracias a ella, Alejandro se adueñó de todo el país. Acerca del versículo 6 donde leemos: "Y vino [el macho cabrío] hasta el carnero que tenía los dos cuernos, al cual había yo visto que estaba delante del río, y corrió contra él con la ira de su fortaleza." Tomás Newton dice lo siguiente: "Difícil le resulta a uno leer estas palabras sin formarse cierta imagen del ejército de Darío de pie custodiando el río Gránico, y de Alejandro al otro lado con sus tuerzas que se precipitan, cruzan a nado la corriente, y acometen al enemigo con todo el fuego y la furia imaginables."[3]

Tolomeo hace principiar el reinado de Alejandro en 332 ant. de J.C., pero no fué hasta la batalla de Arbelas, al año siguiente, cuando Alejandro quedó "señor absoluto de aquel imperio en una extensión mayor que la que poseyera jamás cualquiera de los reyes persas."[4]

La víspera de esa batalla, Darío envió a sus principales parientes para negociar la paz. Se dice que cuando hubieron presentado sus condiciones a Alejandro, éste contestó: "El cielo no puede contener dos soles, ni la tierra dos señores."[5]

El lenguaje del versículo 7 demuestra cuán completa sería la sujeción de Medo-Persia a Alejandro. Los dos cuernos fueron quebrados, y el carnero fué arrojado al suelo y pisoteado. Persia fué subyugada, el país saqueado, sus ejércitos destrozados y dispersados, y sus ciudades despojadas. La ciudad real de Persépolis, capital del imperio persa, fué saqueada y quemada. Sus ruinas constituyen aun hoy una de las maravillas del mundo. Así fué cómo el carnero no tuvo fuerza para resistir al macho cabrío, y no hubo quien pudiese librarlo de su mano.

VERS. 8: Y engrandecióse en gran manera el macho de cabrío; y estando en su mayor fuerza, aquel gran cuerno fue quebrado, y en su lugar subieron otros cuatro maravillosos hacia los cuatro vientos del cielo.

El cuerno grande quebrado— El vencedor es mayor que el vencido. El carnero, MedoPersia, había sido grande (vers. 4, V.M.); el macho cabrío, Grecia, "engrandecióse hasta lo sumo," (vers. 8, V.M.). "Y estando en su mayor fuerza, aquel gran cuerno fué quebrado." La previsión y especulación humanas habrían dicho: Cuando se debilite, y su reino esté desgarrado por la rebelión, o debilitado por el lujo, entonces el cuerno será quebrado, y el reino abatido. Pero Daniel lo vió quebrado en lo máximo de su fuerza, en el apogeo de su poder, cuando todo espectador habría exclamado: Ciertamente, el reino está establecido, y nada lo puede derribar. Así sucede a menudo con los impíos. El cuerno de su fortaleza se quiebra cuando lo consideran más firme. La Escritura dice: "Así que, el que piensa estar firme, mire no caiga." (1 Corintios 10:12.)

Surgen cuatro cuernos notables— Después de la muerte de Alejandro, se produjeron muchas luchas entre sus generales con respecto a la sucesión. Después de una contienda de siete días, se convino en que su hermano natural, Felipe Arideo, fuese declarado rey. El y los dos niños, hijos de Alejandro, Alejandro Egos y Hércules, sostuvieron por un tiempo el nombre y la aparición del Imperio Macedónico. Pero los niños fueron pronto asesinados, y se extinguió la familia de Alejandro. Entonces los comandantes del ejército, que habían ido a diferentes partes del imperio como gobernadores de las provincias, asumieron el título de reyes. Empezaron en seguida a guerrear uno contra otro hasta que, pocos años después de la muerte de Alejandro, el número quedó reducido a cuatro, precisamente lo que había especificado la profecía.

Cuatro cuernos notables habían de surgir hacia los cuatro vientos del cielo en lugar del cuerno grande que había sido quebrado. Fueron Casandro, que obtuvo Grecia y las regiones vecinas; Lisímaco, que obtuvo Asia Menor; Seleuco, que recibió Siria y Babilonia, y fué el progenitor de los reyes Seleucidas, tan famosos en la historia; y Tolomeo, hijo de Lago, que tuvo Egipto, y de quien descendió la dinastía de los Lagidas. Estos reinaron hacia los cuatro vientos del cielo. Casandro tenía las regiones occidentales, Lisímaco, las del norte, Seleuco los países orientales, y Tolomeo la porción meridional del imperio. Esos cuatro cuernos pueden llamarse por lo tanto: Macedonia, Tracia, que incluía entonces Asia Menor y las partes que se hallaban sobre el Helesponto y el Bósforo, Siria y Egipto.

VERS. 9-12: Y del uno de ellos salió un cuerno pequeño, el cual creció mucho al mediodía, y al oriente, y hacia la tierra deseable. Y engrandecióse hasta el ejército del cielo; y parte del ejército y de las estrellas echó por tierra, y las holló. Aun contra el príncipe de la fortaleza se engrandeció, y por él fué quitado el continuo sacrificio, y el lugar de su santuario fué echado por tierra. Y el ejército fuéle entregado a causa de la prevaricación sobre el continuo sacrificio: y echó por tierra la verdad, e hizo cuanto quiso, y sucedióle prósperamente.

Surge un cuerno pequeño— Una tercera potencia se introduce aquí en la profecía. En la explicación que el ángel da a Daniel, este símbolo no se describe tan claramente como se describe a Medo-Persia y Grecia. Se dan a este símbolo dos interpretaciones que es necesario notar en estos breves comentarios. La primera es que el "cuerno pequeño" representa al rey sirio Antíoco Epífanes. La segunda es que representa la potencia romana. Es asunto fácil analizar y probar estas dos interpretaciones.

¿Denota el cuerna pequeño a Antíoco?— Si Antíoco Epífanes no cumple lo especificado por la profecía, el símbolo no se le puede aplicar. El cuerno pequeño salió de uno de los cuatro cuernos del macho cabrío. Era, por lo tanto, una potencia que tendría existencia distinta de la de cualquiera de los otros cuernos del macho cabrío. ¿Fue Antíoco una potencia tal?

¿Quién fue Antíoco? Desde el momento en que Seleuco se hizo rey de la porción siria del imperio de Alejandro, y constituyó así el cuerno sirio del macho cabrío, hasta que su país fue conquistado por los romanos, reinaron 26 reyes en sucesión sobre ese territorio. El octavo de esos reyes fue Antíoco Epífanes. Este era, pues, simplemente uno de los 26 reyes que constituyeron el cuerno sirio del macho cabrío. Fué, por lo tanto, ese cuerno mientras reinó. Y es lógico afirmar que no podía ser al mismo tiempo una potencia separada e independiente, ni otro cuerno notable, como lo fué el cuerno pequeño.

Si fuese propio aplicar el símbolo del cuerno pequeño a alguno de estos 26 reyes sirios, debiera aplicarse ciertamente al más poderoso e ilustre de todos. Pero Antíoco Epífanes no fué de ninguna manera el rey más poderoso del linaje sirio. Aunque tomó el nombre de Epífanes, es decir "el ilustre," lo fué solamente de nombre. Nada, dice Prideaux, basado en la autoridad de Polibio, Livio y Diodoro de Sicilia, pudo ser más ajeno a su verdadero carácter. A causa de su insensatez vil y extravagante, algunos lo creyeron loco y cambiaron su nombre de Epífanes, "el ilustre," a Epímanes, "el loco."[6]

Antíoco el Grande, padre de Epífanes, después de ser derrotado en una guerra que sostuvo con los romanos, pudo obtener la paz tan sólo mediante el pago de una suma prodigiosa de dinero y la entrega de parte de su territorio. Como garantía de que cumpliría fielmente las condiciones del tratado, se vió obligado a dar rehenes, y entre ellos estaba Epífanes, su hijo, quien fué llevado a Roma. Desde entonces los romanos conservaron el ascendiente.

El cuerno pequeño del macho cabrío debía crecer en gran manera; pero Antíoco Epífanes no llegó a crecer en gran manera. Por el contrario, no ensanchó sus dominios, excepto mediante algunas conquistas pasajeras que hizo en Egipto. Renunció inmediatamente a ellas cuando los romanos se pusieron de parte de Tolomeo y le ordenaron que desistiera de sus designios en aquel territorio. Desahogó sobre los judíos inofensivos la ira que despertó en él su ambición frustrada.

El cuerno pequeño, en comparación con las potencias que lo precedieron, creció en gran manera. A Persia se la llama simplemente grande, aunque abarcó 127 provincias. (Esther 1:1.) De Grecia, que fué aún más extensa, se dice que se engrandeció "hasta lo sumo." (V.M.) Ahora el cuerno pequeño, que "se engrandeció extraordinariamente" (V.M.), debe superar a ambas. ¡Cuán absurdo es pues aplicar esto a Antíoco que se vió obligado a abandonar a Egipto bajo el dictado de los romanos! Nadie necesita largo rato para decidir la cuestion de cuál fué el mayor poder: el que evacuó a Egipto o el que ordenó la evacuación.

El cuerno pequeño había de oponerse al Príncipe de los príncipes, expresión que se refiere incontrovertiblemente a Jesucristo. (Daniel 9:25; Hechos 3:15; Apocalipsis 1:5.) Pero Antíoco murió 164 años antes que naciera nuestro Señor. La profecía no puede, por lo tanto, aplicársele, pues no cumple sus especificaciones en un solo detalle. Puede preguntarse: ¿Por qué ha habido quienes han procurado aplicársela? Contestamos: Los católicos romanos aceptan esta interpretación para evitar que se les aplique a ellos mismos la profecía; y muchos protestantes los siguen, aparentemente para oponerse a la enseñanza de que la segunda venida de Cristo se acerca.

El cuerno pequeño denota Roma— Ha sido cosa fácil demostrar que el cuerno pequeño no representa a Antíoco Epífanes. Será igualmente fácil demostrar que simboliza a Roma.

El campo de la visión es substancialmente el mismo aquí que el abarcado por la imagen de Nabucodonosor estudiada en Daniel 2, y la visión de Daniel 7. En ambos delineamientos proféticos hemos encontrado que el poder que sucedió a Grecia como cuarta potencia universal fué Roma. La única inferencia natural sería que el cuerno pequeño, el poder que en esta visión sucede a Grecia como reino extraordinariamente grande es también Roma.

El cuerno pequeño sale de uno de los cuernos del macho cabrío. ¿Cómo puede decirse esto de Roma?, preguntará alguien. Los gobiernos terrenales no son introducidos en la profecía hasta que estén de

Alguna manera relacionados con el pueblo de Dios. En aquel tiempo, Roma se relacionó con los judíos, el pueblo de Dios, por la famosa Liga Judía del año 161 ant. de J.C.[7] Pero siete años antes de eso, es decir en 168 ant. de J.C., Roma había conquistado a Macedonia, y hecho de este país una parte de su imperio. Roma fué, pues, introducida en las profecías precisamente cuando, después de derribar el cuerno macedónico del macho cabrío, salía a realizar nuevas conquistas en otras direcciones. Para el profeta parecía como que salía de uno de los cuernos del macho cabrío.

El cuerno pequeño se engrandeció hacia el sur. Así sucedió con Roma. Egipto fué reducido a la condición de provincia del Imperio Romano en el año 30 ant. de J.C. y continuó en tal condición durante varios siglos.

El cuerno pequeño se engrandecía hacia el oriente. Esto también hizo Roma. Conquistó a Siria en 65 ant. de J.C., y la redujo a condición de provincia.

El cuerno pequeño se engrandeció hacia la tierra deseable. Así lo hizo Roma. Judea es llamada "tierra deseable" en muchos pasajes de la Escritura. Los romanos la redujeron a la condición de provincia de su imperio en 63 ant. de J.C., y finalmente destruyeron la ciudad y el templo, y dispersaron a los judíos por toda la tierra.

El cuerno pequeño "engrandecióse hasta [contra, V.M.] el ejército del cielo; y parte del ejército y de las estrellas echó por tierra." Roma hizo esto también. En esta expresión se introducen dos figuras: "el ejército" y "las estrellas." Cuando se usan en un sentido simbólico con referencia a acontecimientos que suceden en la tierra, esas figuras se refieren casi siempre al pueblo de Dios y sus dirigentes. En el versículo 13 de este capítulo leemos que tanto el santuario como el ejército serían hollados. Aquí se alude indudablemente al pueblo de Dios y su lugar de culto. Las estrellas debían representar naturalmente a los dirigentes de la obra de Dios. Este pensamiento queda recalcado en una de las frases de Apocalipsis 12:4, donde leemos algo referente al gran dragón bermejo, símbolo de Roma, que derribó a tierra una tercera parte de las estrellas.

El cuerno pequeño "aun contra el Príncipe de la fortaleza se engrandeció." Únicamente Roma hizo esto. En la interpretación (vers. 25), se dice que el cuerno pequeño "contra el Príncipe de los príncipes se levantará." Esto alude claramente a la crucifixión de nuestro Señor bajo la jurisdicción de los romanos.

Las dos jases de Roma— Por el cuerno pequeño "fue quitado el continuo sacrificio." Este cuerno pequeño simboliza a Roma en toda su historia, es decir que incluye sus dos fases, la pagana y la papal. Estas dos fases son mencionadas en otra parte como el "continuo" (sacrificio es palabra añadida) y la "prevaricación asoladora." El "continuo" o asolamiento continuo significa la forma pagana, y la prevaricación asoladora, la papal. (Véanse los comentarios sobre el versículo 13.) En las acciones atribuidas a esta potencia, se habla a veces de una forma, y otras veces de la otra. "Por él [la forma papal] fue quitado el continuo [la forma pagana]." La Roma pagana se transformó en la Roma papal. "El lugar de su santuario," o culto, la ciudad de Roma, "fue echado por tierra." La sede del gobierno fue trasladada por Constantino a Constantinopla en 330 de nuestra era. El mismo traslado se presenta en Apocalipsis 13:2, dónde se dice que el dragón, o Roma pagana, dio a la bestia, Roma papal, su sede, la ciudad de Roma.

Un "ejército fuéle entregado [al cuerno pequeño] a causa de la prevaricación sobre el continuo." Los bárbaros que subvirtieron al Imperio Romano durante los cambios, azotes, y transformaciones de aquellos tiempos, se convirtieron a la fe católica y se transformaron en instrumentos para destronar su antigua religión. Aunque habían conquistado políticamente a Roma, fueron vencidos religiosamente por la teología de Roma, y fueron quienes perpetuaron el mismo imperio bajo otra fase. Esto se produjo en virtud de la "prevaricación," es decir, por el desarrollo del misterio de iniquidad. El papado puede llamarse el sistema de iniquidad, porque ha hecho su mala obra mientras simulaba ser una religión pura y sin mancha. Acerca de este falso sistema religioso, Pablo escribió durante el primer siglo: "Porque ya está obrando el misterio de iniquidad." (2 Tesalonicenses 2:7.)

El cuerno pequeño "echó por tierra la verdad, e hizo cuanto quiso, y sucedióle prósperamente." Esto describe en pocas palabras la obra y carrera del papado. Deja a la verdad odiosamente distorsionada, cargada de tradiciones, transformada en hipocresía y superstición, derribada y obscurecida.

Acerca de esta potencia eclesiástica se declara que "hizo cuanto quiso," practicó sus engaños con el pueblo, hizo astutas maquinaciones para obtener sus propios fines y engrandecer su poder.

"Hizo prósperamente." Hizo guerra contra los santos y prevaleció contra ellos. Casi ha recorrido toda la carrera que le es concedida, y pronto ha de ser quebrantada sin intervención humana, para ser entregada a la llama de fuego, que la hará perecer en las glorias consumidoras del segundo advenimiento de nuestro Señor.

Roma cumple todo lo especificado por la profecía. Con ningún otro poder pasa lo mismo. De ahí que Roma, y no otra potencia, sea la mencionada aquí. Las descripciones inspiradas que se dan en la Palabra de Dios y el carácter de este sistema concuerdan; y las profecías concernientes a él se han cumplido en la forma más sorprendente y exacta.

VERS. 13, 14: Y oí un santo que hablaba; y otro de los santos dijo a aquel que hablaba: ¿Hasta cuándo durará la visión del continuo sacrificio, y la prevaricación asoladora que pone el santuario y el ejército para ser hollados? Y él me dijo: Hasta dos mil y trescientos días de tarde y mañana; y el santuario será purificado.

El tiempo en la profecía— Estos dos versículos de Daniel 8 cierran la visión propiamente dicha. Introducen el único detalle restante y el que resulta del más absorbente interés para el profeta y la iglesia, a saber cuánto iban a durar las potencias asoladoras anteriormente presentadas. ¿Cuánto iba a durar su carrera de opresión contra el pueblo de Dios? Si se le hubiese dado tiempo, Daniel habría hecho la pregunta él mismo, pero Dios conoce siempre nuestros deseos por anticipado, y a veces les contesta antes que los expresemos.

Dos seres celestiales conversan acerca del asunto. Es un tema importante que la iglesia debe comprender bien. Daniel oyó a un santo que hablaba, pero no se nos indica qué decía. Pero otro santo hizo una pregunta importante: "¿Hasta cuándo durará la visión?" Quedan registradas la pregunta y la respuesta, lo cual es evidencia primordial de que se trata de un asunto que la iglesia debe entender. Esta opinión queda confirmada por el hecho de que la respuesta se dirigió a Daniel, por ser él la persona a quien concernía principalmente, y para cuya información se daba.

Los 2.300 días— El ángel declaró; "Hasta dos mil y trescientos días de tarde y mañana; y el santuario será purificado." Puede ser que alguien pregunte: ¿Por qué será que la edición Vaticana de la Septuaginta, o traducción de los Setenta, dice en este versículo "dos mil cuatrocientos días?" Acerca de este punto S. P. Tregelles escribe: "Algunos escritores que tratan asuntos proféticos han adoptado, en sus explicaciones o interpretaciones de esta visión, las cifras 'dos mil cuatro cientos días;' y para justificarse, se han referido a los ejemplares impresos comunes de la version de los Setenta. Pero en lo que respecta a este libro, hace mucho que la verdadera versión de los Setenta quedó substituída por la de Teodoción; y además, aunque se encuentra "dos mil cuatrocientos" en los ejemplares griegos impresos comunes, es simplemente un error que se cometió al imprimir la edición Vaticana de 1586, error que se ha perpetuado habitualmente. Yo examiné (en 1845) el pasaje en el manuscrito del Vaticano, que las ediciones romanas profesaban seguir, y dice exactamente lo mismo que el texto hebreo ["dos mil trescientos días"]; y así también dice la verdadera Septuaginta de Daniel. (También dice así la edición que ha hecho el Cardenal Mai del manuscrito del Vaticano, edición que apareció en 1857)."[8]

Y para corroborar aún mejor la veracidad del período de dos mil trescientos días, citamos lo siguiente:

"La edición de la Biblia griega que se usa comúnmente, se imprimió, como se verá explicado en Prideaux y Home, no según la versión original de los Setenta, sino según la de Teodoción que fué hecha más o menos a fines del segundo siglo. Existen tres ediciones standard principales de la Biblia Septuaginta, que contienen la versión de Daniel de acuerdo con Teodoción; a saber la Complutense, publicada en 1514, la Aldina, en 1518; y la Vaticana, 1587, de las cuales se han sacado mayormente las últimas ediciones inglesas de los Setenta. A estas tres podemos añadir una cuarta, que es la del texto alejandrino, publicada entre 1707 y 1720. Hay, además, una llamada la Chisiana, 1772, que contiene el texto griego tanto de Teodoción como de los Setenta. De todas estas seis copias, la Vaticana sola dice 'dos mil cuatrocientos,' y todas las demás concuerdan con el hebreo y con nuestras Biblias inglesas. Además, el manuscrito mismo, que se halla en el Vaticano, del cual se imprimió la edición, tiene dos mil trescientos y no dos mil cuatrocientos. De manera que es indisputable que el número dos mil cuatrocientos no es sino un error de imprenta."[9]

Estas citas demuestran claramente que no se puede confiar en absoluto en esta expresión hallada en la edición Vaticana de la Septuaginta.

¿Qué es el continuo?— En el versículo 13 tenemos pruebas de que "sacrificio" es una palabra errónea que se ha añadido a la palabra "continuo." Si, como suponen algunos, se quisiera hablar aquí de la eliminación del sacrificio continuo del servicio judaico (que en cierto momento fue quitado), no sería propio preguntar hasta cuándo iba a durar la visión acerca de él. Esta pregunta implica evidentemente que los agentes o acontecimientos a los cuales se refiere la visión ocupan una cantidad de años. La duración o continuación del tiempo es la idea central. Todo el tiempo de la visión queda ocupado por lo que aquí se llama "el continuo" y la "prevaricación asoladora." De ahí que el continuo no puede ser el sacrificio continuo de los judíos, porque cuando llegó el momento en que hubo de ser quitado, esta acción ocupó solamente un instante, cuando el velo del templo fué desgarrado, en ocasión de la crucifixión de Cristo. Debe representar algo que se extiende durante un período de años.

La palabra traducida aquí "continuo" se presenta 102 veces en el Antiguo Testamento, según la Concordancia Hebrea. En la gran mayoría de los casos se traduce por "continuo" o "continuamente." Esa palabra no implica en absoluto la idea de sacrificio. Ni hay tampoco en nuestro pasaje de Daniel 8:11,13 una palabra que signifique sacrificio. Es una palabra que ha sido añadida por los traductores, porque así entendían ellos que lo exigía el texto. Evidentemente tenían una opinión errónea, pues allí no se alude a los sacrificios de los judíos. Parece más de acuerdo con la construcción y el contexto suponer que la palabra "continuo" se refiere a una potencia asoladora, como la "prevaricación asoladora" con la cual está relacionada. Entonces tenemos dos potencias asoladoras que durante un largo período oprimen o dejan asolada a la iglesia. Literalmente, el texto puede traducirse:

"¿Hasta cuándo durará la visión [concerniente] al asolamiento continuo y a la prevaricación asoladora?" Así se relaciona el asolamiento tanto con su carácter continuo como con la "prevaricación asoladora," como si se hablase de "la continuación del asolamiento y de la prevaricación asoladora."

Dos potencias asoladoras— Por la "continuación del asolamiento," o el "asolamiento continuo," entendemos que se quiere representar al paganismo durante toda su historia. Cuando consideramos los largos siglos a través de los cuales el paganismo fue el agente principal de la oposición de Satanás a la obra de Dios en la tierra, resulta aparente la idoneidad del término "asolamiento continuo" o "perpetuo" a él aplicado. Igualmente comprendemos que "la prevaricación asoladora" representa el papado. La frase que describe la última potencia es más enérgica que la usada para describir al paganismo. Es la prevaricación (o rebelión) asoladora; como si durante este período de la historia de la iglesia, la potencia asoladora se hubiese rebelado contra toda restricción impuesta a ella antes.

Desde un punto de vista religioso, el mundo ha presentado estas dos enérgicas fases de la oposición a la obra del Señor en la tierra. De ahí que, aunque tres gobiernos terrenales son introducidos en la profecía como opresores de la iglesia, se colocan aquí bajo los encabezamientos: "el [asolamiento] continuo" y la "prevaricación asoladora." Medo-Persia era pagana; Grecia era pagana; Roma era pagana en su primera fase. Todas ellas quedan abarcadas por la expresión "el continuo," o "el asolamiento continuo." Luego viene la forma papal, la "prevaricación asoladora," una maravilla de astucia y encarnación de la crueldad. No es extraño que de siglo en siglo se haya elevado de los mártires atormentados el clamor: "¿Hasta cuándo Señor, hasta cuándo?" No es extraño que el Señor, a fin de que la esperanza no se desvaneciese completamente del corazón de su pueblo oprimido que lo aguardaba, le haya revelado los acontecimientos futuros de la historia del mundo. Todas estas potencias perseguidoras sufrirán una destrucción completa y eterna. A los redimidos les esperan glorias inmarcesibles después de los sufrimientos y pesares de esta vida actual.

El ojo del Señor observa a su pueblo. El horno de fuego no será calentado más de lo que es necesario para consumir la escoria. Mediante mucha tribulación hemos de entrar en el reino. La palabra "tribulación" proviene de tribulum, o sea el trillo, tablón provisto de pedernales que se arrastraba sobre las gavillas desparramadas por la era. Debemos recibir golpe tras golpe hasta que todo el trigo se haya separado del tamo, y quedemos listos para el granero celestial. Pero no se perderá un solo grano de trigo.

Dice el Señor a su pueblo: "Vosotros sois la luz del mundo," "la sal de la tierra." No hay en la tierra otra cosa de valor o importancia. De ahí que se hiciera la pregunta peculiar: "¿Hasta cuándo durará la visión del continuo,... y la prevaricación asoladora?" ¿Acerca de qué se hace la pregunta? ¿Acerca de la gloria de los reinos terrenales? ¿Acerca de la habilidad de renombrados guerreros? ¿Acerca de poderosos conquistadores? ¿Acerca de la grandeza de los imperios humanos? No; sino más bien acerca del santuario y del ejército, del pueblo y del culto del Altísimo. ¿Hasta cuándo serán pisoteados? Esto es lo que despierta el interés y la simpatía del cielo. El que toca al pueblo de Dios no toca a simples mortales, débiles e impotentes, sino al Omnipotente. El abre una cuenta que debe ser saldada en el juicio del cielo. Pronto se cerrarán todas estas cuentas y será destrozado el férreo talón de la opresión. Se sacará del horno de la aflicción a un pueblo preparado para resplandecer como las estrellas para siempre. Cada hijo de Dios es objeto del interés de los seres celestiales, es una persona a quien Dios ama y para la cual está preparando una corona de inmortalidad. ¿Te hallas lector, entre su número?

En este capítulo no hay información acerca de los 2.300 días introducidos por primera vez en el versículo 14. Por lo tanto, es necesario dejar de lado este período por el momento. Pero el lector puede tener la seguridad de que no hemos sido dejados en la incertidumbre acerca de esos días. La declaración referente a ellos es parte de una revelación que ha sido dada para instruir al pueblo de Dios, y debe ser comprendida. Los 2.300 días son mencionados en medio de la profecía que el ángel Gabriel debía hacer comprender a Daniel. Y Gabriel cumplió estas instrucciones, según se verá en el estudio del siguiente capítulo.

¿Qué es el santuario?— En relación con los 2.300 días hay otro tema de igual importancia que debe ser considerado ahora; a saber, el santuario. Lo acompaña el tema de su purificación. Un examen de este asunto revela la importancia que tiene el comprender lo referente al comienzo y el fin de los 2.300 días, para saber cuándo se ha de realizar el gran acontecimiento llamado "purificación del santuario." Como se verá oportunamente, todos los habitantes de la tierra tienen interés personal en esa obra solemne.

Ha habido varias opiniones en cuanto a qué es el santuario. Algunos piensan que es la tierra; otros, el país de Canaán; otros aún, la iglesia; y finalmente hay quienes creen que se trata del santuario celestial, el "verdadero tabernáculo que el Señor asentó, y no hombre," que está "en el mismo cielo," y del cual el tabernáculo judaico era tipo, modelo o figura. (Hebreos 8:1, 2; 9:23, 24.) Por las Escrituras debe decidirse cuál de estas opiniones encontradas es la correcta. Afortunadamente su testimonio no es escaso ni ambiguo.

No puede ser la tierra— La palabra "santuario" aparece 144 veces en el Antiguo Testamento y el Nuevo. Por las definiciones de los lexicógrafos, y su uso en la Biblia, comprendemos que se emplea para designar un lugar santo y sagrado, una morada del Altísimo. Si la tierra es el santuario, debe responder a esta definición. Pero ¿qué característica de esta tierra se conforma al significado del término? La tierra no es lugar sagrado ni santo, ni es morada del Altísimo. No tiene cosa alguna que la distinga de los otros mundos, excepto que es un planeta en rebelión, manchado por el pecado, herido y marchitado por la maldición de la transgresión. Además, en ningún lugar de las Escrituras se lo llama santuario. Sólo un texto puede presentarse en favor de esta opinión, y aun así debe aplicarse en forma irrazonable: "La gloria del Líbano vendrá a ti, hayas, pinos, y bojes juntamente, para decorar el lugar de mi santuario; y yo honraré el lugar de mis pies." (Isaías 60:13.) Este lenguaje se refiere indudablemente a la nueva tierra; pero ni aun ésta es llamada el santuario, sino tan solo "el lugar" del santuario, así como es llamada "lugar" para los pies de Jehová. Es una expresión que denota probablemente la continua presencia de Dios con su pueblo, según le fué revelada a Juan cuando dijo: "He aquí el tabernáculo de Dios con los hombres, y morará con ellos; y ellos serán su pueblo, y el mismo Dios será su Dios con ellos." (Apocalipsis 21:3.) Por lo tanto, todo lo que puede decirse de la tierra es que cuando esté renovada será el lugar dónde estará situado el santuario de Dios. No tiene derecho a ser llamada el santuario actualmente, y no puede ser el santuario de la profecía de Daniel.

No puede ser la tierra de Canaán— En cuanto podamos guiarnos por la definición de la palabra "Canaán," ésta no tiene más derecho a esta distinción que la tierra entera. Cuando preguntamos en qué lugar de la Biblia se llama santuario a Canaán, algunos nos presentan ciertos textos que les parecen proporcionar el testimonio requerido. El primero de éstos es Éxodo 15:17. En su canto de triunfo y alabanza a Dios después de cruzar el mar Rojo, Moisés exclamó: "Tú los introducirás y los plantarás en el monte de tu heredad, en el lugar de tu morada, que tú has aparejado, oh Jehová; en el santuario del

Señor, que han afirmado tus manos." Moisés habla aquí con anticipación. Su lenguaje predice lo que Dios haría para su pueblo. Veamos cómo se cumplió.

Dirijámonos a David, que relata como asunto histórico lo que Moisés expresó en una profecía. (Salmos 78:53, 54.) El tema del salmista es la liberación de Israel de la servidumbre de Egipto, y su establecimiento en la tierra prometida. Nos dice: "Y guiólos [Dios] con seguridad, que no tuvieron miedo; y la mar cubrió a sus enemigos. Metiólos después en los términos de su santuario, en este monte que ganó su mano derecha." El "monte" mencionado aquí por David es el mismo que "el monte de tu heredad," del que habló Moisés, y donde Dios había de establecer a su pueblo. Este monte David no lo llama santuario, sino solamente "términos" o "límites" del santuario. ¿Qué era pues el santuario? El versículo 69 del mismo salmo nos informa: "Edificó su santuario a manera de eminencia, como la tierra que cimentó para siempre." La misma distinción entre el santuario y la tierra se traza en la oración del buen rey Josafat: "Dios nuestro, ¿no echaste tú los moradores de aquesta tierra delante de tu pueblo Israel, y la diste a la simiente de Abraham tu amigo para siempre? Y ellos han habitado en ella, y te han edificado en ella santuario a tu nombre." (2 Crónicas 20:7, 8.) Tomado aisladamente el pasaje de Éxodo 15:17, ha sido empleado por algunos para deducir que el monte era el santuario; pero cuando lo comparamos con el relato que hace David de cómo se cumplió la predicción de Moisés, no se puede sostener esta idea. David dice claramente que el monte era sencillamente "términos de su santuario" y que en esos términos, o sea en la tierra de Canaán, el santuario fue edificado como eminencia o alta fortificación, lo cual era una referencia al hermoso templo de los judíos, centro y símbolo de todo su culto. Pero todo aquel que lea cuidadosamente Éxodo 15:17, verá que ni siquiera era necesario inferir que, con la palabra santuario, Moisés quería decir el monte de la heredad, y mucho menos toda la tierra de Palestina. Haciendo uso de una licencia poética, emplea expresiones elípticas, y pasa rápidamente de una idea u objeto a otros. Primero, la heredad llama su atención, y habla de ella; luego pasa al hecho de que el Señor había de morar allí, y finalmente evoca el lugar que había de proveer para morar allí; a saber, el santuario que les haría edificar. David asocia igualmente el monte Sion y Judá en el Salmo 78:68, porque Sion estaba en Judá.

Estos tres versículos: Éxodo 15:17; Salmo 78:54, 69, son los principales que se usan para probar que la tierra de Canaán es el santuario. Pero es bastante singular que los dos últimos, con lenguaje claro, despejan la ambigüedad del primero, y por lo tanto refutan el aserto basado en él.

Acerca de que nuestra tierra o el país de Canaán puedan ser el santuario, ofreceremos un pensamiento más. En el caso de que cualquiera de los dos constituyese el santuario, debiera no sólo ser descrito como tal en algún lugar, sino que la misma idea debiera seguir expresándose hasta el fin, y la purificación de la tierra o de Palestina debiera ser llamada la purificación del santuario. La tierra está contaminada en verdad, y ha de ser purificada por fuego; pero el fuego, como veremos, no es el agente que se usa en la purificación del santuario. Esta purificación de la tierra, o de cualquier parte de ella, no se llama en parte alguna purificación del santuario.

No puede ser la iglesia— El único texto aducido para apoyar la idea de que la iglesia es el santuario es Salmo 114:1,2: "Cuando salió Israel de Egipto, la casa de Jacob del pueblo bárbaro, Judá fué su consagrada heredad [su santuario, V.M.], Israel su señorío." Si tomamos este pasaje en su sentido más literal, probaría que el santuario se limitaba a una de las doce tribus. Esto significaría que solamente una parte de la iglesia, y no toda ella, constituye el santuario. La razón por la cual Judá es llamado el santuario en el pasaje citado no necesita dejarnos perplejos cuando recordamos que Dios escogió a Jerusalén, que estaba en Judá, como lugar de su santuario. "Sino que escogió la tribu de Judá, el monte de Sión, al cual amó. Y edificó su santuario a manera de eminencia, como la tierra que cimentó para siempre." (Salmo 78:68, 69.) Esto demuestra claramente la relación que existía entre Judá y el santuario. Esa tribu misma no era el santuario, pero se la llama así una vez, al evocar el momento cuando Israel salió de Egipto, porque Dios quería que en medio de su territorio se situase su santuario.

Aun cuando fuese posible demostrar que en algún lugar se llama santuario a la iglesia, ello no tendría importancia para nuestro propósito actual, que consiste en determinar qué constituye el santuario de Daniel 8:13, 14; porque allí se habla de la iglesia como de otra cosa distinta: "Que pone el santuario y el ejército para ser hollados." Nadie disputará que la expresión "ejército" representa el pueblo de Dios, es decir, la iglesia. Por lo tanto, el santuario es algo diferente de la iglesia.

El santuario es el templo del cielo— Queda ahora solamente una teoría que examinar, a saber, que el santuario mencionado en el texto es idéntico al de Hebreos 8:1,2, que es llamado "verdadero tabernáculo que el Señor asentó, y no hombre," al cual se da expresamente el nombre de "santuario," y que está situado "en los cielos." Existió antiguamente un modelo, tipo o figura de este santuario, primero en el tabernáculo construido por Moisés, y más tarde en el templo de Jerusalén.

Pongámonos en el lugar de Daniel, y consideremos el asunto desde su punto de vista. ¿Qué entendería él por el término "santuario"? Al oír mencionar esa palabra, su atención se dirigiría inevitablemente al santuario de su pueblo; y sabía ciertamente dónde se encontraba. Su atención se dirigió hacia Jerusalén, la ciudad de sus padres, que yacía entonces en ruinas, a la "casa . . . de nuestra gloria," que, según lo lamenta Isaías, fué consumida al fuego. (Isaías 64:11.) Por consiguiente, con el rostro vuelto hacia el lugar donde estaba una vez el venerado templo, como era su costumbre, Daniel rogó a Dios que hiciese resplandecer su rostro sobre su santuario, que estaba entonces asolado. Por la palabra "santuario" entendía evidentemente el templo de Jerusalén.

Acerca de este punto, la Escritura da un testimonio muy explícito: "Tenía empero también el primer pacto reglamentos del culto, y santuario mundano." (Hebreos 9:1.) ¿Qué era el santuario del primer pacto? Sigue la respuesta: "Porque el tabernáculo fue hecho: el primero [o primer departamento], en que estaban las lámparas, y la mesa, y los panes de la proposición; lo que llaman el Santuario [el Lugar Santo, V.M.]. Tras el segundo velo estaba el tabernáculo, que llaman el Lugar Santísimo; el cual tenía un incensario de oro, y el arca del pacto cubierta de todas partes alrededor de oro; en la que estaba una urna de oro que contenía el maná, y la vara de Aarón que reverdeció, y las tablas del pacto; y sobre ella los querubines de gloria que cubrían el propiciatorio; de las cuales cosas no se puede ahora hablar en particular." (Hebreos 9:2-5.)

Es imposible equivocarse acerca de lo que se describe aquí. Es el tabernáculo erigido por Moisés bajo la dirección del Señor (que fue reemplazado más tarde por el templo de Jerusalén), con un lugar santo y otro santísimo, y diversos enseres de culto. Una descripción completa de este edificio, como también de los enseres y muebles sagrados y sus usos, se hallará en Éxodo 25 y capítulos subsiguientes. Si el lector no se ha familiarizado con este tema, se le ruega leer la descripción de esta construcción. Era claramente el santuario del primer pacto, y debemos leer con cuidado su descripción para notar el valor lógico de esta declaración. Al decirnos lo que constituía el santuario, el libro de los Hebreos encauza correctamente nuestra investigación. Nos da una base sobre la cual trabajar. Tenemos delante de nosotros un objeto distinto y claramente definido, minuciosamente descrito por Moisés, llamado en Hebreos el santuario del primer pacto, el cual estuvo en vigor hasta los días de Cristo.

Pero el lenguaje de la epístola a los Hebreos tiene mayor significado aún. Aniquila las teorías según las cuales la tierra, el país de Canaán o la iglesia podrían ser el santuario. Los argumentos que podrían probar que cualquiera de estas cosas fue el santuario en algún momento, demostrarían que ello sucedió bajo el antiguo Israel. Si Canaán fue en algún momento el santuario, lo fue cuando Israel estuvo establecido en ese país. Si la iglesia fue alguna vez el santuario, lo fue cuando Israel fue sacado de Egipto. Si la tierra fue alguna vez el santuario, lo fue durante el mismo período. Pero ¿fue alguna de estas cosas el santuario durante ese tiempo? La respuesta debe ser negativa, porque los autores de los libros del Éxodo y de los Hebreos nos dicen en detalle que no era la tierra, ni Canaán ni la iglesia, sino el tabernáculo construido por Moisés, reemplazado más tarde por el templo, lo que constituía el santuario de los tiempos del Antiguo Testamento.

El santuario terrenal— Esta estructura responde en todo detalle a la definición del término, y al uso para el cual estaba destinado el santuario. Era la morada terrenal de Dios. "Y hacerme han un santuario-dijo Dios a Moisés, -y yo habitaré entre ellos." (Éxodo 25:8.) En este tabernáculo que ellos construyeron de acuerdo con sus instrucciones Dios manifestó su presencia. Era un lugar santo o sagrado, "el santuario santo." (Levítico 16:33.) En la Palabra de Dios se lo llama repetidas veces así: el santuario. Entre las más de 130 veces que se usa la palabra en el Antiguo Testamento, se refiere en casi cada caso a esta estructura.

Al principio el tabernáculo fue construido en forma que se adaptase a las condiciones en las cuales vivían en aquel tiempo los hijos de Israel. Iniciaban sus peregrinaciones de cuarenta años por el desierto cuando esta estructura se levantó en su medio como morada de Dios y centro de su culto religioso. Era necesario viajar, y el tabernáculo tenía que ser trasladado de un lugar a otro. Esto resultaba posible porque los lados se componían de tablas puestas en posición vertical, y el techo se componía de cortinas de lino y pieles teñidas. Por lo tanto, era fácil desarmarlo, transportarlo y volverlo a levantar en cada etapa sucesiva del viaje. Después que Israel entró en la tierra prometida, esta estructura provisoria fué reemplazada con el tiempo por el magnifico templo de Salomón. En esta forma más permanente, el santuario subsistió, excepto mientras estuvo en ruinas en tiempo de Daniel, hasta su destrucción final por los romanos en el año 70 de nuestra era.

Este es el único santuario relacionado con la tierra acerca del cual la Biblia nos haya dado instrucción alguna o la historia haya registrado detalles. Pero, ¿no hay otro en alguna otra parte? Este era el santuario del primer pacto, y acabó con ese pacto. ¿No hay algún santuario que pertenezca al segundo o nuevo pacto? Debe haberlo; de lo contrario faltaría analogía entre esos dos pactos. En tal caso, el primer pacto tendría un sistema de culto que, aunque minuciosamente descrito, resultaría ininteligible, y el segundo pacto tendría un sistema de culto indefinido y obscuro. El autor de la epístola a los Hebreos asevera virtualmente que el nuevo pacto, que está en vigor desde la muerte de Cristo, su testador, tiene un santuario; porque cuando pone en contraste los dos pactos, como lo hace en Hebreos 9:1, dice que el primer pacto "tenía también... reglamentos del culto, y santuario mundano." Esto es lo mismo que decir que el nuevo pacto tiene igualmente sus servicios y su santuario. Además, el versículo 8 de este capítulo habla del santuario mundano como del primer tabernáculo. Si éste era el primero, debe haber un segundo; y como el primer tabernáculo existió mientras estuvo en vigor el primer pacto, cuando ese pacto llegó a su fin, el segundo tabernáculo debe haber reemplazado al primero, y debe ser el santuario del nuevo pacto. Esta conclusión es ineludible.

El santuario celestial— ¿Dónde buscaremos pues el santuario del nuevo pacto? El empleo de la palabra "también" en Hebreos 9:1 indica que se ha hablado antes de este santuario. Volvamos al principio del capítulo anterior, y hallaremos un resumen de los argumentos precedentes en lo que sigue: "Así que, la suma acerca de lo dicho es: Tenemos tal pontífice que se asentó a la diestra del trono de la Majestad en los cielos; ministro del santuario, y de aquel verdadero tabernáculo que el Señor asentó, y no hombre." ¿Puede dudarse de que hallamos en este pasaje el santuario del nuevo pacto? Se alude aquí claramente al santuario del primer pacto. Aquél fué asentado por hombre, es decir, erigido por Moisés; pero éste fué asentado por el Señor, y no por hombre. Aquél era el lugar donde los sacerdotes terrenales ejercían su ministerio; éste es el lugar donde Cristo, el sumo sacerdote del nuevo pacto, ejerce su ministerio- Aquél estaba en la tierra; éste está en el cielo. Aquél se llamaba, por lo tanto, adecuadamente "santuario mundano;" éste es "el celestial."

Esta opinión queda aún mejor confirmada por el hecho de que el santuario edificado por Moisés no era una estructura original, sino que se construyó de acuerdo con un modelo. El gran original existía en alguna parte, y lo que Moisés construyó no fue sino un tipo o copia. Nótense las indicaciones que el Señor le dio al respecto: "Conforme a todo lo que yo te mostrare, el diseño del tabernáculo, y el diseño de todos sus vasos, así lo haréis." (Éxodo 25:9.) "Y mira, y hazlos conforme a su modelo, que te ha sido mostrado en el monte." (Vers. 40.) (Para aclarar aún mejor este punto, véase Éxodo 26:30; 27:8; Hechos 7:44.)

Ahora bien, ¿de qué era tipo o figura el santuario terrenal? Sencillamente del santuario del nuevo pacto, el "verdadero tabernáculo que el Señor asentó, y no hombre." La relación que el primer pacto sostiene con el segundo es la que tiene el tipo con el antitipo. Sus sacrificios eran tipos del sacrificio mayor del nuevo pacto. Sus sacerdotes eran tipos de nuestro Señor en su sacerdocio más perfecto. Su ministerio se cumplía como ejemplo y sombra del ministerio de nuestro Sumo Sacerdote en el cielo. El santuario donde servían era un tipo o figura del verdadero que está en los cielos, donde nuestro Señor Jesús ejerce su ministerio.

Todos estos hechos se presentan claramente en Hebreos. "Así que, si [Cristo estuviese sobre la tierra, ni aun sería sacerdote, habiendo aún los sacerdotes que ofrecen los presentes según la ley; los cuales sirven de bosquejo y sombra de las cosas celestiales, como fue respondido a Moisés cuando había de acabar el tabernáculo: Mira, dice, haz todas las cosas conforme al dechado que te ha sido mostrado en el monte." (Hebreos 8:4, 5.) Este testimonio demuestra que el ministerio de los sacerdotes terrenales era una sombra del sacerdocio de Cristo. Esto se evidencia en las indicaciones que Dios dio a Moisés para hacer el tabernáculo según el modelo que se le mostró en el monte. Esto identifica claramente el modelo mostrado a Moisés. Es el santuario, o verdadero tabernáculo, que está en el cielo, donde ministra nuestro Señor, según se menciona en Hebreos 8:2.

La Escritura dice, además: "Dando en esto a entender el Espíritu Santo, que aun no estaba descubierto el camino para el santuario, entre tanto que el primer tabernáculo estuviese en pie. Lo cual era figura de aquel tiempo presente." (Hebreos 9:8, 9.) Mientras subsistió el primer tabernáculo, y estuvo en vigor el primer pacto, no hubo, por supuesto, ministerio en el tabernáculo más perfecto. Pero cuando vino Cristo, sumo sacerdote de los bienes

venideros, cuando hubo acabado el servicio del primer tabernáculo y cesado el primer pacto, entonces Cristo, elevado al trono de la majestad en los cielos, como ministro del verdadero santuario, entró por su propia sangre (Hebreos 9:12) "en el lugar santo," es decir el santuario celestial.

Por lo tanto, el primer tabernáculo era una figura para el tiempo entonces presente. Si se necesita un testimonio adicional, el autor de Hebreos habla en el versículo 23 del tabernáculo terrenal, con sus departamentos e instrumentos, como "figura" de las cosas que están en el cielo; y en el versículo 24, llama los lugares santos hechos por manos, es decir, el tabernáculo y el templo terrenales del antiguo Israel, "figura del verdadero," es decir del tabernáculo celestial.

Esta opinión queda aún mejor confirmada por el testimonio de Juan. Entre las cosas que le fue permitido contemplar en el cielo, había siete lámparas que ardían delante del trono (Apocalipsis 4:5), un altar para el incienso, un incensario de oro (Apocalipsis 8:3) y el arca del testamento de Dios (Apocalipsis 11:19).

Todo esto lo vio en relación con un "templo" que había en el cielo. (Apocalipsis 11:19; 15:18.) Todo lector de la Biblia reconocerá inmediatamente estos objetos como enseres del santuario. Debían su existencia al santuario, se limitaban a él, y habían de ser empleados en el ministerio relacionado con él. Así como no habrían existido sin el santuario, podemos saber que dondequiera que los encontremos, allí está el santuario. El hecho de que Juan vio estas cosas en el cielo después de la ascensión de Cristo, nos proporciona una prueba de que hay un santuario en el cielo; y a él fue permitido contemplarlo.

Por mucho que le cueste a uno reconocer que hay un santuario en el cielo, las pruebas presentadas al respecto no permiten ponerlo en duda. La Biblia dice que el tabernáculo de Moisés era santuario del primer pacto. Moisés dice que Dios le mostró un modelo en el monte, de acuerdo con el cual debía hacer este tabernáculo. El libro de Hebreos atestigua nuevamente que Moisés lo hizo de acuerdo con el modelo, y que el modelo era el verdadero tabernáculo que había en los cielos, que el Señor asentó, y no hombre; y que el tabernáculo erigido por manos humanas era una verdadera figura o representación de aquel santuario celestial. Finalmente, para corroborar la declaración de las Escrituras de que este santuario está en el cielo, Juan habla como testigo ocular, y dice que lo vio allí. ¿Qué otro testimonio podría necesitarse?

Por lo que se refiere a lo que constituye el santuario, tenemos ahora delante de nosotros un conjunto armonioso. El santuario de la Biblia, notémoslo bien, abarca en primer lugar el tabernáculo típico establecido por los hebreos después de su salida de Egipto, que era el santuario del primer pacto. En segundo lugar, consiste en el verdadero tabernáculo que hay en los cielos, del cual el primero era un tipo o figura, y es el santuario del nuevo pacto. Están inseparablemente relacionados como tipo y antitipo. Del antitipo regresamos al tipo, y del tipo somos llevados hacia adelante en forma natural e inevitable, al antitipo. Así vemos cómo un servicio del santuario fue provisto desde el Éxodo hasta el fin del tiempo de gracia.

Hemos dicho que Daniel iba a entender inmediatamente por la palabra "santuario" el templo de su pueblo en Jerusalén; y así lo habría comprendido cualquier otro mientras existía ese templo. Pero ¿se refiere a ese santuario la declaración de Daniel 8:14? Eso depende del momento al cual se aplica. Todas las declaraciones relativas al santuario que tenían su aplicación en tiempos del antiguo Israel, se refieren por supuesto al santuario de aquel tiempo. Todas aquellas declaraciones que tienen su aplicación durante la era cristiana, deben referirse al santuario de dicha era. Si los 2.300 días, a cuya terminación el santuario debe ser purificado, terminaron antes de la venida de Cristo, el santuario que ha de ser purificado fue el santuario de aquel tiempo. Si penetran en la era cristiana, el santuario aludido es el santuario de esa era, el santuario del nuevo pacto que está en el cielo. Estos son detalles que pueden determinarse únicamente si se estudian más a fondo los 2.300 días. Dicho estudio se encontrará en las observaciones sobre Daniel 9:24, en las cuales se reanuda este estudio y se explica lo referente al tiempo.

La purificación del santuario— Lo que hasta aquí hemos dicho acerca del santuario ha sido tan sólo incidental a la cuestión principal tratada en la profecía. Esta cuestión se refiere a su purificación. "Hasta dos mil y trescientos días de tarde y mañana; y el santuario será purificado." Pero era necesario primero determinar qué constituía el santuario, antes de poder examinar comprensivamente lo referente a su purificación, cosa que estamos en situación de hacer ahora.

Sabiendo que constituye el santuario, se decide pronto la cuestión de su purificación y de cómo se realiza. El lector habrá notado que el santuario de la Biblia debe tener relacionado con él algún servicio que se llama su purificación. Hay un servicio tal relacionado con la institución que hemos señalado como el santuario, y tanto con referencia al edificio terrenal como al templo celestial, este servicio es llamado la purificación del santuario.

¿Se opone el lector a la idea de que haya en el cielo algo que necesita ser purificado? El libro de los Hebreos afirma la purificación tanto del santuario celestial como del terrenal: "Y casi todo es purificado según la ley con sangre; y sin derramamiento de sangre no se hace remisión. Fué, pues, necesario que las figuras de las cosas celestiales fuesen purificadas [griego: katharizesthai, limpiadas] con estas cosas; empero las mismas cosas celestiales [han de ser purificadas] con mejores sacrificios que éstos." (Hebreos 9; 22, 23.) Teniendo en cuenta los argumentos que preceden, esto se puede parafrasear así: "Fue por lo tanto necesario que el tabernáculo erigido por Moisés, con sus vasos sagrados, que eran figura del verdadero santuario de los cielos, fuese purificado con la sangre de becerros y machos cabríos; pero las cosas celestiales mismas, el santuario de la era cristiana, el verdadero tabernáculo, que el Señor asentó y no hombre, debe ser purificado con sacrificios mejores, a saber, la sangre de Cristo." Preguntamos ahora: ¿Cuál es la naturaleza de esta purificación, y cómo se realiza? De acuerdo con el lenguaje que se acaba de citar, se realiza por medio de sangre. La purificación no es, por lo tanto, una limpieza de la impureza física, porque la sangre no es el agente que se emplea para una obra tal. Esta consideración habría de satisfacer al que objetara con respecto a la purificación de las cosas celestiales. El hecho de que las cosas celestiales han de ser purificadas, no prueba que haya alguna impureza física en el cielo, porque ésta no es la clase de purificación a la cual se refieren las Escrituras. La razón por la cual esta purificación se realiza con sangre, estriba en que sin derramamiento de sangre no hay remisión ni perdón de pecados.

Es purificación de pecados— La obra que debe hacerse consiste pues en la remisión de los pecados y la eliminación de ellos. La purificación no es, por lo tanto, una purificación física, sino la purificación de los pecados. Pero ¿cómo llegó a relacionarse el pecado con el santuario, sea el terrenal o el celestial, para que sea necesario purificarlo? La pregunta halla su respuesta en el servicio relacionado con el tipo o figura, al cual nos dirigiremos ahora.

Los capítulos finales del Éxodo nos relatan la construcción del santuario terrenal y el ordenamiento de los servicios relacionados con él. El libro de Levítico se inicia con una explicación del ministerio que debía verificarse allí. Todo lo que queremos notar aquí es un detalle particular del servicio. La persona que había cometido pecado traía su ofrenda, un animal vivo, a la puerta del tabernáculo. Sobre la cabeza de esta víctima colocaba su mano un momento y, según podemos deducirlo razonablemente, confesaba su pecado sobre ella. Por este acto expresivo indicaba que había pecado, y que merecía la muerte, pero que en su lugar consagraba su víctima, y le transfería su culpabilidad. Con su propia mano (¡y con qué emociones lo habrá hecho!) quitaba luego la vida al animal. La ley exigía la vida del transgresor por su desobediencia. La vida está en la sangre. (Levítico 17:11, 14.) De ahí que sin derramamiento de sangre no hay remisión de pecado. Pero con derramamiento de sangre la remisión es posible, porque se satisface la ley que exige una vida. La sangre de la víctima, que representaba la vida perdida, era el vehículo de su culpabilidad, y la llevaba el sacerdote para presentarla ante el Señor.

Por su confesión, por la muerte de la víctima, y por el ministerio del sacerdote, el pecado quedaba transferido de la persona pecadora al santuario. El pueblo ofrecía así víctima tras víctima. Día tras día se realizaba esta obra, y el santuario recibía los pecados de la congregación. Pero ésta no era la disposición final de estos pecados. La culpabilidad acumulada quedaba eliminada por un servicio especial destinado a purificar el santuario. Este servicio, en el tipo, ocupaba un día del año, el décimo del mes séptimo, que se llamaba el día de las expiaciones. En ese día, durante el cual todo Israel dejaba su trabajo y afligía sus almas, el sacerdote traía dos machos cabríos, y los ofrecía delante de Jehová a la puerta del tabernáculo. Echaba suertes sobre estos machos cabríos, una suerte para Jehová, y la otra suerte para designar el macho cabrío que había de ser para Azazel, o ser el macho cabrío emisario. Se mataba luego el macho cabrío sobre el cual caía la suerte de Jehová, y el sumo sacerdote llevaba su sangre al lugar santísimo del santuario, y la asperjaba sobre el propiciatorio. Este era el único día en el cual se le permitía al sumo sacerdote que entrara en ese departamento. Al salir debía poner "ambas manos suyas sobre la cabeza del macho cabrío vivo, y confesará sobre él todas las iniquidades de los hijos de Israel, y todas sus rebeliones, y todos sus pecados, poniéndolos así sobre la cabeza del macho cabrío." (Levítico 16:21.) Debía luego enviar el macho cabrío acompañado por un hombre idóneo a una tierra deshabitada, una tierra de separación u olvido, pues el macho cabrío no debía nunca volver a aparecer en el campamento de Israel, ni debían ser ya recordados los pecados del pueblo.

Este servicio tenía como fin purificar el pueblo de sus pecados, y también purificar el santuario, sus muebles y sus vasos sagrados de los pecados del pueblo. (Levítico 16:16, 30, 33.) Mediante este proceso, se eliminaba completamente el pecado. Por supuesto, esto sucedía solamente en figura, porque toda esta obra era simbólica.

El lector para quien estas explicaciones resulten nuevas se sentirá tal vez dispuesto a preguntar con cierto asombro: ¿Qué podía representar esta obra extraña, y qué está destinada a prefigurar en nuestra época? Contestamos: Una obra similar del ministerio de Cristo, según nos enseñan claramente las Escrituras. Después de declararse en Hebreos 8:2 que Cristo es ministro del verdadero tabernáculo, el santuario celestial, se explica en el versículo 5 que los sacerdotes terrenales servían "como en un bosquejo y sombra de las cosas celestiales." En otras palabras, la obra de los sacerdotes terrenales era una sombra o figura del ministerio de Cristo en los cielos.

El ministerio en figura y en hecho— Estos sacerdotes típicos servían en ambos departamentos del tabernáculo terrenal, y Cristo ministra en ambos departamentos del templo celestial. Ese templo del cielo tiene dos departamentos, o de lo contrario no fue correctamente representado por el santuario terrenal. Nuestro Señor oficia en ambos departamentos, o el servicio del sacerdote terrenal no era una sombra correcta de su obra. Se indica claramente en Hebreos 9:21-24 que tanto el tabernáculo como todos los vasos usados en el ministerio eran "figuras de las cosas celestiales." Por lo tanto, el servicio desempeñado por Cristo en el templo celestial corresponde al que desempeñaban los sacerdotes en ambos departamentos del edificio terrenal. Pero la obra que se realizaba en el segundo departamento, o lugar santísimo, era una obra especial destinada a clausurar el ciclo anual de servicios y purificar el santuario. De ahí que el ministerio de Cristo en el segundo departamento del santuario celestial debe ser una obra de igual naturaleza, y constituye el final de su obra como nuestro gran Sumo Sacerdote, y la purificación de aquel santuario.

En vista de que mediante los antiguos sacrificios típicos los pecados del pueblo eran transferidos en figura por los sacerdotes al santuario terrenal, donde servían aquellos sacerdotes; desde que Cristo ascendió al cielo para ser nuestro intercesor en la presencia de su Padre, los pecados de todos los que buscan sinceramente el perdón por su intermedio son transferidos de hecho al santuario celestial, dónde él ministra. No necesitamos detenernos a preguntar si Cristo ministra por nosotros en los lugares santos celestiales literalmente con su sangre, o solamente en virtud de sus méritos. Basta decir que su sangre ha sido derramada, y que por esa sangre se obtiene de hecho la remisión de los pecados, que se obtenía solamente en figura por la sangre de los becerros y machos cabríos en el ministerio anterior. Pero estos sacrificios típicos tenían virtud real en este respecto, que significaban la fe en un sacrificio verdadero todavía por venir. Así los que se valían de ellos tenían igual interés en la obra de Cristo que aquellos que en nuestra era se allegan a él por la fe mediante los ritos del Evangelio.

La continua transferencia de los pecados al santuario celestial hace necesaria su purificación, así como era necesaria una obra similar en el caso del santuario terrenal. Debe notarse aquí una distinción importante entre los dos ministerios. En el tabernáculo terrenal, se realizaba una serie completa de servicios cada ano. Cada día del año, excepto uno, el ministerio se realizaba en el primer departamento. Un día de servicio en el lugar santísimo completaba el ciclo anual. La obra se reanudaba entonces en el lugar santo, y continuaba hasta que otro día de expiaciones completase la obra del año. Y así sucesivamente, año tras año. Una sucesión de sacerdotes ejecutaba esta serie de servicios en el santuario terrenal. Pero nuestro divino Señor vive "siempre para interceder" por nosotros. (Hebreos 7:25.) De ahí que la obra del santuario celestial, en vez de ser una obra anual, se realiza una vez por todas. En vez de repetirse año tras año, forma un solo ciclo grandioso, en el cual se lleva adelante y se termina para siempre.

La serie anual de servicios del santuario terrenal representaba toda la obra del santuario celestial. En el tipo, la purificación del santuario era la breve obra final del servicio anual. En el antitipo, la purificación del santuario debe ser la obra final de Cristo, nuestro gran Sumo Sacerdote, en el tabernáculo celestial. En la figura, para purificar el santuario, el sumo sacerdote entraba en el lugar santísimo para ministrar en presencia de Dios delante del arca de su testamento. En el antitipo, al llegar el momento de la purificación del verdadero santuario, nuestro Sumo Sacerdote entra igualmente en el lugar santísimo una vez por todas para emprender la fase final de su obra de intercesión en favor de la humanidad.

Lector, ¿comprendes ahora la importancia de este tema? ¿Empiezas a percibir que el santuario de Dios es un objeto de interés para todo el mundo? ¿Ves que todo el plan de la salvación se concentra en él, y que cuando esta obra termine, habrá terminado el tiempo de gracia, y estarán decididos para la eternidad los casos de los que se han de salvar o perder? ¿Ves que la purificación del santuario es una obra breve y especial que clausura para siempre el gran plan de salvación? ¿Comprendes que, si se puede averiguar cuándo empieza la obra de purificación, sabremos cuándo habrá llegado la última y grandiosa fase de la obra de salvación, cuándo tendrá que ser proclamado al mundo este anuncio, el más solemne de la palabra profética: "Temed a Dios, y dadle honra; porque la hora de su juicio es venida"? (Apocalipsis 14:7.) Esto es exactamente lo que la profecía está destinada a demostrar; es decir, dar a conocer el comienzo de esta obra portentosa. "Hasta dos mil y trescientos días de tarde y mañana; y el santuario será purificado." El santuario celestial es el lugar donde se ha de pronunciar la decisión sobre todos los casos. El progreso de la obra que se realiza allí debe preocupar en forma especial a la humanidad. Si sus miembros comprendiesen la importancia de estos temas y la influencia que ejercen sobre sus intereses eternos, los estudiarían con el mayor cuidado y oración.

VERS. 15, 16: Y acaeció que estando yo Daniel considerando la visión, y buscando su inteligencia, he aquí, como una semejanza de hombre se puso delante de mí. Y oí una voz de hombre entre las riberas de Ulai, que gritó y dijo: Gabriel, enseña la visión a éste.

Entramos ahora en la interpretación de la visión. Ya hemos mencionado el anhelo que tenía Daniel de comprender estas cosas. Buscaba su significado. Inmediatamente se puso delante del profeta un ser que tenía apariencia de hombre. Daniel oyó la voz de un hombre, es decir la voz de un ángel como si fuese un hombre que hablaba. Le fué dada la orden de hacer que Daniel comprendiese la visión. Esta orden fué dirigida a Gabriel, cuyo nombre significa, "la fuerza de Dios," o "varón de Dios." Veremos que continúa dando instrucciones a Daniel en el capítulo 9. Siglos más tarde, este mismo ángel fué enviado a anunciar el nacimiento de Juan el Bautista a su padre Zacarías y el del Mesías a la virgen María. (Lucas 1:26.) Se presentó a Zacarías con estas palabras: "Yo soy Gabriel, que estoy delante de Dios." (Lucas 1:19.) De esto se deduce que Gabriel recibió aquí la orden de un ser superior a él, que tenía poder para darle órdenes y controlar su obra. Se trataba probablemente del Arcángel, Miguel o Cristo.

VERS. 17-19: Vino luego cerca de donde yo estaba; y con su venida me asombré, y caí sobre mi rostro. Empero él me dijo: Entiende, hijo del hombre, porque al tiempo se cumplirá la visión. Y estando él hablando conmigo, caí dormido en tierra sobre mi rostro: y él me tocó, e hízome estar en pie. Y dijo: He aquí yo te enseñaré lo que ha de venir en el fin de la ira: porque al tiempo se cumplirá.

Si Daniel cayó delante del ángel no fué con el propósito de adorarle, porque nos es prohibido adorar a los ángeles. (Véase Apocalipsis 19:10; 22:8, 9.) Daniel parece haber quedado completamente abrumado por la majestad del mensajero celestial. Se postró con el rostro en el suelo. El ángel puso la mano sobre él para alentarlo (¡cuántas veces les han dicho los seres celestiales a los mortales que no teman!), y lo hizo incorporarse de su posición postrada.

Después de hacer una declaración general de que el fin llegará al tiempo señalado, y que le hará conocer "lo que ha de venir en el fin de la ira," el ángel inicia la interpretación de la visión. Debe entenderse que "la ira" abarca cierto período. Pero ¿cuál? Dios dijo a su pueblo de Israel que derramaría sobre él su ira por su maldad; y dio acerca del "profano e impío príncipe de Israel" estas indicaciones: "Depón la tiara, quita la corona... Del revés, del revés, del revés la tornaré; y no será ésta más, hasta que venga aquel cuyo es el derecho, y se la entregaré." (Ezequiel 21:25-27, 31.)

Este es el período de la ira de Dios contra el pueblo de su pacto, el período durante el cual el santuario y el ejército han de ser hollados. La diadema fue depuesta, y la corona quitada, cuando Israel quedó sujeto al reino de Babilonia. Fue puesta del revés por los medos y persas, y nuevamente por los griegos, y otra vez por los romanos, lo cual corresponde a las tres veces que el profeta repite la palabra. Los judíos, habiendo rechazado a Cristo, fueron pronto dispersados por toda la faz de la tierra. El Israel espiritual ha tomado el lugar de la posteridad literal; pero sigue sujeto a las potencias terrenales, y así seguirá hasta que se restablezca el trono de David, hasta que venga el que es su heredero legítimo, el Mesías, el Príncipe de paz. Entonces habrá cesado la ira. Los acontecimientos que han de ocurrir al fin de este período van a ser comunicados ahora a Daniel por el ángel.

VERS. 20-22: Aquel carnero que viste, que tenía cuernos, son los reyes de Media y de Persia. Y el macho cabrío es el rey de Javán: y el cuerno grande que tenía entre sus ojos es el rey primero. Y que fué quebrado y sucedieron cuatro en su lugar, significa que cuatro reinos sucederán de la nación, mas no en la fortaleza de él.

La visión interpretada— Así como los discípulos dijeron al Señor, podemos decir aquí del ángel que habló a Daniel: "He aquí, ahora hablas claramente, y ningún proverbio dices." Esta explicación de la visión se da en lenguaje claro, para que sea entendida. (Véanse los comentarios sobre los versículos 3-8.) La característica que distinguía al imperio persa: la unión de las dos nacionalidades que lo componían, es representada por los dos cuernos del carnero. Grecia alcanzó su mayor gloria cuando representó una unidad bajo la dirección de Alejandro Magno, tal vez el general más famoso que el mundo haya conocido. Esta parte de su historia está representada por la primera fase del macho cabrío, y durante ella el cuerno único y notable simbolizaba a Alejandro Magno. Al morir éste, el reino cayó en fragmentos, pero pronto se consolidó en cuatro grandes divisiones. A éstas las representaba la segunda fase del macho cabrío, cuando cuatro cuernos subieron en lugar del primero, que había sido quebrado. Esas divisiones no tuvieron el poder del cuerno primero. Ninguna de ellas poseyó la fuerza del reino original. Con unos pocos trazos de la pluma, el escriba inspirado nos da un claro bosquejo de estos grandes acontecimientos para cuya descripción el historiador ha escrito tomos enteros.

VERS. 23-25: Y al cabo del imperio de éstos, cuando se cumplirán los prevaricadores, levantaráse un rey altivo de rostro, y entendido en dudas. Y su poder se fortalecerá, mas no con fuerza suya; y destruirá maravillosamente, y prosperará; y hará arbitrariamente, y destruirá fuertes y al pueblo de los santos. Y con su sagacidad hará prosperar el engaño en su mano; y en su corazón se engrandecerá, y con paz destruirá a muchos: y contra el príncipe de los príncipes se levantará; mas sin mano será quebrantado.

Esta potencia sucede a las cuatro divisiones del reino representado por el macho cabrío durante el último período de su reino, es decir hacia la terminación de su carrera. Es, por supuesto, la misma potencia que el cuerno pequeño del versículo 9 en adelante. Si se aplica a Roma, según lo manifestamos en las observaciones referentes al versículo 9, todo resulta armonioso y claro.

"Un rey altivo de rostro."-Al predecir el castigo que esta misma potencia infligiría a los judíos, Moisés la llama "gente fiera de rostro." (Deut. 28:49, 50.) Ningún pueblo tuvo en su atavío bélico apariencia más formidable que los romanos.

La expresión "entendido en dudas," o "tretas enredadas" (V.M.) se rinde en otras versiones por "entendido en frases obscuras." Esto recordaría lo que dice Moisés en el pasaje que se acaba de mencionar: "Gente cuya lengua no entiendas." Eso no podía decirse de los babilonios, los persas ni los griegos con referencia a los judíos; porque el caldeo y el griego se usaban en forma bastante común en Palestina. Pero esto no sucedía con el latín.

¿Cuándo "se cumplirán los prevaricadores"? Siempre se tiene en cuenta la relación que iba a haber entre el pueblo de Dios y sus opresores. Ese pueblo había sido llevado en cautiverio a causa de sus transgresiones. Al persistir en el pecado atraía sobre sí un castigo cada vez más severo. En ningún momento fueron los judíos como nación más corrompidos moralmente que cuando cayeron bajo la jurisdicción de los romanos.

La Roma papal "se fortalecerá, mas no con fuerza suya."-El éxito de los romanos se debía mayormente a la ayuda de sus aliados, y a las divisiones que había entre sus enemigos, y que ellos supieron siempre aprovechar. La Roma papal también fué poderosa mediante los poderes seculares sobre los cuales ejercía el dominio espiritual.

"Destruirá maravillosamente." El Señor dijo a los judíos por el profeta Ezequiel que los entregaría a hombres que serían "artífices de destrucción" (Ezequiel 21:31); y la matanza de 1.100.000 judíos por el ejército romano cuando destruyó a Jerusalén resultó ser una terrible confirmación de las palabras del profeta. Roma en su segunda fase, la papal, ocasionó la muerte de millones de mártires.

"Con su sagacidad hará prosperar el engaño en su mano." Roma se distinguió por encima de todas las demás potencias por su política astuta, con la cual llegó a dominar las naciones. Esta característica se vió en la Roma pagana y en la papal. Así logró destruir a muchos en paz.

Finalmente, en la persona de uno de sus gobernadores, Roma atentó contra el Príncipe de los príncipes, al dictar sentencia de muerte contra Jesucristo. "Mas sin manos será quebrantado." Este es un pasaje paralelo al de la profecía de Daniel 2:34, donde la piedra "cortada, no con mano" destruye todas las potencias terrenales.

VERS. 26, 27: Y la visión de la tarde y la mañana que está dicha, es verdadera: y tú guarda la visión, porque es para muchos días. Y yo Daniel fuí quebrantado, y estuve enfermo algunos días: y cuando convalecí, hice el negocio del rey; mas estaba espantado acerca de la visión, y no había quien la entendiese.

"La visión de la tarde y la mañana" se refiere al período de 2.300 días. En vista del largo período de opresión y de las calamidades que habían de caer sobre su pueblo, Daniel se desmayó y estuvo enfermo algunos días. La visión le asombraba, pero no la comprendía. ¿Por qué no cumplió Gabriel en esa ocasión todas sus instrucciones, y no hizo comprender la visión a Daniel? Indudablemente porque Daniel había recibido todo lo que podía resistir y las instrucciones adicionales fueron por lo tanto diferidas para un momento ulterior.

Notas del Capítulo 8

[1] Adán Clarke, "Commentary on the Old Testament," tomo 4, pág. 598, nota sobre Daniel 8:1.

[2] Tomás Newton, "Dissertations on the Prophecies," tomo I, págs. 303, 304.

[3] Id., pág. 306.

[4] Humphrey Prideaux, "The Old and New Testament Connected in the History of the Jews," tomo 1, pág. 378.

[5] Gualterio Fogg, "One Thousand Sayings of History," pág. 210.

[6] Véase Humphrey Prideaux, "The Old and New Testament Connected in the History of the Jews," tomo 2, págs. 106, 107.

[7] Véase 1 Macabeos 8; Flavio Josefo "Antigüedades Judaicas," libro 12, cap. 10, sec. 6; Humphrey Prideaux, "The Old and New Testament Connected in the History of the Jews," tomo 2, pág. 166.

[8] S. P. Tregelles, "Remarks on the Prophetic Visions in the Book of Daniel," nota al pie de la pág. 89.

[9] "Dialogues on Prophecy," tomo 1, págs. 336, 327.

Capítulo 9— Una Vara Profética Cruza los Siglos

VERS. 1, 2: En el año primero de Darío hijo de Asuero, de la nación de los Medos, el cual fue puesto por rey sobre el reino de los Caldeos; en el año primero de su reinado, yo Daniel miré atentamente en los libros el número de los años, del cual habló Jehová al profeta Jeremías, que había de concluir la asolación de Jerusalén en setenta años.

LA VISIÓN registrada en el capítulo anterior fué dada en el tercer año de Belsasar, en 538 ant. de J.C. Lo narrado en este capítulo ocurrió en el primer año de Darío. Puesto que Belsasar era el último monarca de origen babilónico y Darío el primero de Medo-Persia que reinó sobre Babilonia, es probable que haya transcurrido menos de un año entre los sucesos mencionados en estos dos capítulos.

Setenta años de cautiverio— Aunque Daniel, como primer ministro del mayor reino de la tierra, se veía cargado de cuidados, no permitió que esto le privase de la oportunidad de estudiar cosas de mayor importancia: los propósitos de Dios revelados a sus profetas. Por los libros, es decir los escritos de Jeremías, entendía que Dios iba a permitir que la cautividad de su pueblo durase setenta anos. Esta predicción se halla en Jeremías 25:12; 29:10. Este conocimiento y el uso que de él hizo Daniel demuestran que desde muy temprano Jeremías fué considerado como proteta divinamente inspirado; de lo contrario sus escritos no habrían sido coleccionados tan pronto ni tan extensamente copiados. Aunque se trataba de alguien que por un tiempo fué su contemporáneo, tenía Daniel una copia de su obra y la llevó consigo al cautiverio. Aunque él mismo era un gran profeta, no consideraba humillante el estudio cuidadoso de lo que Dios pudiese revelar a otros de sus siervos.

Los setenta años de cautiverio no deben confundirse con las setenta semanas que siguen. Haciendo arrancar de 606 ant. de J.C. los setenta años de cautiverio, Daniel entendía que se acercaban a su fin, y que Dios había iniciado el cumplimiento de la profecía al derribar el reino de Babilonia.

VERS. 3: Y volví mi rostro al Señor Dios, buscándole en oración y ruego, en ayuno, y cilicio, y ceniza.

El hecho de que Dios haya prometido algo no nos exime de la responsabilidad de rogarle que cumpla su palabra. Daniel podría haber razonado así: Dios prometió libertar a su pueblo al fin de los setenta años, y cumplirá su promesa; no necesito por lo tanto preocuparme del asunto. Pero no razonó así, sino que al acercarse el tiempo en que se había de cumplir la palabra del Señor, se dedicó a buscar al Señor de todo su corazón.

¡Y cómo se entregó a ello, aun con ayuno, cilicio y ceniza! Esto sucedió probablemente el año en que Daniel fué echado al foso de los leones. El lector recordará que el decreto aprobado por el rey había prohibido so pena de muerte a todos sus súbditos que dirigiesen petición alguna a cualquier dios excepto al rey. Pero sin prestar atención al decreto, Daniel elevó su oración tres veces al día con sus ventanas abiertas hacia Jerusalén.

VERS. 4: Y oré a Jehová mi Dios, y confesé, y dije: Ahora Señor, Dios grande, digno de ser temido, que guardas el pacto y la misericordia con los que te aman y guardan tus mandamientos.

La notable oración de Daniel— Tenemos aquí el comienzo de la admirable oración de Daniel, una oración que expresa tanta humillación y contrición que sólo los insensibles pueden leerla sin conmoverse. Empieza reconociendo la fidelidad de Dios, que nunca falta a sus compromisos con los que le siguen. Si los judíos se hallaban en cautiverio, ello se debía a sus pecados, y no a que Dios hubiese fracasado en cuanto a defenderlos o sostenerlos.

VERS. 5-14: Hemos pecado, hemos hecho iniquidad, hemos obrado impíamente, y hemos sido rebeldes, y nos hemos apartado de tus mandamientos y de tus juicios. No hemos obedecido a tus siervos los profetas, que en tu nombre hablaron a nuestros reyes, y a nuestros príncipes, a nuestros padres, y a todo el pueblo de la tierra. Tuya es, Señor, la justicia, y nuestra la confusión de rostro, como en el día de hoy a todo hombre de Judá, y a los moradores de Jerusalem, y a todo Israel, a los de cerca y a los de lejos, en todas las tierras a donde los has echado a causa de su rebelión con que contra ti se rebelaron. Oh Jehová, nuestra es la confusión de rostro, de nuestros reyes, de nuestros príncipes, y de nuestros padres; porque contra ti pecamos. De Jehová nuestro Dios es el tener misericordia, y el perdonar, aunque contra él nos hemos rebelado; y no obedecimos a la voz de Jehová nuestro Dios, para andar en sus leyes, las cuales puso él delante de nosotros por mano de sus siervos los profetas. Y todo Israel traspasó tu ley apartándose para no oír tu voz: por lo cual ha fluído sobre nosotros la maldición, y el juramento que está escrito en la ley de Moisés, siervo de Dios; porque contra él pecamos. Y él ha verificado su palabra que habló sobre nosotros, y sobre nuestros jueces que nos gobernaron, trayendo sobre nosotros tan grande mal; que nunca fué hecho debajo del cielo como el que fué hecho en Jerusalem. Según está escrito en la ley de Moisés, todo aqueste mal vino sobre nosotros: y no hemos rogado a la faz de Jehová nuestro Dios, para convertirnos de nuestras maldades, y entender tu verdad. Veló por tanto Jehová sobre el mal, y trájolo sobre nosotros; porque justo es Jehová nuestro Dios en todas sus obras que hizo, porque no obedecimos a su voz.

Hasta ese punto la oración de Daniel se dedica a hacer una plena confesión del pecado de su pueblo con corazón quebrantado. Vindica plenamente la conducta del Señor, reconociendo que los pecados de su pueblo fueron la causa de todas sus calamidades, tal como Dios los había amenazado por el profeta Moisés. No hace discriminación alguna en favor suyo. En su petición no asoma la justicia propia. Aunque había sufrido mucho tiempo por los pecados ajenos, y soportado setenta años de cautiverio por el mal proceder de su pueblo, había vivido píamente y recibido señalados honores y bendiciones del Señor. No presenta acusaciones contra nadie, no solicita simpatía hacia sí mismo como víctima del mal ajeno, sino que se clasifica con los demás, diciendo: Hemos pecado, y nuestra es la confusión de rostro. Reconoce que no habían escuchado las lecciones que Dios había querido enseñarles por sus aflicciones. VERS. 15-19: Ahora pues, Señor Dios nuestro, que sacaste tu pueblo de la tierra de Egipto con mano poderosa, y te hiciste nombre cual en este día; hemos pecado, impíamente hemos hecho. Oh Señor, según todas tus justicias, apártese ahora tu ira y tu furor de sobre tu ciudad Jerusalén, tu santo monte: porque a causa de nuestros pecados, y por la maldad de nuestros padres, Jerusalén y tu pueblo dados son en Página 159 oprobio a todos en derredor nuestro. Ahora pues, Dios nuestro, oye la oración de tu siervo y sus ruegos, y haz que tu rostro resplandezca sobre tu santuario asolado, por amor del Señor. Inclina, oh Dios mió, cu oído, y oye; abre tus ojos, y mira nuestros asolamientos, y la ciudad sobre la cual es llamado tu nombre; porque no derramamos nuestros ruegos ante tu acatamiento confiados en nuestras justicias, sino en tus muchas miseraciones. Oye, Señor; oh Señor, perdona; presta oído, Señor, y haz; no pongas dilación, por amor de ti mismo, Dios mío: porque tu nombre es llamado sobre tu ciudad y sobre tu pueblo. El profeta invoca ahora la honra del nombre de Jehová como motivo por el cual desea que le sea concedido lo que pide. Se refiere a la liberación de Israel de Egipto y al gran renombre que habían reportado al Señor las obras admirables que había realizado entonces. Todo esto se iba a perder si dejaba perecer ahora a su pueblo. Moisés usó el mismo argumento al interceder por Israel. (Números 14.) No es porque Dios actúe por motivos de ambición y vanagloria; sino que cuando sus hijos manifiestan celo por el honor de su nombre, cuando revelan su amor por él rogándole que obre, no para su beneficio personal, sino para gloria de él mismo, a fin de que su nombre no sufra oprobio ni sea blasfemado entre los paganos, esto le resulta agradable. Daniel intercede luego por la ciudad de Jerusalén, que lleva el nombre de Dios, y por el santo monte, al que quería tan entrañablemente, y le ruega que por sus miseraciones, desvíe su ira. Finalmente, concentra su atención en el santuario sagrado, la morada de Dios en la tierra, y solicita la reparación de sus asolamientos.

Daniel entendía que los setenta años de cautiverio se acercaban a su término. Por la alusión que hace al santuario es evidente que hasta entonces no comprendía la importante visión que le había sido dada poco antes y que se encuentra en el capítulo 8 de su libro, y parecía suponer que los 2.300 días fenecían al mismo tiempo que los setenta años. Esta equivocación suya quedó inmediatamente corregida cuando el ángel vino para darle más instrucciones en respuesta a su oración.

VERS. 20, 21: Aun estaba hablando y orando, y confesando mi pecado y el pecado de mi pueblo Israel, y derramaba mi ruego delante de Jehová mi Dios por el monte santo de mi Dios; aun estaba hablando en oración, y aquel varón Gabriel, al cual había visto en visión al principio, volando con presteza, me tocó como a la hora del sacrificio de la tarde.

La oración de Daniel recibe respuesta— Encontramos aquí el resultado de las súplicas de Daniel. Queda de repente interrumpido por un mensajero celestial. El ángel Gabriel, volviéndole a aparecer como antes en forma de hombre, según lo había visto Daniel al comienzo de la visión, le toca. Está a punto de dilucidarse una cuestión importante, a saber: ¿Recibió alguna vez explicación la visión de Daniel 8, y puede ser comprendida? ¿A qué visión se refiere Daniel cuando habla del ser "al cual había visto en visión al principio"? Todos han de reconocer que debe ser alguna visión que ya ha sido registrada, y que en ella debe mencionarse el nombre de Gabriel. Es necesario remontarse más atrás que el capítulo 9, porque todo lo que encontramos en éste, antes de esta aparición de Gabriel, es simplemente el relato de la oración de Daniel. Pero recorriendo los capítulos anteriores, hallamos mencionadas sólo tres visiones dadas a Daniel. La interpretación del sueño de Nabucodonosor fué dada en visión nocturna. (Daniel 2:19.) Pero no hay intervención angélica en el asunto. La visión de Daniel fué explicada a Daniel por "uno de los que asistían," lo cual significa probablemente un ángel; pero no se nos da información alguna acerca de cuál pudo ser, ni había en aquella visión cosa alguna que necesitara una explicación ulterior. La visión de Daniel 8 da algunos detalles indicadores de que ésta es la visión aludida. En ella se presenta a Gabriel por su nombre. Se le había ordenado que hiciese comprender la visión a Daniel. Daniel dejó sentado que no la comprendía, lo cual demuestra que al cerrarse Daniel 8, Gabriel no había completado su misión. En toda la Biblia no hay lugar donde esta instrucción continuó, si no es en el capítulo 9. Por lo tanto, si la visión de Daniel no es la aludida, no encontramos mención alguna de que Gabriel haya cumplido alguna vez plenamente las instrucciones que le fueron dadas, o de que la visión haya sido explicada alguna vez. La instrucción que el ángel da ahora a Daniel, como veremos en los versículos siguientes, complementa exactamente lo que faltaba en Daniel 8. Estas consideraciones prueban en forma o indubitable la relación que hay entre Daniel 8 y 9, y esta conclusión se recalca aun más cuando se consideran las instrucciones del ángel.

VERS. 22, 23: Y me hizo entender, y habló conmigo, y dijo; Daniel, ahora he salido para hacerte entender la declaración. Al principio de tus ruegos salió la palabra, y yo he venido para enseñártela, porque tú eres varón de deseos. Entiende pues la palabra, y entiende la visión.

La misión de Gabriel— La forma en que Gabriel se presenta en esta ocasión demuestra que había venido para terminar alguna misión dejada incompleta. No puede ser otra que la de llevar a cabo la orden: "Enseña la visión a éste," que se registra en Daniel 8. Dice: "Ahora he salido para hacerte entender la declaración." Todavía descansa sobre él la responsabilidad de hacer entender la visión a Daniel, y como en el capítulo 8 había explicado a Daniel todo lo que éste podía recibir, y sin embargo no comprendía aún la

visión, acude ahora a reanudar su obra y completar su misión. Tan pronto como Daniel inició su ferviente súplica, se dio la orden, y le fue indicado a Gabriel que visitara a Daniel y le impartiera la información que necesitaba.

Por el tiempo que se requiere para leer la oración de Daniel hasta el momento en que Gabriel apareció, el lector puede juzgar la celeridad con que el mensajero viajó desde los atrios celestiales hasta el siervo de Dios. No es extraño que Daniel anote que vino "volando con presteza," ni que Ezequiel compare con los fulgores del rayo los movimientos de estos seres celestiales. (Ezequiel 1:14.)

"Entiende pues la palabra," dice él a Daniel. ¿Qué palabra? Evidentemente la que no entendía antes, según se declara en el último versículo de Daniel 8. "Entiende la visión." ¿Qué visión? No la interpretación de la dada a Nabucodonosor, ni la visión de Daniel 7, porque no tenía dificultad en comprenderlas; sino la visión del capítulo 8 que lo llenó de asombro y que no pudo comprender. "He salido para hacerte entender," dijo también el ángel.

Daniel no había tenido dificultad en comprender lo que el ángel le había dicho acerca del carnero, del macho cabrío y del cuerno pequeño, que simbolizaban los reinos de MedoPersia, Grecia y Roma. Tampoco había dejado de entender lo referente al final del cautiverio de setenta años. Pero el objeto principal de su petición era la reparación de los asolamientos del santuario que estaba en ruinas. Había sacado indudablemente la conclusión de que cuando llegase el fin de los setenta anos se habría de cumplir lo que el ángel había dicho acerca del santuario que iba a ser purificado al fin de los 2.300 días. Ahora debía rectificar su concepto. Ello explica por qué en ese momento particular, tan poco tiempo después de la visión anterior, le fueron enviadas instrucciones.

Los setenta años del cautiverio se estaban acercando a su fin. Daniel estaba equivocado en una de sus creencias. No se le debía dejar más tiempo en la ignorancia acerca del verdadero significado de la visión anterior. "He salido para hacerte entender la declaración," dijo el ángel. ¿Cómo podría la relación entre la visita anterior del ángel y la actual quedar más patentemente demostrada que por las palabras pronunciadas en esta ocasión por este personaje?

Daniel el muy amado— Una expresión merece que se la considere antes de abandonar el vers. 23. Es la declaración que dirige el ángel a Daniel: "Varón de deseos," o, como dicen otras versiones: "Hombre muy amado." El ángel trajo esta declaración directamente del cielo. Expresaba el sentimiento que existía allí con respecto a Daniel.

¡Pensar que los seres celestiales, los más sublimes del universo: el Padre, el Hijo y los santos ángeles, estimaban de tal manera a un hombre mortal aquí en la tierra que autorizasen a un ángel para que le trajeran la comunicación de que era muy amado! Es uno de los más altos pináculos de gloria que puedan alcanzar los mortales. Abrahán alcanzó otro cuando se dijo de él que era "amigo de Dios," y Enoc cuando se pudo decir de él que

anduvo con Dios. ¿Podemos nosotros llegar a tanto? Dios no hace acepción de personas; pero mira el carácter. Si pudiésemos igualar a estos hombres en virtud y piedad, el amor divino sería igualmente movido a tenernos en profunda estima. Nosotros también podríamos ser muy amados, podríamos ser amigos de Dios, y podríamos andar con él.

En relación con la última iglesia de Dios en la tierra se usa una expresión que denota que en ella se conocerá la más estrecha comunión con Dios: "Si alguno oyere mi voz y abriere la puerta, entraré a él, y cenaré con él, y él conmigo." (Apocalipsis 3:20.) Cenar con el Señor entraña una intimidad correspondiente a ser muy amado de él, andar con él o ser su amigo. ¡Cuán deseable es esa condición! Pero ¡ay! los males de nuestra naturaleza nos privan de esta comunión. ¡Ojalá obtengamos gracia para vencerlos, a fin de que podamos gozar aquí esa unión espiritual y entrar finalmente en las glorias de su presencia cuando se celebren las bodas del Cordero! VERS. 24: Setenta semanas están determinadas sobre tu pueblo y sobre tu santa ciudad, para acabar la prevaricación, y concluir el pecado, y expiar la iniquidad; y para traer la justicia de los siglos, y sellar la visión y la profecía, y ungir al Santo de los santos.

Setenta semanas— Tales son las primeras palabras que el ángel dirigió a Daniel al impartirle las instrucciones que había venido a darle. ¿Por qué introduce así abruptamente un período de tiempo? Debemos nuevamente referirnos a la visión de Daniel 8. Hemos visto que Daniel, al final de dicho capítulo, declara que no entendió la visión. Ciertas partes de aquella visión le fueron explicadas claramente en aquel momento. Estas partes no pueden ser las que no entendió. Por lo tanto, averigüemos qué no entendió Daniel, o qué parte de la visión quedó sin explicación.

En dicha visión se presentan cuatro cosas destacadas: el carnero, el macho cabrío, el cuerno pequeño y el período de 2.300 días. Los símbolos del carnero, el macho cabrío y el cuerno pequeño fueron explicados, pero nada se dijo del período de tiempo. Este debe haber constituido, pues, el punto que el profeta no comprendió. De nada le valía comprender las otras partes de la visión mientras quedaba a obscuras acerca de la aplicación de este período de 2.300 días.

Explicación profética de los 2,300 Días en siete pasos.

1. La orden de Artajerjes, rey de Persia, para restaurar y reedificar Jerusalén, fué dada en 457 ant. de J. C. (Daniel 9:25; Esdras 6:1; 6-12.)

2. La reconstrucción y restauración de Jerusalén se terminó al fin de los primeros 49 años de la, profecía de Daniel (Daniel 9:25.)

3. Jesús fué ungido del Espíritu Santo en ocasión de su bautismo. Mateo 3:16; Hechos 10:38.) De 457 ant. de J.C. hasta el Ungido hubo 483 años.

4. El Mesías Príncipe fue cortado a la mitad de la semana, cuando fue crucificado, en el año 31 de nuestra era. (Daniel 9:27; Mateo 27:50, 51.)

5. Desde la muerte de Esteban, el Evangelio fue a las gentiles. (Dan. 9:24; Hech. 7:54-56; 8:1.) De 457 al tiempo de los gentiles: 490 años.

6. Al fin de los 2.300 años, en 1844, celestial, o sea la hora del juicio. (Daniel 8:14; Apocalipsis 14:7.)

7. El triple mensaje de Apocalipsis 14:6-12 es proclamado a todo el mundo antes de la segunda venida de Cristo a esta tierra.

Los 2.300 días, este período profético que es el más largo de la Biblia, habla de extenderse, según la profecía de Daniel, desde "la salida de la palabra para restaurar y edificar a Jerusalem" hasta la purificación del santuario. La orden de reedificar a Jerusalén se dió en 457 ant. de J.C. Setenta semanas (490 años) debían cortarse para los judíos, y al fin de este período, en el año 34 de nuestra era, se principió a predicar el Evangelio a los gentiles. Desde que comenzó el período; en 457 ant. de J.C., hasta el Mesías Príncipe, iba a haber 69 semanas (483 años). Precisamente en el momento predicho, en la primavera del 27 de J.C., Jesús fué bautizado en el Jordán por Juan Bautista. Fue también ungido del Espíritu Santo, e inició su ministerio público. "A la mitad de la semana" (3 años y medio más tarde) el Mesías fué cortado. El periodo completo de los 2.300 días se extendía de 457 ant. de J.C. hasta 1844 de nuestra era, cuando se inicio en el cielo el juicio investigador.

Dice el erudito Dr. Hales, al comentar las setenta semanas:

"Esta profecía cronológica... estaba destinada evidentemente a explicar la visión precedente, especialmente su parte cronológica de los 2.300 días."[1]

Si esta opinión es correcta, podemos esperar como cosa natural que el ángel empezara con la explicación omitida antes, a saber, la referente al tiempo. Y así resulta, en efecto. Después de citar en la forma más directa y enfática la atención que Daniel había prestado a la visión anterior, y después de asegurarle que había venido para darle entendimiento, comienza con el punto mismo que había sido omitido: "Setenta semanas están determinadas sobre tu pueblo y sobre tu santa ciudad."

Cortadas de los 2.300 días— Pero ¿cómo revela este lenguaje alguna relación con los 2.300 días, o cómo lo ilumina? Contestamos: El lenguaje no puede referirse inteligiblemente a otra cosa. El vocablo traducido aquí "determinadas" significa "cortadas," "separadas," y en la visión aquí aludida no se menciona otro período del cual las setenta semanas podrían cortarse, excepto los 2.300 días. ¡Cuán directa y natural es, pues, la relación! "Setenta semanas son cortadas." Pero ¿cortadas de qué? Ciertísimamente, de los 2.300 días.

La palabra "determinadas" que se halla en esta frase es una traducción del hebreo 'nechtak', que se basa en un radical primitivo que Strong define como significando "cortar, es decir figurativamente, decretar, determinar." Significa esto último por implicación. La versión que seguimos emplea esta definición más remota, por implicación, y pone "determinadas" en el texto que nos ocupa. Otras versiones siguen la segunda definición, y dicen:

"Setenta semanas están decretadas [es decir, concedidas] a tu pueblo." Tomando la definición básica y más sencilla, tenemos "setenta semanas están cortadas para tu pueblo." Si están cortadas, debe ser de un entero mayor; en este caso, de los 2.300 días de la profecía discutida hasta aquí. Se puede añadir que Gesenio da la misma definición que Strong: "Cortar, . . . dividir, y así determinar, decretar." Se refiere luego a Daniel 9:24, y traduce así la frase: "Son decretadas sobre tu pueblo." Davidson da exactamente la misma definición, y se refiere igualmente a Daniel 9:24 como ejemplo.

Puede preguntarse entonces por qué los traductores rinden la expresión por "determinadas" cuando es obvio que significa "cortadas." La respuesta es: Pasaron indudablemente por alto la relación que hay entre el capítulo 8 y el 9, y considerando impropio traducirla por "cortadas" cuando no veían nada de lo cual podrían cortarse las setenta semanas, dieron a la palabra su significado figurativo en vez del literal. Pero, como ya lo hemos visto, la definición y el contexto requieren el significado literal, y hacen inadmisible cualquier otro.

Por lo tanto, setenta semanas, o 490 de los 2.300 días, eran concedidos a Jerusalén y a los judíos. Los sucesos que iban a consumarse durante ese período se presentan brevemente. Se había de "acabar la prevaricación," es decir que el pueblo judío iba a llenar la copa de su iniquidad, cosa que hizo al rechazar y crucificar a Cristo. Se había de "concluir el pecado," o las ofrendas por el pecado.[*] Esto sucedió cuando se presentó la gran Ofrenda en el Calvario. Se iba a proveer una reconciliación para la iniquidad. Sería por la muerte expiatoria del Hijo de Dios. Iba a ser introducida la justicia eterna, la que manifestó nuestro Señor en su vida sin pecado. La visión y la profecía iban a quedar selladas, o aseguradas.

La profecía iba a ser probada por los sucesos que iban a ocurrir durante las setenta semanas. Con esto queda determinada la aplicación de toda la visión. Si se cumplen con exactitud los sucesos de este período, la profecía es de Dios, y todo el resto se cumplirá. Si estas setenta semanas se cumplen como semanas de años, entonces los 2.300 días, de los cuales ellas son una parte, son otros tantos años.

En la profecía un día representa un año— Al iniciar el estudio de las setenta semanas o 490 días, será bueno recordar que en la profecía bíblica un día representa un año. Y en la pág. 115 presentamos pruebas de que en esta interpretación se trata de un principio aceptado. Sólo añadiremos aquí dos citas más; "Asimismo fué revelado a Daniel de qué manera el último vilipendio se producirá después que el santuario haya sido purificado y la visión se haya cumplido; y esto 2.300 días desde la hora en que saliera el mandamiento, ... de acuerdo con el número predicho resolviendo un día en un año, según revelación hecha a Ezequiel."[2]

"Es un hecho singular que la gran mayoría de los intérpretes del mundo inglés y americano ha tenido por costumbre, desde hace muchos años, entender que los días mencionados en Daniel y el Apocalipsis representan o simbolizan años. Me ha resultado difícil rastrear el origen de esta costumbre general, y podría decir casi universal."[3]

El principio de interpretación que computa un día como un año cuenta entre quienes lo apoyan a Agustín, Ticonio, Primasio, Andreas, el venerable Beda, Ambrosio, Ansberto, Berengaud y Bruno el astense, además de los principales expositores modernos.[4] Pero lo que resulta más concluyente que todo lo demás es el hecho de que las profecías se han cumplido de acuerdo con ese principio. Ello demuestra su corrección en forma inapelable. Esto se notará en toda la interpretación de la profecía de las setenta semanas y de todos los períodos proféticos de Daniel 7 y 12, y de Apocalipsis 9, 12 y 13.

De modo que los sucesos de las setenta semanas, calculados de esta manera racional, suministran la clave de toda la visión.

Ungir al Santo de los santos— De acuerdo con la profecía debía ungirse al Santo de los santos. La frase hebrea qodesh qodashim, traducida aquí "Santo de los santos," es un término que se usa con frecuencia en los libros levíticos para caracterizar lugares y cosas, pero en ningún pasaje se aplica a personas. Aunque se usa en el Antiguo Testamento, y su equivalente griego en el Nuevo, para distinguir el lugar santísimo del santuario, no se limita en manera alguna a este uso. Se emplea también para caracterizar muchos objetos relacionados con el servicio santo del santuario, como el altar de bronce, la mesa, el candelero, el incienso, el pan ázimo, la ofrenda por el pecado, todo objeto consagrado y cosas por el estilo, pero nunca a las personas relacionadas con ese servicio. (Véase Éxodo 29:37; 30:10, 29, 36; Levítico 6:17, 29; 7:1; 27:28.)

Por otro lado, en el caso de la unción para el servicio, el término se aplica al tabernáculo mismo, tanto como a todos sus vasos. (Éxodo 30:26-29.) En Daniel 9:24, la profecía especifica un caso de unción. De acuerdo con los usos aplicados al "Santo de los santos" o "santísimo" que se han señalado ya, hay todo motivo por creer que este versículo predice el ungimiento del tabernáculo celestial. Para el servicio típico, el tabernáculo fue ungido; y es muy apropiado creer que, en conformidad con esto, el santuario celestial fue ungido para el servicio antitípico, o real, cuando nuestro Sumo Sacerdote inició su obra misericordiosa de ministrar en favor de los pecadores.

Al examinar el santuario en nuestros comentarios de Daniel 8:14, vimos que llegó un momento en que el santuario terrenal cedió el lugar al celestial, y el ministerio sacerdotal se transfirió del uno al otro. Antes que se iniciara el ministerio en el santuario terrenal, habían de ungirse el tabernáculo y todos los vasos santos. (Éxodo 40:9, lo.) Por lo tanto, el último suceso de las setenta semanas que se presenta aquí es el ungimiento del tabernáculo celestial para que en él se inicie el ministerio de nuestro gran Sumo Sacerdote.

VERS. 25-27: Sepas pues y entiendas, que desde la salida de la palabra para restaurar y edificar a Jerusalem hasta el Mesías Príncipe, Página 169 habrá siete semanas, y sesenta y dos semanas; tornaráse a edificar la plaza y el muro en tiempos angustiosos. Y después de las sesenta y dos semanas se quitará la vida al Mesías, y no por si: y el pueblo de un príncipe que ha de venir, destruirá a la ciudad y el santuario; con inundación será el fin de ella, y hasta el fin de la guerra será talada con asolamientos. Y en otra semana confirmará el pacto a muchos, y a la mitad de la semana hará cesar el sacrificio y la ofrenda: después con la muchedumbre de las abominaciones será el desolar, y esto hasta una entera consumación; y derramaráse la ya determinada sobre el pueblo asolado.

Las setenta semanas subdivididas— El ángel relata entonces a Daniel el suceso que ha de marcar el comienzo de las setenta semanas. Ellas habían de arrancar de la fecha en que se promulgara la orden de restaurar y edificar a Jerusalén. No sólo se indica el suceso que determina el momento en que comienza el período, sino también los sucesos que han de acontecer a su terminación. De manera que se nos proporciona una doble manera de probar la aplicación de la profecía. Pero, sobre todo, el período de las setenta semanas se divide en tres grandes divisiones. Una de éstas a su vez se subdivide, y se indican los sucesos intermediarios que habían de señalar la terminación de cada una de dichas divisiones. Si podemos hallar una fecha que armonice con todos estos sucesos, tendremos indudablemente la verdadera aplicación, porque ninguna fecha sino la correcta podría satisfacer y cumplir tantas condiciones.

Procure ahora el lector abarcar de un vistazo los puntos de armonía que se puedan establecer, a fin de estar mejor preparado para ponerse en guardia contra cualquier aplicación falseada. Debemos hallar al comienzo del período una orden de restaurar y edificar a Jerusalén. Siete semanas debían dedicarse a esta obra de restauración. Cuando llegamos al fin de esta primera división, a siete semanas del comienzo, debemos hallar a Jerusalén restaurada en su aspecto material y terminada completamente la obra de reedificación de la plaza y el muro. Desde este punto, se miden 62 semanas. Cuando llegamos a la terminación de esta división, hemos de ver la manifestación del Mesías Príncipe ante el mundo. Tenemos una semana más, y se completan las setenta. En medio de esa última semana, el Mesías ha de ser cortado, y hará cesar el sacrificio y la ofrenda. Al terminar este período concedido a los judíos como tiempo durante el cual seguirían siendo el pueblo especial de Dios, hemos de ver cómo pasan a otro pueblo la bendición y la obra de Dios.

Comienzo de las setenta semanas— Averiguaremos ahora cuál es la fecha inicial que armoniza con todos estos detalles. La orden relativa a Jerusalén había de incluir algo más que su simple construcción. Tenía que haber una restauración. Hemos de entender que ésta debía abarcar todas las formas y legislaciones de la sociedad civil, política y judicial. ¿Cuándo se promulgó una orden tal? En el momento en que se dirigían estas palabras a Daniel, Jerusalén yacía completamente asolada, y así había estado durante muchos años. La restauración que se le anunciaba para el futuro debía corregir este asolamiento. Preguntamos entonces: ¿Cuándo y cómo fué restaurada Jerusalén después del cautiverio?

Cuatro son los sucesos que pueden considerarse como la orden de restaurar y reedificar Jerusalén. Son:

1. El decreto de Ciro para reedificar la casa de Dios, en 536 ant. de J.C. (Esdras 1:1-4.)
2. 2. El decreto de Darío para la prosecución de aquella obra, que había sido estorbada. Se dió en 519 ant. de J.C. (Esdras 6:1-12.)
3. El decreto que dió Artajerjes a Esdras en 457 ant. de J.C.[**] (Esdras 7.)
4. La comisión que el mismo rey dió a Nehemías en su vigésimo año, en 444 ant. de J.C. (Nehemías 2.)

Si se las hiciese arrancar de los primeros dos decretos, las setenta semanas proféticas, o 490 años literales, no llegarían hasta la era cristiana. Además, estos decretos se referían principalmente a la restauración del templo y de su culto de parte de los judíos, no a la restauración de su estado civil y político, todo lo cual debe incluir la orden de "restaurar y edificar a Jerusalén."

Aquellos primeros dos decretos iniciaron la obra. Eran preliminares de lo que se realizó más tarde. Pero no bastaban de por sí para satisfacer los requerimientos de la profecía, ni por sus fechas ni por su naturaleza. Por ser así deficientes, no pueden considerarse como punto de partida de las setenta semanas. La única duda que nos queda se refiere a los decretos concedidos a Esdras y a Nehemías respectivamente.

Los hechos entre los cuales hemos de decidir son en resumen los siguientes: En 457 ant. de J.C., el emperador persa Artajerjes Longímano permitió a Esdras por decreto que subiese a Jerusalén con tantos representantes de su pueblo como quisieran ir. El permiso le otorgaba una cantidad ilimitada de tesoros, para embellecer la casa de Dios, para proporcionar ofrendas para su servicio, y hacer cuanto le pareciese bueno. Le facultaba para ordenar leyes, establecer magistrados y jueces, ejecutar castigos hasta de muerte;

en otras palabras, restaurar el estado judío en lo civil y eclesiástico, de acuerdo con la ley de Dios y las antiguas costumbres de aquel pueblo. La inspiración consideró apropiado conservarnos este decreto; y hallamos una copia completa y exacta de él en Esdras 7. No está escrita en hebreo como el resto del libro de Esdras, sino en el caldeo oficial, o arameo oriental. Así podemos consultar el documento original que autorizó a Esdras para restaurar y edificar a Jerusalén.

Trece años más tarde, en el vigésimo año del mismo rey, en 444 ant. de J.C., Nehemías procuró y obtuvo permiso para subir a Jerusalén. (Nehemías 2.) Pero no tenemos evidencia de que fuese otra cosa que un permiso oral. Era para él individualmente, pues no mencionaba a otros que hubiesen de subir con él. El rey le preguntó cuánto duraría su viaje, y cuándo volvería. Le hizo dar cartas para los gobernadores del otro lado del río para que le ayudasen en su viaje a Judea, y una orden para que el guardabosque del rey le diese madera.

Cuando llegó a Jerusalén, halló a los príncipes y sacerdotes, a los nobles y al pueblo, ya empeñados en la obra de edificar a Jerusalén. (Nehemías 2:16.) Actuaban, por supuesto, de acuerdo con el decreto dado a Esdras trece años antes. Finalmente, después de llegar a Jerusalén, Nehemías terminó en 52 días la obra que había venido a realizar. (Nehemías 6:15.)

Ahora bien, ¿cuál de estas comisiones, la de Esdras o la de Nehemías, constituye el decreto para restaurar a Jerusalén, que ha de marcar el principio de las setenta semanas? Parece difícil que alguien pueda expresar una duda al respecto.

Si el cálculo se inicia con la comisión de Nehemías, en 444 ant. de J.C., quedan desplazadas todas las fechas que se van a encontrar a través del período; porque desde ese año 444 no duraron siete semanas, o 49 años, los tiempos peligrosos que habían de acompañar la reedificación de la plaza y la muralla. Si partimos de aquella fecha, las 69 semanas, o 483 años, que se habían de extender hasta el Mesías Príncipe, nos llevan hasta el año 40 de nuestra era. Pero Jesús fué bautizado por Juan en el Jordán, y se oyó la voz del Padre declararle su Hijo, en el año 27, o sea trece años antes.[5] De acuerdo con este cálculo, la mitad de la última o septuagésima semana, que había de ser señalada por la crucifixión, caería en el año 44 de nuestra era; pero sabemos que la crucifixión se produjo en el año 31, es decir trece años antes. Y finalmente, las setenta semanas, o 490 años, si se las hace partir del año vigésimo de Artajerjes, se habrían de extender hasta el año 47 de nuestra era, durante el cual no sucedió nada que pueda marcar la terminación de ese período. De ahí que si 444 ant. de J.C. es el año, y la concesión a Nehemías el suceso que inicia las setenta semanas, la profecía fracasa. En realidad, lo único que fracasa es la teoría que hace arrancar las setenta semanas de la comisión dada a Nehemías en el año vigésimo de Artajerjes.

Queda así evidente que el decreto otorgado a Esdras en el año séptimo de Artajerjes, en 457 ant. de J.C., es el punto de donde se debe hacer partir las setenta semanas. Entonces se produjo la salida del decreto en el sentido que requiere la profecía. Los dos decretos anteriores eran preparatorios y preliminares. De hecho, Esdras los considera partes del tercero, y mira los tres como un gran todo, pues en Esdras 6:14 leemos: "Edificaron pues, y acabaron, por el mandamiento del Dios de Israel, y por el mandamiento de Ciro, y de Darío, y de Artajerjes rey de Persia." Es de notar que aquí se habla de los decretos de esos tres reyes como si fuesen uno solo, "el mandamiento de Ciro, y de Darío, y de Artajerjes."

Esto demuestra que esos diferentes decretos eran considerados como una unidad, pues no fueron sino los pasos Sucesivos en la ejecución de la obra. No se podría decir que había salido ese decreto como lo exigía la profecía, antes que el último permiso requerido por la profecía estuviese incorporado en él y revestido con la autoridad del imperio. Esta condición se cumplió con la concesión otorgada a Esdras, pero no antes. Con esto el decreto asumió las debidas proporciones y abarcó todo lo que la profecía exigía, y desde ese momento debe datarse su "salida."

Armonía de las subdivisiones— ¿Armonizarán entre sí esas fechas si partimos del decreto de Esdras? Veamos. Nuestro punto de partida es, pues, 457 ant. de J.C. Se concedían 49 años a la edificación de la ciudad y la muralla. Acerca de esto dice Prideaux: "En el año quince de Darío Noto terminaron las primeras siete semanas de las setenta mencionadas en la profecía de Daniel. Porque entonces la restauración de la Iglesia y el Estado de los judíos en Jerusalén y Judea quedó terminada en aquel último acto de reforma, que se registra en el capítulo 13 de Nehemías, desde el vers. 23 hasta el fin del capítulo, exactamente 49 años después que la inició Esdras en el año séptimo de Artajerjes Longímano."[6] Esto sucedió en 408 ant. de J.C.

Hasta aquí encontramos armonía. Apliquemos la vara de medir, que es la profecía, a otras partes de la historia. Las 69 semanas, o 483 años, habían de extenderse hasta el Mesías Príncipe. Si partimos de 457 ant. de J.C., terminan en 27 de nuestra era. ¿Qué sucedió entonces? [***] Lucas nos da esta información:

"Y aconteció que, como todo el pueblo se bautizaba, también Jesús fué bautizado; y orando, el cielo se abrió, y descendió el Espíritu Santo sobre él en forma corporal, como paloma, y fué hecha una voz del cielo que decía: Tú eres mi Hijo amado, en ti me he complacido." (Lucas 3:21, 22.) Después de esto, "Jesús vino ... predicando el evangelio del reino de Dios, y diciendo: El tiempo es cumplido." (Marcos 1:14, 15.) El tiempo mencionado aquí debe haber sido un período específico, definido y predicho; pero no puede encontrarse otro período profético que termine entonces, excepto el de las setenta semanas de la profecía de Daniel que habían de extenderse hasta el Mesías Príncipe. El Mesías había venido ya, y con sus propios labios anunciaba la terminación de aquel período que había de ser señalado por su manifestación. [****]

Aquí nuevamente, encontramos armonía indisputable. Pero además, el Mesías iba a confirmar el pacto con muchos durante una semana. Esta sería la última semana de las setenta, es decir los últimos siete años de los 490. A la mitad de la semana, nos informa la profecía, haría cesar el sacrificio y la ofrenda. Los ritos judíos, que apuntaban a la muerte de Cristo, no cesarían antes de la crucifixión. En esa ocasión, cuando el velo del templo se rasgó, terminaron, aunque se los siguió observando hasta la destrucción del templo en el año 70 de nuestra era. Después de 62 semanas, según lo escrito, el Mesías había de ser sacrificado. Era como si dijera: Después de 62 semanas, a la mitad de la septuagésima, el Mesías será ofrecido, y hará cesar el sacrificio y la ofrenda. Por lo tanto, la crucifixión queda definitivamente situada a la mitad de la septuagésima semana.

Fecha de la crucifixión— Resulta ahora importante determinar en qué año se produjo la crucifixión. Es indudable que nuestro Salvador asistió a cada Pascua que hubo durante su ministerio público, pero encontramos que se mencionan solamente cuatro ocasiones tales antes de su crucifixión. Se las menciona en los siguientes pasajes: Juan 2:13; 5:1; 6:4; 13:1. Durante la última Pascua que se menciona, Jesús fué crucificado. Basándonos en los hechos ya establecidos, veamos dónde colocaría esto a su crucifixión. Como inició su ministerio en el otoño del año 27, su primera Pascua ocurrió en la primavera del 28; la segunda en 29; la tercera en el año 30; y la cuarta y última, en el 31. Esto nos da tres años y medio para su ministerio público, y corresponde exactamente a la profecía que exige que sea cortado a la mitad de la semana septuagésima. Como esa semana de años empezó en el otoño del año 27, la mitad de la semana llegará tres años y medio más tarde, o sea en la primavera del 31, cuando se produjo la crucifixión. El Dr. Hales cita las siguientes palabras de Eusebio, que vivió hacia el año 300: "Se registra en la historia que todo el tiempo en que nuestro Salvador estuvo enseñando y haciendo milagros fué tres años y medio, que es la mitad de una semana [de años]. Esto lo representará Juan el evangelista a los que sepan prestar a su Evangelio la atención crítica que merece."[7]

Acerca de las tinieblas sobrenaturales que ocurrieron en ocasión de la crucifixión, Hales habla así: "De ahí se desprende que las tinieblas que 'cubrieron toda la tierra de Judea' en ocasión de la crucifixión de nuestro Señor, 'desde la hora de sexta ... hasta la hora de nona,' o sea desde las doce del día hasta las tres de la tarde, fueron sobrenaturales en su duración, y también en su momento, casi en el plenilunio, cuando la luna no podía eclipsar al sol. El momento en que eso ocurrió y el hecho mismo fueron registrados en un pasaje curioso y valioso de un respetable cónsul romano, Aurelio Casiodoro Senator, hacia el año 514 de nuestra era: 'Durante el consulado de Tiberio César Augusto V y Aelio Seyano (U. C. 584, o 31 de nuestra era), nuestro Señor Jesucristo padeció, en la octava de las calendas de abril (25 de marzo), cuando se produjo un eclipse de sol como nunca se ha visto desde entonces.'

"Acerca del año y del día concuerdan también el concilio de Cesarea, 196 o 198 de nuestra era, la Crónica Alejandrina, Máximo el Monje, Nicéforo Constantino, Cedreno; y acerca del año, pero con días diferentes, concurren Eusebio y Epifanio, seguidos por Kepler, Bucher, Patino y Petavio, apuntando algunos la décima de las calendas de abril; otros, la décimotercera." (Véanse los comentarios sobre Daniel 11:22.[8]

Encontramos, pues, a trece autores fidedignos que sitúan la crucifixión de Cristo en la primavera del año 31. Podemos, por lo tanto, anotar esta fecha como bien establecida. Como era la mitad de la semana, nos basta con remontarnos tres años y medio hacia atrás para saber cuándo terminaron las 69 semanas, y avanzar tres y medio para saber cuándo terminaron las setenta semanas. Retrocediendo tres años y medio desde la crucifixión ocurrida en la primavera del año 31, llegamos al otoño de 27, fecha en que, como ya vimos, terminaron las 69 semanas y Cristo inició su ministerio público. Siguiendo adelante desde la crucifixión tres años y medio, llegamos al otoño del año 34, que es el gran punto terminal del período completo de las setenta semanas. Esta fecha queda señalada por el martirio de Esteban, la persecución de los discípulos de Cristo con que el Sanedrín rechazó formalmente el Evangelio, y la decisión de los apóstoles de dirigirse a los gentiles. El momento en que puede esperarse que se produzcan estos sucesos es, naturalmente, a la completa expiración del período específicamente reservado para los judíos.

De los hechos presentados se desprende que, si se hace arrancar el período de las setenta semanas desde el decreto dado a Esdras en el año séptimo de Artajerjes, en 457 ant. de J.C., existe perfecta armonía en toda la línea. Los sucesos importantes y definidos de la manifestación del Mesías cuando fué bautizado, el comienzo de su ministerio público, la crucifixión, el rechazamiento de los judíos y la predicación del Evangelio a los gentiles, con la proclamación del nuevo pacto; todas estas cosas caen en su lugar exacto, y sellan la profecía.

Fin de los 2.300 días— Hemos terminado con las setenta semanas; pero queda un plazo más largo y otros acontecimientos que se han de tener en cuenta. Las setenta semanas no son sino los primeros

490 años de los 2.300. Si substraemos 490 años de 2.300, nos quedan 1.810. Como hemos visto, esos 490 años terminaban en el otoño del 34. Si a esa fecha añadimos ahora los restantes 1.810 años, llegaremos al término de todo el período. Así que si desde el otoño de 34 contamos 1.810 años llegamos al otoño de 1844. Vemos, pues, con qué celeridad y seguridad encontramos la terminación de los 2.300 días, una vez que hemos situado las setenta semanas.

¿Por qué en 1844?— Puede ser que alguien pregunte cómo pueden extenderse los días hasta el otoño de 1844 si se iniciaron en 457 ant. de J.C., puesto que se necesitan solamente 1.843 años, además de los 457, para cumplir el total de 2.300. Si prestamos atención a un hecho, se aclarará toda la dificultad: Se requieren 457 años completos antes de Cristo, y 1843 años completos después, para dar 2.300; así que si el período hubiera empezado el primer día de 457 ant. de J. C-, no terminaría hasta el último día de 1843. Es evidente para todos que, si una parte del año 457 había transcurrido antes que se iniciasen los 2.300 días, esa misma parte del año 1844 debe transcurrir antes que terminen. Preguntamos entonces: ¿De qué punto del año 457 debemos empezar a contar? Del hecho de que los primeros 49 años se dedicaron a la construcción de la plaza y la muralla, deducimos que ese período debe arrancar, no del momento en que Esdras salió de Babilonia, sino del momento en que el trabajo se inició realmente en Jerusalén. Difícilmente pudo iniciarse ese trabajo antes del mes séptimo (otoño) de 457, puesto que Esdras no llegó a Jerusalén hasta el quinto mes del año. (Esdras 7:9.) Por lo tanto, todo el período se ha de extender hasta el séptimo mes del calendario judío, o sea el otoño de 1844.

Queda por fin explicada la portentosa declaración del ángel a Daniel: "Hasta dos mil y trescientos días de tarde y mañana; y el santuario será purificado." Al averiguar lo que significaban el santuario y su purificación, como también qué aplicación tenía ese plazo, hemos descubierto no sólo que este asunto puede comprenderse con facilidad, sino que el acontecimiento señalado está ahora mismo en pleno cumplimiento. Detengámonos aquí un breve momento para reflexionar en la solemne situación en que nos encontramos.

Hemos visto que el santuario de la era cristiana es el tabernáculo de Dios que está en los cielos, la casa que no fué hecha por manos humanas, donde el Señor ejerce su ministerio en favor de los pecadores penitentes, el lugar donde entre el gran Dios y su Hijo Jesucristo prevalece el "consejo de paz" para la salvación de los hombres que perecen. (Zacarías 6:13; Salmo 85:10.) Hemos visto que la purificación del santuario consiste en la eliminación de los pecados allí anotados, y es el acto final del ministerio que allí se realiza; que la obra de la salvación se concentra ahora en el santuario celestial; y que cuando el santuario haya sido purificado, la obra habrá terminado. Entonces habrá llegado a su terminación el gran plan de redención ideado cuando cayó el hombre. La misericordia no intercederá ya, y se oirá la gran voz que ha de salir del trono que está en el templo, y que dirá:

"Hecho es." (Apocalipsis 16:17.) ¿Qué sucederá entonces? Todos los justos tendrán el don de la vida eterna; todos los impíos estarán condenados a la muerte eterna. Ya no podrá cambiarse una sola decisión, no podrá perderse una sola recompensa, ni podrá alterarse un solo destino desesperado.

La solemne hora del juicio—Hemos visto (y es lo que nos hace sentir la solemnidad del juicio que se acerca a nuestra propia puerta) que llegó a su término aquel largo período que había de señalar el comienzo de la obra final que debía realizarse en el santuario celestial. Sus días acabaron en 1844. Desde aquella fecha se ha estado llevando a cabo esa obra final para la salvación del hombre. Ella entraña el examen del carácter de cada hombre, porque consiste en la remisión de los pecados de aquellos que sean hallados dignos de que se les remitan, y determina quiénes de entre los muertos son dignos de resucitar. También decide quiénes de entre los vivos serán transformados cuando venga su Señor, y quiénes, tanto de entre los vivos como de entre los muertos, serán dejados para que tengan su parte en las terribles escenas de la segunda muerte. Todos pueden ver que una decisión tal debe ser tomada antes que aparezca el Señor.

El destino de cada uno quedará determinado por las acciones que haya hecho en el cuerpo, y cada uno será recompensado de acuerdo con sus obras. (2 Corintios 5:10; Apocalipsis 22:12.) En los libros de registro que llevan en el cielo los escribas celestiales, se encuentran anotadas las acciones de cada ser humano. (Apocalipsis 20:12.) En la obra final que se lleva a cabo en el santuario se examinan estas anotaciones, y las decisiones se hacen de acuerdo con lo hallado allí. (Daniel 7:9, lo.) Es natural suponer que el juicio debió empezar con los primeros miembros de la familia humana, que sus casos fueron examinados primero y una decisión tomada al respecto, y así sucesivamente con todos los muertos, generación tras generación, en sucesión cronológica, hasta que llegamos a la última, la de los vivos, con cuyos casos la obra terminará.

Nadie puede saber cuándo se habrán examinado los casos de todos los muertos y se pasará a los de los vivos. Pero esta obra solemne se ha estado realizando desde 1844. Lo que las figuras y la misma naturaleza de la obra nos permiten vislumbrar es que esa obra ya no puede durar mucho. En sus sublimes visiones de las escenas celestiales, Juan vio a millones de asistentes ayudando a nuestro Señor en su obra sacerdotal. (Apocalipsis 5.) Así sigue adelante el ministerio. No cesa ni se demora, y pronto habrá de terminar para siempre.

Aquí nos hallamos, pues, frente a la última crisis de la familia humana, que ha de ser también la mayor y la más solemne. Es inmediatamente inminente. El plan de la redención está por terminarse. Casi se han agotado los últimos preciosos años de gracia. El Señor está por venir a salvar a quienes estén listos y aguardándole, y a anonadar a los indiferentes e incrédulos. Pero ¡ay! ¿qué diremos del mundo? Seducidos por el error, afiebrados por los cuidados y los negocios, enloquecidos por los placeres y paralizados por los vicios, sus habitantes no tienen un momento para escuchar la verdad solemne ni para pensar en sus intereses eternos. Que los hijos de Dios, que piensan en la eternidad, procuren con diligencia escapar a la corrupción que hay en el mundo por la concupiscencia, y se preparen para soportar el examen escrutador de sus casos cuando sean presentados ante el tribunal celestial. Sean diligentes en su obra de amonestar a los pecadores acerca de la ira venidera, y de conducirlos al Salvador amante que intercede por ellos.

A todo aquel que estudie la profecía recomendamos que considere con cuidadosa atención el tema del santuario y su servicio. En el santuario se ve el arca del testamento de Dios, que contiene su santa ley. Esto sugiere una reforma en nuestra obediencia a esa gran norma de moralidad. La apertura del templo celestial, o comienzo del servicio en su segundo departamento, señala el principio de la proclamación hecha por el séptimo ángel. (Apocalipsis 11:15, 19.) La obra cumplida allí es el fundamento del mensaje del tercer ángel de Apocalipsis 14, el último mensaje de misericordia a un mundo que perece. Este tema del santuario pone armonía y claridad en los cumplimientos proféticos pasados que sin él quedan envueltos en la obscuridad más impenetrable. Nos da una idea definida del puesto y la obra de nuestro gran Sumo Sacerdote, y hace resaltar el plan de salvación en sus características distintivas y hermosas. Nos emplaza, como ningún otro tema, ante las realidades del juicio, y nos muestra la preparación que necesitamos para poder subsistir en el día que se acerca. Nos muestra que estamos en el tiempo de espera, y nos incita a velar, porque no sabemos cuán pronto la obra terminará y nuestro Señor vendrá. Velad, no sea que viniendo de repente os halle durmiendo.

Después de presentar los grandes sucesos relacionados con la misión de nuestro Señor aquí en la tierra, el profeta habla, en la última parte de Daniel 9:27, de la destrucción de Jerusalén por la potencia romana; y finalmente de la destrucción de esa misma potencia, a la que una nota marginal llama "asoladora."

Notas del Capítulo 9

[1] Guillermo Hales, "A New Analysis of Chronology," tomo 2, pág. 517.

[2] Nicolás de Cusa, "Conjectures of Cardinal Nicholas von Cusa Concerning the Last Days," pág. 934.

[3] Moisés Stuart, "Hints on the Interpretation of Prophecy," pág. 74.

[4] Véase Eduardo B. Elliott, "Horae Apocalypticae," tomo 3, pág. 234, notas 2-6.

[5] Véase S. Bliss, "Analysis of Sacred Chronology," pigs. 180, 182; Karl Wieseler, "A Chronological Synopsis of the Four Gospels," págs. 164-247.

[6] Humphrey Prideaux, "The Old and New Testament Connected in the History of the Jews," tomo 1, pág. 322.

[7] Guillermo Hales "A New Analysis of Chronology," tomo 1, pág. 94.

[8] Id., págs. 69, 70.

[*] El vocablo hebreo "chattath," que se traduce "pecado" en Daniel 9:24, denota el pecado o la ofrenda por el pecado. En Levítico 4; 3 hay un ejemplo del empleo de la misma palabra en ambos sentidos en el mismo versículo: "Ofrecerá... por su pecado... un becerro para su expiación." Se usa la misma palabra hebrea para ambas expresiones "pecado" y "expiación." Tal es el uso común en todos los libros levíticos, inclusive el capítulo 16 de Levítico y otras partes del Antiguo Testamento. Es, por lo tanto, claro que se la puede usar en el sentido de ofrendas por el pecado en Daniel 9:24, porque concluyeron ciertamente las ofrendas para el pecado cuando se ofreció el gran sacrificio en la cruz. — Comisión revisora.

[**] Los años del reinado de Artajerjes se cuentan entre las fechas históricas que con más facilidad se establecen. El Canon de Tolomeo, con su lista de reyes y de observaciones astronómicas, las Olimpíadas de los griegos y las alusiones que se hacen a los asuntos persas en la historia griega son cosas que se combinan para determinar en forma incontrovertible el año séptimo de Artajerjes. Véase sir Isaac Newton, "Observations Upon the Prophecies of Daniel," págs. 154-157. —Comisión revisora.

[***] Abundan las pruebas históricas que autorizan la adopción del año 27 de nuestra era como fecha del bautismo de Cristo. Véase S. Bliss, "Sacred Chronology," pág. 180; "New International Encyclopedia," art. "Jesus Christ;" Karl Wieseler, "A Chronological Synopsis of the Four Gospels," págs. 164-247.

[****] Lucas declara que cuando "Jesús comenzaba a ser como de treinta años" (Lucas 3:23), fue bautizado; y casi inmediatamente después inició su ministerio. ¿Cómo pudo iniciar su ministerio en el año 27 de nuestra era y tener, sin embargo, sólo treinta años? La solución de este problema se encuentra en el hecho de que Cristo nació entre tres o cuatro años antes del comienzo de la era cristiana, es decir antes del año llamado el primero de dicha era. El error cometido al datar el comienzo de la era con un

poco más de tres años de atraso, en vez de hacerla arrancar en el año exacto del nacimiento de Cristo, se produjo así: Una de las eras antiguas más importantes arrancaba de la fundación de Roma, "ab urbe condita," que se abreviaba A.U.C., o aún más, asi: U.C. En el año 532 de nuestra era actual, Dionisio el Exiguo, abate romano de origen escita que floreció durante el reinado de Justiniano, inventó la era cristiana. De acuerdo con los mejores datos de que disponía, colocó el nacimiento de Cristo en 753 U.C. Pero Cristo nació antes de la muerte de Herodes, que ocurrió en abril de 750 U.C. Si concedemos algunos meses a los sucesos registrados en la vida de Cristo antes que muriera Herodes, su nacimiento se remonta a la última parte del año 749 U.C., o sea un poco más de tres años antes del año 1 de nuestra era. Cristo tenía, pues, treinta años en el año 27. "La era vulgar empezó a regir en el Occidente hacia el tiempo de Carlos Martel y el papa Gregorio II. en 730; pero no fué sancionada por Actas o Rescritos públicos hasta el primer Sínodo Alemán, en tiempo de Carlomán, duque de los francos, sínodo que en el prefacio se declara congregado en el 'Anno ab Incarnatione Dom. 742, 11 Calendas Maii.' Sin embargo, esa era no fué establecida antes del tiempo del papa Eugenio IV, en 1431, quien ordenó que se la siguiese en loa registros públicos segun Mariana y otros."—Guillermo Hales, "A New Analysis of Chronology," tomo 1, pág. 84. (Véase también Samuel J. Andrews, "Life of Our Lord Upon the Earth," págs. 29, 30.) Cuándo se descubrió el error, la era cristiana había llegado a ser de uso tan común que no se intentó corregirla. Ello no importa, pues la equivocación no afecta el cálculo de las fechas. Sí la era se iniciase con el año exacto del nacimiento de Cristo, contaría con cuatro años menos; y la anterior a Cristo, con cuatro años más. Lo ilustraremos así: Si un período de veinte años abarca diez antes de la era cristiana y diez en ella, decimos que empezó en el año 10 ant. de J.C. y terminó en el año 10 de J.C. Pero si colocamos el punto de partida de la era realmente en el nacimiento de Cristo, no cambiará el término del periodo. Este empezará en el año 6 ant. de J.C. y llegará hasta el 14 de J.C. Es decir que cuatro años se quitarían a la época ant. de J.C. y se añadirían cuatro años al corriente, para darnos el verdadero de la era cristiana. Así sería si el cálculo arrancase de la fecha real del nacimiento de Cristo. Pero tal no es el caso, pues el punto de partida se sitúa tres o cuatro años más tarde. —Comisión revisora

Capítulo 10—Dios Interviene en los Asuntos del Mundo

VERS. 1: En el tercer año de Ciro rey de Persia, fué revelada palabra a Daniel, cuyo nombre era Beltsasar; y la palabra era verdadera, mas el tiempo fijado era largo: él empero comprendió la palabra, y tuvo inteligencia en la visión.

ESTE versículo introduce la última visión del profeta Daniel que haya sido registrada, pues la instrucción que le fué impartida en esta ocasión continúa en Daniel 11 y 12. Se supone que la muerte de Daniel se produjo poco después, ya que tenía, según Prideaux, por lo menos noventa años de edad.

VERS. 2, 3: En aquellos días yo Daniel me contristé por espacio de tres semanas. No comí pan delicado, ni entró carne ni vino en mi boca, ni me unté con ungüento, hasta que se cumplieron tres semanas de días.

El pesar de Daniel—La expresión tres semanas de días se emplea aquí para distinguir este tiempo de las semanas de años que se presentaron en el capítulo anterior.

¿Por qué razón se humillaba así y afligía su alma este anciano siervo de Dios? Evidentemente para conocer mejor el propósito divino acerca de los sucesos que habían de acontecer a la iglesia de Dios. El mensajero divino enviado para instruirle dice:

"Desde el primer día que diste tu corazón a entender." (Vers. 12.) Había, pues, todavía algo que Daniel no entendía. ¿Qué era? Indudablemente era alguna parte de la visión anterior, la de Daniel 9 y por lo tanto de Daniel 8, ya que el capítulo 9 es explicación del anterior. Como resultado de su súplica, recibe ahora información más detallada acerca de los acontecimientos incluidos en los grandes esbozos de sus visiones anteriores.

La aflicción del profeta iba acompañada de un ayuno que, sin ser una abstinencia completa, consistía en consumir sólo los alimentos más sencillos. No comió "pan delicado," ni manjares refinados; no ingirió carne ni vino; no ungió su cabeza, lo cual era para los judíos un indicio de ayuno. No sabemos cuánto tiempo habría continuado ayunando si su oración no hubiese recibido respuesta; pero el hecho de que perseverara tres semanas en ese proceder indica que no era persona capaz de cesar en sus súplicas antes de recibir lo que pedía.

VERS. 4-9: Y a los veinte y cuatro días del mes primero estaba yo a la orilla del gran río Hiddekel; y alzando mis ojos miré, y he aquí un varón vestido de lienzos, y ceñidos sus lomos de oro de Uphaz: y su cuerpo era como piedra de Tarsis, y su rostro parecía un relámpago, y sus ojos como antorchas de fuego, y sus brazos y sus pies como de color de metal resplandeciente, y la voz de sus palabras como la voz de ejército. Y sólo yo, Daniel, vi aquella visión, y no la vieron los hombres que estaban conmigo; sino que cayó sobre ellos un gran temor, y huyeron y escondiéronse. Quedé pues yo solo, y vi esta gran visión, y no quedó en mí esfuerzo; antes mi fuerza se me trocó en desmayo, sin retener vigor alguno. Empero oí la voz de sus palabras: y oyendo la voz de sus palabras, estaba yo adormecido sobre mi rostro, y mi rostro en tierra.

En la versión siríaca la palabra Hiddekel se aplica al río Eufrates; en la Vulgata, como en la versión griega y la arábiga, la palabra se aplica al Tigris. Por lo tanto, algunos concluyen que el profeta tuvo esta visión en la confluencia de estos dos ríos, cerca del golfo Pérsico.

En esta ocasión visitó a Daniel un ser muy majestuoso. La descripción que de él se da aquí es comparable a la que se hace de Cristo en Apocalipsis 1:14-16. Además, como la aparición tuvo sobre Daniel un efecto similar al que experimentaron Pablo y sus compañeros cuando el Señor se les presentó en el camino a Damasco (Hechos 9:1-7), deducimos que fué Cristo mismo quien apareció a Daniel. En el vers. 13 se nos comunica que Miguel vino a asistir a Gabriel para influir en el rey de Persia. ¡Cuán natural era, pues, que se manifestase a Daniel en esa ocasión!

VERS. 10-12: Y, he aquí, una mano me tocó, e hizo que me moviese sobre mis rodillas, y sobre las palmas de mis manos. Y díjome: Daniel, varón de deseos [muy amado, V. M.], está atento a las palabras que te hablaré, y levántate sobre tus pies; porque a ti he sido enviado ahora. Y estando hablando conmigo esto, yo estaba temblando. Y díjome: Daniel, no temas: porque desde el primer día que diste tu corazón a entender, y a afligirte en la presencia de tu Dios, fueron oídas tus palabras; y a causa de tus palabras yo soy enviado.

Gabriel alienta a Daniel— Después que Daniel hubo caído ante la majestuosa aparición de Cristo, el ángel Gabriel, quien es obviamente el que habla en los vers. 11-13, puso su mano sobre él para infundirle seguridad y confianza. Le dijo a Daniel que era hombre muy amado. ¡Admirable declaración! ¡Un miembro de la familia humana, de nuestra misma raza, amado, no simplemente en el sentido general en que Dios amó al mundo entero cuando dio a su Hijo para que muriese en favor de la humanidad, sino amado como individuo, y amado en gran manera! Bien pudo infundir confianza al profeta una declaración tal. Le dice, además, el ángel, que ha venido con el propósito de conversar con él, y desea poner su ánimo en condición de comprender sus palabras. Así alentado, el profeta santo y amado seguía, sin embargo, temblando delante del ángel.

"Daniel, no temas," continuó diciendo Gabriel. No tenía motivo de temer delante de él, aunque era un ser celestial, pues había sido enviado a él porque era muy amado y en respuesta a su ferviente oración. Ninguno de los hijos de Dios, cualquiera que sea la época a la cual pertenezca, debe sentir un temor servil hacia ninguno de esos agentes enviados para ayudarle a obtener la salvación. Son, sin embargo, demasiados los que tienden a considerar a Jesús y sus ángeles como severos ministros de la justicia, en vez de seres amables que obran fervientemente por su salvación. La presencia de un ángel, si les apareciese corporalmente, los llenaría de terror, y el pensamiento de que Jesús ha de venir pronto los angustia y alarma. Recomendamos a los tales que tengan mayor medida de aquel amor perfecto que echa fuera todo temor.

VERS. 13: Mas el príncipe del reino de Persia se puso contra mí veintiún días; y he aquí, Miguel, uno de los principales príncipes, vino para ayudarme, y yo quedé allí con los reyes de Persia. Gabriel demorado por el rey de Persia.

--¡Cuán a menudo las oraciones de los hijos de Dios son oídas a pesar de que no hay aparente respuesta! Así sucedió en el caso de Daniel. El ángel le dijo que desde el primer día que dió su corazón a entender, fueron oídas sus palabras. Pero Daniel continuó afligiendo su alma con ayuno, y luchando con Dios durante tres semanas enteras, sin tener noción de que su petición había sido atendida. ¿A qué se debía la demora? El rey de Persia resistía al ángel. La respuesta a la oración de Daniel entrañaba cierta acción de parte del rey. Debía inducírsele a efectuar esa acción. Se refería indudablemente a la obra que debía hacer, y que ya había comenzado, en favor del templo de Jerusalén y de los judíos, pues su decreto para edificar ese templo era el primero de una serie que finalmente constituyó aquel notable mandamiento de restaurar y edificar Jerusalén, cuya salida debía marcar el comienzo del gran período profético de los 2.300 días. El ángel fue enviado para inducirle a ir adelante de acuerdo con la voluntad divina.

¡Cuán poco sabemos de lo que sucede en el mundo invisible en relación con los asuntos humanos! Aquí se alza por un momento el telón, y obtenemos una vislumbre de los movimientos interiores. Daniel ora. El Creador del universo le oye. Da a Gabriel orden de ir en su auxilio. Pero el rey de Persia debe actuar antes que la oración de Daniel sea contestada, y el ángel se dirige apresuradamente adonde está el rey de Persia. Satanás reúne indudablemente sus fuerzas para oponérsele. Se encuentran en el palacio real de Persia. Todos los motivos de interés egoísta y de política mundana que puede desplegar Satanás son empleados sin duda ventajosamente para influir en el rey a fin de que no cumpla la voluntad de Dios, mientras que Gabriel ejerce su influencia en el otro sentido. El rey lucha entre emociones encontradas. Vacila y pone dilación. Pasa un día tras Otro, y Daniel sigue orando. El rey continúa rehusándose a ceder a la influencia del ángel. Transcurren tres semanas, y he aquí que un ser más poderoso que Gabriel se reúne con él en el palacio del rey, y luego ambos se dirigen adonde está Daniel, para enterarle del progreso de los acontecimientos. Desde el principio, dice Gabriel, tu oración fue oída; pero durante esas tres semanas que dedicaste a la oración y al ayuno, el rey de Persia resistió mi influencia, y ello me impidió venir.

Tal fue el efecto de la oración. Desde el tiempo de Daniel, Dios no erigió barreras entre sí y sus hijos. Siguen teniendo el privilegio de elevar oraciones tan fervientes y eficaces como las de él y de ser, como Jacob, poderosos con Dios y prevalecer.

¿Quién era Miguel, que acudió en ayuda de Gabriel? El nombre significa: "El que es como Dios," y las Escrituras demuestran claramente que Cristo es el que lleva ese nombre. Judas (vers. 9) declara que Miguel es el Arcángel, palabra que significa "jefe o cabeza de los ángeles," y en nuestro texto Gabriel le llama "uno de los principales príncipes" (o como dice una nota marginal, "el principal príncipe"). No puede haber más que un arcángel, y por lo tanto es manifiestamente incorrecto usar el vocablo en plural como lo hacen algunos. Nunca lo usan así las Escrituras. En 1 Tesalonicenses 4:16, Pablo dice que cuando el Señor venga por segunda vez y resucite los muertos, se oirá la voz del arcángel. ¿De quién es la voz que se oye cuando resucitan los muertos? Es la voz del Hijo de Dios. (Juan 5:28.) Cuando se consideran estos pasajes de la Escritura en conjunto, demuestran que los muertos son resucitados por la voz del Hijo de Dios, que la voz que se oye entonces es la voz del Arcángel, con lo que se prueba que el Arcángel es el Hijo de Dios; y el Arcángel se llama Miguel, de lo cual se desprende que Miguel es el Hijo de Dios. En el último versículo de Daniel 10, se le llama "vuestro príncipe," y en el primero de Daniel 12, "el gran príncipe que está por los hijos de tu pueblo." Estas son expresiones que se pueden aplicar en forma muy apropiada a Cristo, pero no a otro ser alguno.

VERS. 14: Soy pues venido para hacerte saber lo que ha de venir a tu pueblo en los postreros días; porque la visión es aún para días.

La expresión "la visión es aún para días," al hacer que penetre lejos en el futuro, y abarque aun lo que ha de acontecer al pueblo de Dios en los últimos tiempos, demuestra en forma concluyente que los 2.300 días mencionados en esa visión no pueden significar días literales sino años. (Véanse los comentarios sobre Daniel 9:25-27.)

VERS. 15-17: Y estando hablando conmigo semejantes palabras, puse mis ojos en tierra, y enmudecí. Mas he aquí, como una semejanza de hijo de hombre tocó mis labios. Entonces abrí mi boca, y hablé, y dije a aquel que estaba delante de mí: Señor mío, con la visión se revolvieron mis dolores sobre mi, y no me quedó fuerza. ¿Cómo pues podrá el siervo de sú señor hablar con este mi señor? porque al instante me faltó la fuerza, y no me ha quedado aliento.

Una de las características más notables de Daniel era la tierna solicitud que sentía hacia su pueblo. Habiendo llegado ahora a comprender claramente que la visión presagiaba largos siglos de persecución y sufrimiento para la iglesia, quedó tan afectado por lo que había visto que su fuerza le abandonó, y perdió tanto el aliento como el habla. La visión que menciona en el vers. 16 es sin duda la visión anterior, la de Daniel 8.

VERS. 18-21: Y aquella como semejanza de hombre me tocó otra vez, y me confortó; y dijome: Varón de deseos, no temas: paz a ti; ten buen ánimo, y aliéntate. Y hablando él conmigo cobré yo vigor, y dije: Hable mi señor, porque me has fortalecido. Y dijo; ¿Sabes por qué he venido a ti? Porque luego tengo de volver para pelear con el príncipe de los Persas; y en saliendo yo, luego viene el príncipe de Grecia. Empero yo te declararé lo que está escrito en la escritura de verdad: y ninguno hay que se esfuerce conmigo en estas cosas, sino Miguel vuestro príncipe.

El profeta queda al fin fortalecido para oír toda la comunicación que el ángel tiene que impartirle. Gabriel dice: "¿Sabes por qué he venido a ti?" ¿Entiendes mi propósito como para no temer ya? Le anuncia luego su intención de volver a luchar con el rey de Persia tan pronto como termine su comunicación. La palabra hebrea 'im', que significa "con," se traduce en la Septuaginta por el griego meta, que no significa "contra" sino "en común, juntamente con;" es decir que el ángel iba a estar del lado del reino persa mientras conviniese a la providencia de Dios que dicho reino continuase existiendo. "Y en saliendo yo-explicó Gabriel,-luego viene el príncipe de Grecia." O en otras palabras, cuando retirase su apoyo al reino, y la providencia de Dios obrase en favor de otro reino, vendría el príncipe de Grecia, y caería la monarquía de Persia.

Anunció luego Gabriel que sólo Miguel el Príncipe entendía con él los asuntos que estaba por comunicar. Cuando los hubo explicado a Daniel, había en el universo cuatro seres que poseían el conocimiento de estas verdades importantes: Daniel, Gabriel, Cristo y Dios. Se destacan cuatro eslabones en esa cadena de testigos: el primero, Daniel, es miembro de la familia humana; el último, es Jehová, Dios sobre todos.

Capítulo 11—El Futuro Desenvuelto

VERS. 1, 2: Y en el año primero de Darío el de Media, yo estuve para animarlo y fortalecerlo. Y ahora yo te mostraré la verdad. He aquí que aun habrá tres reyes en Persia, y el cuarto se hará de grandes riquezas más que todos; y fortificándose con sus riquezas, despertará a todos contra el reino de Javán.

ENTRAMOS ahora en una profecía de acontecimientos futuros que no se velan en figuras y símbolos, como en las visiones de Daniel 2, 7 y 8, sino que se dan en lenguaje claro. Aquí se presentan muchos de los sucesos más destacados de la historia del mundo desde los días de Daniel hasta el fin del mundo. Esta profecía, como dice Tomás Newton, puede llamarse apropiadamente un comentario y explicación de la visión de Daniel 8. Con esta declaración demuestra el nombrado comentador cuán claramente percibía la relación que había entre esa visión y el resto del libro de Daniel.[1]

La última visión de Daniel interpretada— Después de explicar que durante el primer año de Darío, había estado a su lado para animarlo y fortalecerlo, el ángel Gabriel dedica su atención a lo futuro. Darío había muerto, y ahora reinaba Ciro. Habría todavía tres reyes en Persia, indudablemente sucesores inmediatos de Ciro. Fueron: Cambises, hijo de Ciro; Esmerdis, un impostor; y Darío Histaspes.

Jerjes invade a Grecia— El cuarto rey después de Ciro fué Jerjes, hijo de Darío Histaspes. Fué famoso por sus riquezas, en cumplimiento directo de la profecía que anunciaba: "Se hará de grandes riquezas más que todos." Resolvió conquistar a Grecia, y para ello organizó un poderoso ejército que, según Herodoto, contaba con 5.283.220 hombres.

Jerjes no se conformó con movilizar el Oriente solamente, sino que obtuvo también el apoyo de Cartago en el Occidente.

El rey persa tuvo éxito contra Grecia en la famosa batalla de las Termópilas; pero el poderoso ejército pudo invadir el país solamente cuando los trescientos valientes espartanos que defendían el paso fueron traicionados. Jerjes sufrió finalmente una derrota desastrosa en Salamina en el año 480 ant. de J.C., y el ejército persa regresó a su país.

VERS. 3, 4: Levantaráse luego un rey valiente, el cual se enseñoreará sobre gran dominio, y hará su voluntad. Pero cuando estará enseñoreado, será quebrantado su reino, y repartido por los cuatro vientos del cielo; y no a sus descendientes, ni según el señorío con que él se enseñoreó: porque su reino será arrancado, y para otros fuera de aquellos.

Jerjes fué el último rey de Persia que invadió a Grecia; de modo que la profecía pasa por alto nueve príncipes menores para introducir al "rey valiente," Alejandro Magno.

Después de derribar el imperio persa, Alejandro "llegó a ser señor absoluto de aquel imperio en la mayor extensión que haya poseído alguna vez cualquiera de los reyes persas."[2] Su dominio abarcaba "la mayor parte del mundo habitable entonces conocido." ¡Con cuánta exactitud se le describió como "rey valiente, el cual se enseñoreará sobre gran dominio, y hará su voluntad"! Pero agotó sus energías en las orgías y borracheras, y cuando murió en 323 ant. de J.C., sus proyectos vanagloriosos y ambiciosos quedaron repentina y totalmente eclipsados. El Imperio Griego no fué heredado por los hijos de Alejandro. Pocos años después de su muerte, toda su posteridad había caído víctima de los celos y la ambición de sus principales generales, que desgarraron el imperio en cuatro partes. ¡Cuán breve es el tránsito del más alto pináculo de la gloria terrena a las mayores profundidades del olvido y la muerte! Los cuatro principales generales de Alejandro: Casandro, Lisímaco, Seleuco y Tolomeo, tomaron posesión del imperio.

"Después de la muerte de Antígono [301 ant. de J.C.], los cuatro príncipes confederados se repartieron sus dominios; y con esto todo el imperio de Alejandro quedó dividido en cuatro reinos. Tolomeo tuvo Egipto, Libia, Arabia, Celesiria y Palestina; Casandro, Macedonia y Grecia; Lisímaco, la Tracia, Bitinia y alguna de las otras provincias que había más allá del Helesponto y el Bósforo; y Seleuco todo el resto. Estos cuatro fueron los cuatro cuernos del macho cabrío mencionado en las profecías del profeta Daniel, que crecieron después de haberse quebrado el primer cuerno. Ese primer cuerno era Alejandro, rey de Grecia, que derribó el reino de los medos y persas; y los otros cuatro cuernos fueron esos cuatro reyes, que surgieron después de él y se dividieron el imperio. Fueron también las cuatro cabezas del leopardo, de las cuales se habla en otro lugar de las mismas profecías. Y sus cuatro reinos fueron las cuatro partes en que, según el mismo protesta, el 'dominio' del 'rey valiente' iba a ser 'repartido por los cuatro vientos del cielo,' entre esos cuatro reyes y 'no a sus descendientes,' pues ninguno de ellos pertenecía a su posteridad. Por lo tanto, con esta última partición del imperio de Alejandro, se cumplieron exactamente todas estas profecías."[3]

VERS. 5: Y haráse fuerte el rey del mediodía: más uno de los príncipes de aquél le sobrepujará, y se hará poderoso; su señorío será grande señorío.

El rey del sur— En el resto de este capítulo se mencionan a menudo el rey del norte y el rey del sur. Por lo tanto, es esencial identificar claramente estas potencias para que se pueda comprender la profecía. Cundo el imperio de Alejandro quedó dividido, sus diferentes porciones se extendían hacia los cuatro vientos del cielo: al norte, al sur, al este y al oeste. Estas divisiones tenían especialmente estas direcciones cuando se las observaba desde Palestina, parte central del imperio. La división que se hallaba al oeste de Palestina constituiría el reino del oeste; la que se encontraba al norte, sería el reino del norte; la situada al este, el reino del este; y la que se extendía al sur sería el reino del sur.

Durante las guerras y revoluciones que siguieron a través de los siglos, cambiaron con frecuencia los límites geográficos, o fueron borrados y se instituyeron nuevos. Pero cualesquiera que fuesen los cambios efectuados, estas primeras divisiones del imperio son las que deben determinar los nombres que desde entonces llevarán esas porciones del territorio, o no tendremos base ni norma para probar la aplicación de la profecía. En otras palabras, cualquiera que fuese la potencia que en un momento determinado ocupase el territorio que al principio constituyó el reino del norte, esa potencia iba a ser el rey del norte mientras ocupase ese territorio. Cualquier potencia que llegase a ocupar lo que al principio constituyó el reino del sur, sería mientras tanto el rey del sur. Hablamos sólo de esos dos, porque son de aquí en adelante los únicos dos mencionados en la profecía, y porque, de hecho, todo el imperio de Alejandro se resolvió finalmente en esas dos divisiones.

Los sucesores de Casandro fueron pronto vencidos por Lisímaco; y su reino, que comprendía a Grecia y Macedonia, quedó anexado a Tracia. Lisímaco, a su vez, fue vencido por Seleuco, y Macedonia y Grecia fueron anexadas a Siria.

Estos hechos preparan el terreno para interpretar el texto que estudiamos. El rey del sur, Egipto, iba a ser fuerte. Tolomeo Sotero anexó a Egipto, Chipre, Fenicia, Caria, Cirene y muchas islas y ciudades. Así fué hecho fuerte su reino. Pero la expresión "uno de los príncipes de aquél" introduce a otro de los príncipes de Alejandro. Debe referirse a Seleuco Nicátor, quien, como ya se ha declarado, al anexar Macedonia y Tracia a Siria llegó a poseer tres de las cuatro partes del dominio de Alejandro, y estableció un reino más poderoso que el de Egipto.

VERS. 6: Y al cabo de años se concertarán, y la hija del rey del mediodía vendrá al rey del norte para hacer los conciertos. Empero ella no podrá retener la fuerza del brazo: ni permanecerá él, ni su brazo; porque será entregada ella, y los que la habían traído, asimismo su hijo, y los que estaban de parte de ella en aquel tiempo.

El Rey del norte— Hubo frecuentes guerras entre los reyes de Egipto y los de Siria. Las hubo especialmente entre Tolomeo Filadelfo, segundo rey de Egipto, y Antíoco Theos, tercer rey de iria. Acordaron finalmente hacer la paz a condición de que Antíoco repudiase a su primera esposa, Laodice, y sus dos hijos, y se casase con Berenice, hija de Tolomeo Filadelfo. En cumplimiento de esto, Tolomeo llevó su hija a Antíoco, y con ella le otorgó una inmensa dote.

"Empero ella no podrá retener la fuerza del brazo;" es decir, no continuará manifestándose en su favor el interés y poder de Antíoco. Así resultó; porque poco después, Antíoco hizo volver a la corte a su esposa anterior, Laodice, y sus hijos. Luego la profecía dice: "Ni permanecerá él [Antíoco], ni su brazo," o posteridad. Laodice, al recuperar el favor y el poder, temió que la inconstancia de Antíoco pudiese hacerla caer otra vez en desgracia llamando de nuevo a Berenice. Habiendo concluído que sólo la muerte de él podía protegerla eficazmente contra una tal contingencia, lo hizo envenenar poco después. Tampoco los hijos que tuvo de Berenice le sucedieron en el reino, porque Laodice arregló los asuntos de tal manera que obtuvo el trono para su hijo mayor Seleuco Calinico.

"Porque será entregada ella [Berenice]." No se contentó Laodice con envenenar a su esposo Antíoco, sino que hizo matar a Berenice y su hijo todavía en la infancia. "Los que la habían traído." Todos sus asistentes y mujeres de Egipto, al procurar defenderla, fueron muertos con ella. "Asimismo su hijo," fué muerto por orden de Laodice. "Y los que estaban de parte de ella en aquel tiempo," se refiere claramente a su esposo y a los que la defendieron.

VERS. 7-9: Mas del renuevo de sus raíces se levantará uno sobre su silla, y vendrá con ejército, y entrará en la fortaleza del rey del norte, y hará en ellos a su arbitrio, y predominará. Y aun los dioses de ellos, con sus príncipes, con sus vasos preciosos de plata y de oro, llevará cautivos a Egipto: y por años se mantendrá él contra el rey del norte. Así entrará en el reino el rey del mediodía, y volverá a su tierra.

El renuevo brotado de las mismas raíces que Berenice, fué su hermano Tolomeo Evérgetes. Sucedió a su padre en el trono de Egipto, y apenas se hubo instalado en él que, sintiendo el ardiente deseo de vengar a su hermana, reunió un ejército inmenso e invadió el territorio del rey del norte, Seleuco Calinico, quien reinaba con su madre en Siria. Prevaleció contra él, hasta el punto de conquistar a Siria, Cilicia, las regiones que estaban más allá que la parte superior del Eufrates y hacia el este hasta Babilonia. Pero al saber que una sedición había estallado en Egipto y exigía su regreso allí, saqueó el reino de Seleuco llevándose 40.000 talentos de plata y 2.500 imágenes de los dioses. Entre ellas había imágenes que antaño Cambises se había llevado de Egipto a Persia. Los egipcios, completamente entregados a la idolatría, otorgaron a Tolomeo el título de Evérgetes, el Bienhechor, en agradecimiento por haberles devuelto sus dioses que habían estado tantos años cautivos.

"Todavía nos quedan escritos que confirman varios de estos detalles--dice Tomás Newton.-Apiano nos informa de que, habiendo Laodice hecho matar a Antíoco, y después de él a Berenice y su hijo, Tolomeo, hijo de Filadelfo, invadió a Siria para vengar estos homicidios, mató a Laodice y avanzó hasta Babilonia. De Polibio aprendemos que Tolomeo, de sobrenombre Evérgetes, enfureciéndose por el trato cruel que recibiera su hermana, penetró en Siria con un ejército y tomó la ciudad de Seleucia, que fué después custodiada durante algunos años por guarniciones de los reyes de Egipto. Así entró 'en la fortaleza del rey del norte.' Polieno afirma que Tolomeo se adueñó de toda la región que se extiende desde el monte Tauro hasta la India sin guerra ni batalla; pero por error lo atribuye al padre en vez del hijo. Justino asevera que si Tolomeo no hubiese sido llamado de vuelta a Egipto por una sedición doméstica, se habría posesionado de todo el reino de Seleuco. De modo que el rey del sur penetró en el reino del norte, y luego regresó a su propia tierra.

Igualmente duró 'más años que el rey del Norte,' (como dice la Versión Moderna, Vers. 8.); pues Seleuco Calinico murió en el destierro, de una caída de caballo y Tolomeo Evérgetes le sobrevivió cuatro o cinco años."[4]

VERS. 10: Mas los hijos de aquél se airarán, y reunirán multitud de grandes ejércitos: y vendrá a gran priesa, e inundará, y pasará, y tornará, y llegará con ira hasta su fortaleza.

La primera parte de este versículo habla de los hijos, en plural; la última, de uno, en singular. Los hijos de Seleuco Calinico fueron Seleuco Cerauno y Antíoco Magno. Ambos emprendieron con celo la tarea de justificar y vengar la causa de su padre y su país. El mayor de estos hijos, Seleuco, subió primero al trono. Congregó una gran multitud para recobrar los dominios de su padre; pero fue envenenado por sus generales después de un reinado corto y nada glorioso. Su hermano Antíoco Magno, que era más capaz que él, fue entonces proclamado rey. Se hizo cargo del ejército, recuperó Seleucia y Siria, y se hizo dueño de algunas plazas por tratado y de otras por la fuerza de las armas. Antíoco venció en batalla a Nicolás, el general egipcio, y pensaba invadir Egipto mismo. Pero hubo una tregua durante la cual ambos lados negociaron la paz, aunque preparándose para la guerra. Se trata ciertamente de un hijo que cumplió lo dicho: "Inundará, y pasará, y tornará."

VERS. 11: Por lo cual se enfurecerá el rey del mediodía, y saldrá, y peleará con el mismo rey del norte; y pondrá en campo gran multitud, y toda aquella multitud será entregada en su mano.

Conflicto entre el norte y el sur— Tolomeo Filopátor sucedió a su padre Evérgetes como rey de Egipto, y recibió la corona poco después que Antíoco Magno sucedió a su hermano en el gobierno de Siria. Era un príncipe amante de la comodidad y del vicio, pero al fin lo despertó la perspectiva de una invasión de Egipto por Antíoco. Se enfureció de veras por las pérdidas que había sufrido y el peligro que le amenazaba. Reunió un gran ejército para detener los progresos del rey sirio, pero también el rey del norte iba a poner "en campo gran multitud." El ejército de Antíoco, según Polibio, alcanzaba a 62.000 infantes, 6.000 jinetes y 102 elefantes. En este conflicto, o sea la batalla de Rafia, Antíoco fué derrotado, con casi 14.000 soldados muertos y 4.000 tomados prisioneros, y su ejército fué entregado en las manos del rey del sur, en cumplimiento de la profecía.

VERS. 12: Y la multitud se ensoberbecerá, elevaráse su corazón, y derribará muchos millares; mas no prevalecerá.

No supo Tolomeo aprovechar su victoria. Si hubiese llevado adelante sus ventajas, se habría adueñado probablemente de todo el reino de Antíoco; pero después de lanzar tan sólo algunas amenazas, hizo la paz para poder entregarse de nuevo a la ininterrumpida e irrefrenada satisfacción de sus pasiones brutales. Habiendo así vencido a sus enemigos, fué él mismo vencido por sus vicios, se olvidó del gran nombre que podría haber adquirido, y dedicó su tiempo a los banquetes y la sensualidad.

Su corazón se engrió por sus éxitos, pero distó mucho de ser fortalecido por ellos, pues el uso infame que hizo de sus recursos hizo que sus súbditos se rebelasen contra él. Pero el engreimiento de su corazón se manifestó especialmente en su trato con los judíos. Al venir a Jerusalén, ofreció sacrificios y quiso entrar en el lugar santísimo del templo, contra la ley y religión de los judíos. Al serle impedido esto, con gran dificultad, abandonó el lugar ardiendo de ira contra toda la nación de los judíos, e inmediatamente inició contra ellos una persecución implacable. En Alejandría, donde habían residido judíos desde los tiempos de Alejandro, y disfrutado privilegios como los ciudadanos más favorecidos, fueron muertos 40.000 según Eusebio, 60.000 según Jerónimo. La rebelión de los egipcios y la matanza de los judíos no fortalecieron ciertamente a Tolomeo en su trono, sino que contribuyeron más bien a arruinarlo.

VERS. 13: Y el rey del norte volverá a poner en campo mayor multitud que primero, y a cabo del tiempo de años vendrá a gran priesa con grande ejército y con muchas riquezas.

Los sucesos predichos en este versículo habían de acontecer "a cabo del tiempo de años." La paz concluída entre Tolomeo Filopátor y Antíoco Magno duró catorce años. Mientras tanto Tolomeo murió de su intemperancia y crápula, y le sucedió su hijo Tolomeo Epífanes, que tenía entonces cinco años. Antíoco suprimió la rebelión en su reino durante ese tiempo, y redujo a la obediencia las provincias orientales. Estaba pues libre para cualquier aventura cuando el joven Epífanes subió al trono de Egipto. Pensando que esta oportunidad era demasiado buena para no aprovecharla, reunió un inmenso ejército, "mayor multitud que primero," y se puso en marcha contra Egipto con la esperanza de obtener una victoria fácil contra el niño rey.

VERS. 14: Y en aquellos tiempos se levantarán muchos contra el rey del mediodía; e hijos de disipadores de tu pueblo se levantarán para confirmar la profecía, y caerán.

Antíoco Magno no fué el único que se levantó contra el niño Tolomeo. Agátocles, su primer ministro, que se había apoderado de la persona del rey y manejaba los asuntos del reino en su lugar, era tan disoluto y orgulloso en el ejercicio del poder que las provincias antes sujetas a Egipto se rebelaron. Egipto mismo se vió perturbado por sediciones, y los alejandrinos, levantándose contra Agátocles, le hicieron dar muerte a él, a su hermana, su madre y sus asociados. Al mismo tiempo, Felipe de Macedonia se coligó con Antíoco para dividirse con él los dominios de Tolomeo, proponiéndose cada uno tomar las porciones que le quedaban más cerca y convenientes. Todo esto constituía un levantamiento contra el rey del sur que bastaría para cumplir la profecía, y tuvo por resultado, sin duda alguna, los precisos eventos que la profecía anunciaba.

Pero un nuevo poder se introduce ahora: "Hijos de disipadores de tu pueblo," o literalmente, según Tomás Newton, "los hijos de los quebrantadores de tu pueblo.'[5] Allá lejos, en las riberas del Tíber, había un reino que venía albergando proyectos ambiciosos y sombríos designios. Pequeño y débil al principio, fué creciendo en fuerza y vigor con rapidez maravillosa, extendiéndose cautelosamente aquí y allí para probar su pujanza y adiestrar su brazo guerrero, hasta que cuando tuvo conciencia de su poder alzó audazmente la cabeza entre las naciones de la tierra, y con mano invencible empuñó el timón de los asuntos mundiales. Desde entonces el nombre de Roma se destaca en las páginas de la historia, pues está destinado a dominar el mundo durante largos siglos y a ejercer una poderosa influencia entre las naciones hasta el mismo fin del tiempo, de acuerdo con las profecías.

Habló Roma, y Siria y Macedonia no tardaron en encontrar que su sueño cambiaba de aspecto. Los romanos intervinieron en favor del joven rey de Egipto, resueltos a que se viese protegido de la ruina ideada por Antíoco y Felipe. Era en el ano 200 ant. de J.C., y fué una de las primeras intervenciones importantes de los romanos en los asuntos de Siria y Egipto. Rollin nos relata sucintamente el asunto de la siguiente manera:

"Antíoco, rey de Siria, y Felipe, rey de Macedonia, durante el reinado de Tolomeo Filopátor, habían manifestado el celo más enérgico por los intereses de aquel monarca, y estaban dispuestos a ayudarle en todas las ocasiones. Pero apenas murió, dejando tras sí a un niño, a quien por las leyes de la humanidad y la justicia no debieran haber molestado en la posesión del reino de su padre, se unieron inmediatamente en criminal alianza, y se incitaron mutuamente a eliminar al heredero legítimo y a repartirse sus dominios. Felipe debía recibir Caria, Libia, Cirenaica y Egipto; y Antíoco, todo el resto. Teniendo esto en vista, el último penetró en Celesiria y Palestina, y en menos de dos campanas realizó la conquista completa de esas dos provincias, con todas sus ciudades y dependencias. La culpa de ambos, dice Polibio, no habría sido tan flagrante si, como tiranos, se hubiesen esforzado por cubrir sus crímenes con alguna excusa capciosa; pero lejos de hacer esto, su injusticia y crueldad fueron tan descaradas que se les aplicaba lo que se dice generalmente de los peces, a saber que el grande se traga al chico, aunque sea de la misma especie. Uno se sentiría tentado, continúa diciendo el mismo autor, al ver tan abiertamente violadas las leyes de la sociedad, a acusar abiertamente a la Providencia de ser indiferente e insensible a los crímenes más horrendos; pero justificó ella plenamente su conducta al castigar a ambos reyes como lo merecían; e hizo en ellos tal escarmiento que debiera disuadir a otros de seguir su ejemplo en todos los siglos sucesivos. Porque mientras estaban meditando el despojo de un niño débil e impotente y arrebatándole su reino trozo a trozo, la Providencia suscitó contra ellos a los romanos que subvirtieron los reinos de Felipe y Antíoco, y redujeron a sus sucesores a calamidades casi tan grandes como aquellas con que se proponían aplastar al niño rey."[6]

"Para confirmar la profecía." Los romanos son, más que cualquier otro pueblo, tema de la profecía de Daniel. Su primera intervención en los asuntos de estos reinos se menciona aquí como el establecimiento o confirmación de la verdad de la visión que predecía la aparición de una potencia tal.

"Y caerán." Esta expresión la aplican algunos a los "muchos" mencionados en la primera parte del versículo, que se iban a coligar contra el rey del sur; y otros, a los disipadores del pueblo de Daniel, los romanos. Se aplica a ambos casos. Si se refiere a los que se combinaron contra Tolomeo, todo lo que se necesita decir es que cayeron rápidamente. Si se aplica a los romanos, la profecía señala simplemente el momento de su caída final.

VERS. 15: Vendrá pues el rey del norte, y fundará baluartes, y tomará la ciudad fuerte; y los brazos del mediodía no podrán permanecer, ni su pueblo escogido, ni habrá fortaleza que pueda resistir.

La educación del joven rey de Egipto fué confiada por el senado romano a Marcos Emilio Lépido, quien nombró como su tutor a Aristómenes, viejo y experimentado ministro de aquella corte. Su primer acto consistió en tomar medidas contra la amenaza de invasión por los dos reyes confederados, Felipe y Antíoco.

Con este fin envió a Scopas, famoso general de Etolia que servía entonces a los egipcios, a su país natal para obtener refuerzos armados. Después de equipar un ejército, penetró en Palestina y Celesiria (pues Antíoco estaba entonces guerreando con Atalo en Asia Menor) y sometió toda Judea a la autoridad de Egipto.

Así se ordenaron los acontecimientos para el cumplimiento del versículo que consideramos. Desistiendo de su guerra con Atalo a la orden de los romanos, Antíoco tomó rápidamente medidas para recobrar la Palestina y Celesiria de las manos de los egipcios. Fué enviado Scopas a hacerle frente. Cerca de las fuentes del Jordán, se encontraron los dos ejércitos. Scopas fué derrotado, perseguido hasta Sidón, y allí asediado estrechamente. Tres de los generales más capaces de Egipto, con sus mejores fuerzas, fueron enviados a levantar el sitio, pero sin éxito. Al fin, Scopas, hallando en el espectro del hambre un enemigo con el cual no podía contender, se vió obligado a rendirse con la deshonrosa condición de salvar la vida solamente. A él y sus 10.000 hombres se les permitió partir, despojados de todo e indigentes. Así se cumplió la predicción relativa al rey del norte: "Tomará la ciudad fuerte," porque Sidón era, por su posición y sus defensas, una de las ciudades más fuertes de aquellos tiempos. Así fué corno los brazos del sur no pudieron permanecer, ni el pueblo escogido por dicho reino, a saber, Scopas y sus fuerzas de Etolia.

VERS. 16: Y el que vendrá contra él, hará a su voluntad, ni habrá quien se le pueda parar delante; y estará en la tierra deseable, la cual será consumida en su poder.

Roma conquista a Siria y Palestina— Aunque Egipto no había podido subsistir delante de Antíoco Magno, el rey del norte, Antíoco Asiático no pudo subsistir delante de los romanos, que vinieron contra él. No había reinos que pudiesen resistir a la potencia naciente. Siria fué conquistada y añadida al Imperio Romano cuando Pompeyo, en 65 ant. de J.C., privó a Antíoco Asiático de sus posesiones y redujo a Siria a la condición de provincia romana.

La misma potencia se había de destacar también en la Tierra Santa y consumirla. Los romanos se relacionaron con el pueblo de Dios, los judíos, por alianza en 161 ant. de J- C. Desde entonces Roma ocupó un lugar eminente en el calendario profético. Pero no adquirió, sin embargo, jurisdicción sobre Judea por conquista efectiva hasta el año 63 ant. de J.C.

Al regresar Pompeyo de su expedición contra Mitridates Eupátor, rey del Ponto, dos competidores, hijos del sumo pontífice de los judíos en Palestina, Hircano y Aristóbulo, se hallaban luchando por la corona de Judea. Su causa fué presentada a Pompeyo, quien no tardó en percibir la injusticia de las pretensiones de Aristóbulo, pero deseó diferir la decisión del asunto hasta después de realizar la expedición que desde hacía mucho quería conducir al interior de Arabia. Prometió entonces volver y arreglar los asuntos de la manera más justa y propia. Aristóbulo, penetrando los verdaderos sentimientos de Pompeyo, se apresuró a regresar a Judea, armó a sus súbditos y se preparó para defenderse vigorosamente, resuelto a conservar a toda costa la corona que, según preveía, iba a ser adjudicada a otro. Después de su campaña de Arabia contra el rey Aretas, Pompeyo supo de aquellos preparativos bélicos y marchó contra Judea. Cuando se acercó a Jerusalén, Aristóbulo empezó a arrepentirse de su conducta, salió al encuentro de Pompeyo y procuró arreglar los asuntos mediante la promesa de someterse por completo y dar grandes sumas de dinero. Aceptó Pompeyo este ofrecimiento y envió a Gabinio con un destacamento de soldados para recibir el dinero. Pero cuando aquel lugarteniente llegó a Jerusalén, encontró las puertas cerradas, y se le dijo desde la cima de las murallas que la ciudad no ratificaba el arreglo.

Como no quería ser engañado así impunemente, Pompeyo encadenó a Aristóbulo y marchó inmediatamente contra Jerusalén con todo su ejército. Los partidarios de Aristóbulo querían defender la ciudad; los de Hircano preferían que se abriesen las puertas. Como estos últimos eran mayoría, prevalecieron, y se le dejó entrar libremente a Pompeyo en la ciudad, ante lo cual los adeptos de Aristóbulo se retiraron a la fortaleza del templo, tan resueltos a defender el lugar que Pompeyo se vió obligado a sitiarlo. Al cabo de tres meses se logró hacer en la muralla una brecha suficiente para dar el asalto, y el lugar fué tomado a punta de espada. En la terrible matanza que siguió, perecieron 12.000 personas. Era un espectáculo conmovedor, observa el historiador, ver a los sacerdotes, que en el momento se dedicaban al servicio divino, proseguir su obra acostumbrada con mano serena y propósito firme, aparentemente inconscientes del tumulto salvaje, hasta que su propia sangre se mezclaba con la de los sacrificios que ofrecían.

Después de acabar la guerra, Pompeyo demolió las murallas de Jerusalén, transfirió varias ciudades de la jurisdicción de Judea a la de Siria, e impuso tributo a los judíos. Por primera vez Jerusalén fué puesta por conquista en las manos de Roma, la potencia que había de retener a "la tierra deseable" en su férrea dominación hasta que fuese totalmente consumida.

VERS. 17: Pondrá luego su rostro para venir con el poder de todo su reino; y hará con aquel cosas rectas, y daréle una hija de mujeres para trastornarla: mas no estará ni será por él.

Tomás Newton nos proporciona otra traducción de este versículo, que parece expresar más claramente el sentido: "Asentará también su rostro para entrar por la fuerza en todo el reino."[7]

Roma invade el reino del sur— El vers. 16 nos llevó hasta la conquista de Siria y Judea por los romanos. Roma había conquistado anteriormente a Macedonia y Tracia. Egipto era ya lo único que quedaba de "todo el reino" de Alejandro que no hubiese sido reducido a sujeción del poder romano. Roma se decidió entonces a entrar por fuerza en la tierra de Egipto.

Tolomeo Auletes murió en 51 ant. de J.C. Dejó la corona y el reino de Egipto a la mayor de sus hijas sobrevivientes, Cleopatra y a su hijo mayor, Tolomeo XII, niño de nueve o diez años. Ordenaba en su testamento que debían casarse y reinar conjuntamente. Como eran jóvenes, fueron puestos bajo la custodia de los romanos. El pueblo romano aceptó el cargo, y designó a Pompeyo guardián de los tiernos herederos de Egipto.

Pronto estalló, entre Pompeyo y Julio César, una disputa que culminó en la famosa batalla de Farsalia. Pompeyo, derrotado, huyó a Egipto. César le siguió inmediatamente allí; pero antes de su llegada Pompeyo fué vilmente asesinado a instigación de Tolomeo. César asumió entonces la custodia de Tolomeo y Cleopatra. Halló a Egipto conmovido por disturbios internos, pues Tolomeo y Cleopatra se habían vueltos hostiles el uno hacia el otro, puesto que ella había quedado privada de su participación en el gobierno.

Como las dificultades aumentaban diariamente, César encontró insuficiente su pequeña fuerza para mantener su posición, y no pudiendo abandonar Egipto porque el viento norte prevalecía durante la estación, mandó venir de Asia todas las tropas que tenía en aquella región.

Julio César decretó que Tolomeo y Cleopatra licenciasen sus ejércitos, compareciesen delante de él para arreglar sus diferencias, y acatasen su decisión. Puesto que Egipto era un reino independiente, este decreto fué considerado como una afrenta a la dignidad real, y los egipcios enfurecidos tomaron las armas. César contestó que obraba autorizado por el testamento del padre de los príncipes, Tolomeo Auletes, quien había confiado a sus hijos a la custodia del senado y el pueblo de Roma.

El asunto fué llevado finalmente ante él, y se nombraron abogados para defender la causa de las partes respectivas. Conociendo Cleopatra la debilidad del gran general romano, decidió comparecer ante él en persona. Para llegar a su presencia sin ser vista, recurrió a la siguiente estratagema: Se acostó en una alfombra dentro de la cual la envolvió su criado siciliano Apolodoro, y después de atar el fardo con una correa, lo alzó a sus hombros hercúleos y se dirigió al alojamiento de César. Al aseverar que traía un presente para el general romano, fué admitido a la presencia de César y depositó su carga a sus pies. Cuando César desató este bulto animado, la hermosa Cleopatra se puso de pie delante de él.

Acerca de este incidente dice F. E. Adcock: "Cleopatra tenía derecho a ser oída si César iba a ser el juez, y se las arregló para llegar a la ciudad y hallar a un barquero que la llevase a él. Vino, vió y venció. A las dificultades militares que había para retirarse ante el ejército egipcio, se añadió el hecho de que César ya no quería irse. Tenía más de cincuenta años, pero conservaba una imperiosa susceptibilidad que evocaba la admiración de sus soldados. Cleopatra tenía veintidós años, era tan ambiciosa y de tan elevado temple como César mismo, y resultó ser una mujer a la cual podía comprender y admirar tanto como amarla."[8]

César decretó finalmente que el hermano y la hermana ocupasen conjuntamente el trono, de acuerdo con la voluntad de su padre. Pótimo, primer ministro del Estado, que había sido el principal responsable de que Cleopatra fuese expulsada del trono, temió su restauración. Empezó, por lo tanto, a despertar celos y hostilidad contra César, insinuando entre el populacho que se proponía dar eventualmente todo el poder a Cleopatra. No tardó en estallar una sedición. Los egipcios intentaron destruir la flota romana. César contestó quemando la de ellos. Como algunos de los barcos incendiados fueron empujados contra el muelle, se incendiaron varios edificios de la ciudad, y quedó destruída la famosa biblioteca de Alejandría, que contenía casi 400.000 tomos. Antípater el Idumeo se le unió con 3.000 judíos. Estos, que ocupaban los pasos fronterizos que daban entrada a Egipto, dejaron pasar al ejército romano sin interceptarlo. La llegada de este ejército de judíos bajo Antípater ayudó a decidir la contienda.

Cerca del Nilo, se peleó una batalla decisiva entre las flotas de Egipto y de Roma, y resultó en una victoria completa para César. Tolomeo, intentando escapar, se ahogó en el río. Alejandría y todo Egipto se sometieron al vencedor. Roma había entrado ahora en todo el reino original de Alejandro y lo había absorbido.

La referencia que en algunas versiones se hace aquí a los "justos," tendrá indudablemente por objeto a los judíos que dieron a Julio César la ayuda ya mencionada. Sin ella, habría fracasado; gracias a ella, subyugó completamente a Egipto en el año 47 ant. de J.C.

"Una hija de mujeres para trastornarla" fué Cleopatra, que había sido la querida de César y le había dado un hijo. El hechizo de la reina le hizo quedar en Egipto mucho más tiempo de lo que requerían sus asuntos. Pasaba noches enteras en banquetes y fiestas con la reina disoluta. "Mas no estará ni será por él," había dicho el profeta. Más tarde Cleopatra se unió a Antonio, el enemigo de Augusto César, y ejerció todo su poder contra Roma.

VERS. 18: Volverá después su rostro a las islas, y tomará muchas; mas un príncipe le hará parar su afrenta, y aun tornará sobre él su oprobio.

La guerra que hubo de sostener en Siria y Asia Menor contra Fárnaces, rey del Bósforo Cimerio, apartó a Julio César de Egipto. "Al llegar adonde estaban los enemigos--dice Prideaux--sin darles descanso a ellos ni a sí mismo, cayó inmediatamente sobre ellos, y obtuvo una victoria absoluta, de la que dió cuenta escribiendo a un amigo suyo estas tres palabras: Veni, vidi, vici! (Vine, ví, vencí.)"[9] La última parte del versículo se halla envuelta en cierta obscuridad, y hay divergencia de opinión acerca de su aplicación. Algunos la aplican a un momento anterior de la vida de César, y creen ver su cumplimiento en su disputa con Pompeyo. Pero otros acontecimientos anteriores y subsiguientes en la profecía nos obligan a buscar el cumplimiento de esta parte de la predicción entre la victoria de César sobre Fárnaces y la muerte de César en Roma, que se presenta en el versículo siguiente.

VERS. 19: Luego volverá su rostro a las fortalezas de su tierra: mas tropezará y caerá, y no parecerá más.

Después de su conquista del Asia Menor, César derrotó los últimos fragmentos del partido de Pompeyo, bajo Catón y Escipión en África, y bajo Labieno y Varo en España. Regresando a Roma, "las fortalezas de su tierra," fue hecho dictador vitalicio. Se le concedieron otros poderes y honores que le hicieron de hecho soberano absoluto del imperio. Pero, el profeta había dicho que tropezaría y caería. El lenguaje empleado implica que su caída sería repentina e inesperada, como la de una persona que tropezara accidentalmente mientras anda. Asimismo, ese hombre, de quien se dice que había peleado y ganado cincuenta batallas y tomado mil ciudades, cayó, no en el fragor de la batalla, sino cuando pensaba que su senda era llana y lejano el peligro.

"La víspera de los idus, César cenó con Lépido, y mientras los huéspedes estaban sentados ante el vino alguien preguntó: '¿De qué muerte es mejor morir?' César que estaba ocupado firmando cartas dijo: 'De una repentina.' A las doce del día siguiente, a pesar de los sueños y presagios, se sentó en su silla en el Senado, rodeado de hombres a quienes había atendido, ascendido o salvado. Allí fué herido, y lucho hasta caer muerto al pie de la estatua de Pompeyo."[10] Así tropezó de repente, cayó, y no pareció más, en 44 ant. de J.C.

VERS. 20: Entonces sucederá en su silla uno que hará pasar exactor por la gloria del reino; más en pocos días será quebrantado, no en enojo, ni en batalla.

Aparece Augusto el exactor— Octavio sucedió a su tío Julio que le había adoptado. Anunció públicamente esta adopción de su tío, y tomó su nombre. Se unió a Marco Antonio y Lépido para vengar la muerte de Julio César. Los tres organizaron una forma de gobierno que se ha llamado triunvirato. Cuando Octavio hubo quedado firmemente establecido en el gobierno, el senado le confirió el título de "Augusto," y habiendo muerto ya los otros miembros del triunvirato, quedó como soberano supremo.

Fué de veras un exactor. Lucas, hablando de lo que aconteció en el tiempo en que nació Cristo dice: "Y aconteció en aquellos días que salió edicto de parte de Augusto César, que toda la tierra fuese empadronada," evidentemente para el cobro de los impuestos, como lo indican ciertas versiones. (Lucas 2:1.) Durante el reinado de Augusto, "se impusieron nuevas contribuciones; una cuarta parte de la renta anual de todos los ciudadanos y un tributo capital de un octavo a todos los libertos."[11]

Estuvo en "la gloria del reino." Roma llegó al pináculo de su grandeza y poder durante la era de Augusto. Nunca conoció el imperio una hora más esplendorosa. Reinaba la paz, se mantenía la justicia, se refrenaba el lujo, se confirmaba la disciplina y se estimulaba el saber. Durante su reinado, el templo de Jano se cerró tres veces, lo cual significaba que el mundo estaba en paz. Desde la fundación del Imperio Romano ese templo se había cerrado sólo dos veces antes. En ese momento auspicioso nació nuestro Señor en Belén de Judea. Algo menos de 18 años después del empadronamiento mencionado, es decir "pocos días" para la distancia desde la cual miraba el profeta, murió Augusto en el año 14 de nuestra era, a los 76 años de edad. No acabó su vida presa de la ira o en medio de una batalla, sino pacíficamente en su cama, en Nola, adonde había ido en busca de descanso y salud.

VERS. 21: Y sucederá en su lugar un vil, al cual no darán la honra del reino: vendrá empero con paz, y tomará el reino con halagos.

Tiberio corta al Príncipe del pacto— Tiberio César sucedió a Augusto en el trono romano. Fué elevado al consulado a la edad de 29 años. La historia nos dice que cuando Augusto estaba por designar a su sucesor, su esposa Livia le rogó que nombrase a Tiberio, que era hijo suyo por un matrimonio anterior. Pero el emperador dijo: "Tu hijo es demasiado vil para llevar la púrpura de Roma." Prefirió a Agripa, ciudadano romano virtuoso y muy respetado. Pero la profecía había previsto que "un vil" iba a suceder a Augusto. Agripa murió, y Augusto se vió nuevamente en la necesidad de elegir un sucesor. Livia renovó sus intercesiones en favor de Tiberio, y Augusto, debilitado por la edad y la enfermedad, se dejó halagar y consintió finalmente en nombrar a aquel joven "vil" como su colega y sucesor. Pero nunca le concedieron los ciudadanos el amor, el respeto y "la gloria del reino" que se deben a un soberano íntegro y fiel.

¡Cuán claramente cumple esto la predicción de que no le darían la gloria del reino! Pero había de entrar pacíficamente, y obtener el reino por halagos. Veamos cómo se cumplió esto:

"Durante el resto de la vida de Augusto, se condujo [Tiberio] con gran prudencia y habilidad, y concluyó una guerra con los germanos de tal manera que mereció un triunfo. Después de la derrota de Varo y sus legiones, se le envió a detener el progreso de los germanos victoriosos, y actuó en esa guerra con ecuanimidad y prudencia. A la muerte de Augusto, le sucedió (14 de J.C.) sin oposición en la soberanía del imperio, que simuló rechazar, sin embargo, con su disimulo característico, hasta que el servil senado le solicitó repetidas veces que la aceptase."[12] El disimulo de su parte, los halagos de parte del senado servil, y la posesión del reino sin oposición fueron las circunstancias que acompañaron su accesión al trono y cumplieron la profecía.

El personaje presentado en el pasaje es llamado "un vil." ¿Fué éste el carácter que manifestó Tiberio? Dejemos que conteste otro párrafo de la Encyclopoedia Americana:

"Tácito relata los acontecimientos de su reinado, inclusive la muerte sospechosa de Germánico, la detestable administración de Seyano, el envenenamiento de Druso, con toda la extraordinaria mixtura de tiranía con la sabiduría y el buen sentido que ocasionalmente distinguieron la conducta de Tiberio, hasta su infame y disoluto retiro (26 de J.C.) a la isla de Capri, en la bahía de Nápoles, para nunca volver a Roma... El resto del reinado de ese tirano no ofrece casi otra cosa que una nauseabunda narración de muestras de servilismo por un lado y despótica ferocidad por el otro. Que él mismo sufrió tanta desgracia como inflígió a otros, se desprende del siguiente comienzo de una de sus cartas al senado: '¡Que los dioses y las diosas me aflijan más de lo que me aflijen, si puedo decir qué os escribiré a vosotros, padres conscriptos, o no os escribiré, o para qué os habría de escribir siquiera!' ¡Qué tortura mental-observa Tácito con referencia a este pasaje-fué la que pudo arrancar semejante confesión!"[13]

Si la tiranía, la hipocresía, la crápula y la embriaguez ininterrumpida son rasgos y prácticas que revelan vileza en un hombre, Tiberio manifestó ese carácter a la perfección.

VERS. 22: Y con los brazos de inundación serán inundados delante de él, y serán quebrantados; y aun también el príncipe del pacto.

Tomás Newton presenta la siguiente traducción de este pasaje como más fiel al original: "Y los brazos del que inunda serán superados delante de él, y serán quebrados."[14] Esto significa revolución y violencia;

y como cumplimiento hemos de ver superados los brazos de Tiberio el que inunda, o en otras palabras, verle sufrir una muerte repentina. Para demostrar cómo sucedió esto, vamos a citar nuevamente la Encyclopoedia Americana:

"Actuando como hipócrita hasta el fin, disfrazó cuanto pudo su creciente debilidad, llegando hasta simular que participaba en los deportes y ejercicios de los soldados de su guardia. Al fin, abandonando su isla favorita, escenario de la más repugnante crápula, se detuvo en una casa de campo cerca del promontorio de Miceno, donde, el 16 de marzo del año 37, cayó en un letargo que le daba aspecto de muerto. Calígula se estaba preparando con numerosa escolta para tomar posesión del imperio, cuando su repentino despertar los dejó a todos consternados. En ese instante crítico, Macro, el prefecto del pretorio, lo hizo sofocar con almohadas. Así expiró universalmente execrado, el emperador Tiberio, a los 68 años de edad, en el año 33 de su reinado."[15]

Después de llevarnos hasta la muerte de Tiberio, el profeta menciona un acontecimiento que iba a producirse durante su reinado y que resulta tan importante que no debe pasarse por alto. Es el quebrantamiento del "Príncipe del pacto," o sea la muerte de nuestro Señor Jesucristo, "el Mesías príncipe," que durante una semana había de confirmar el pacto con su pueblo. (Daniel 9:25-27.)

Según la Escritura, la muerte de Cristo acaeció durante el reinado de Tiberio. Lucas nos explica que en el año quince del reinado de Tiberio César, Juan Bautista inició su ministerio. (Lucas 3:1-3.) Según Prideaux,[16] el Dr. Hales[17] y otros, el reinado de Tiberio debe contarse desde su elevación al trono para reinar conjuntamente con Augusto, su padrastro, en agosto del año 12 de J.C. Su décimoquinto año se extendería, por lo tanto, desde agosto de 26 a agosto del 27. Cristo tenía seis meses menos que Juan, y se cree que inició su ministerio seis meses más tarde, puesto que ambos, de acuerdo con la ley del sacerdocio, empezaron su obra cuando tenían treinta años. Si Juan comenzó su ministerio en la primavera, durante la última parte del año quince de Tiberio, esto haría comenzar el ministerio de Cristo en el otoño de 27. Y éste es precisamente el momento en que los autores más autorizados colocan el bautismo de Cristo, el punto preciso en que terminan los 483 años que desde 457 ant. de J.C. debían extenderse hasta el Mesías Príncipe. Salió Cristo entonces a proclamar que el tiempo se había cumplido. De ese punto avanzamos tres años y medio para hallar la fecha de la crucifixión, pues Cristo asistió a cuatro Pascuas, y fué crucificado en ocasión de la cuarta. Tres años y medio más, a contar desde el otoño de 27, nos llevan a la primavera de 31. La muerte de Tiberio se produjo seis años más tarde, en 37 de J.C. (Véanse los comentarios sobre Daniel 9:25-27.)

VERS. 23: Y después de los conciertos con él, él hará engaño, y subirá, y saldrá vencedor con poca gente.

Roma entra en liga con los judíos— El pronombre "él" referente a la persona con quien se hacen conciertos, debe designar la misma potencia que ha sido el tema de la profecía desde el vers. 14: el Imperio Romano. Que tal sea el caso ha quedado demostrado en el cumplimiento que dieron a la profecía tres personajes que gobernaron sucesivamente el imperio: Julio César, Augusto y Tiberio.

Ahora que el profeta nos ha llevado a través de los acontecimientos de la historia secular del Imperio Romano hasta el fin de las 70 semanas de Daniel 9:24, nos hace regresar al momento en que los romanos se relacionaron directamente con el pueblo de Dios al coligarse con los judíos en 161 ant. de J.C. Desde ese punto se nos hace recorrer una serie sucesiva de acontecimientos hasta el triunfo final de la iglesia y el establecimiento del reino eterno de Dios. Hallándose gravosamente oprimidos por los reyes sirios, los judíos enviaron una embajada a Roma para solicitar la ayuda de los romanos y unirse con ellos en "una liga de amistad y confederación con ellos."[18] Los romanos escucharon la petición de los judíos, y les otorgaron un decreto redactado en estos términos:

'El decreto del senado acerca de una liga de ayuda y amistad con la nación de los judíos. No será lícito para cualquiera que esté sujeto a los romanos hacer guerra a la nación de los judíos ni ayudar a los que la hagan, sea mandándoles grano, barcos o dinero; y si se dirigiese algún ataque contra los judíos, los romanos les ayudarán en lo que puedan; y también si los romanos son atacados, los judíos les ayudarán. Y si los judíos se proponen añadir o quitar algo de este pacto de ayuda, ello se hará con el consentimiento común de los romanos. Cualquier adición hecha así, tendrá fuerza.' Este decreto fué escrito por Eupolemo, hijo de Juan, y por Jasón, hijo de Eleazar, cuando Judas era sumo sacerdote de la nación, y Simón su hermano, general del ejército. Esta fué la primera liga que los romanos hicieron con los judíos, y se administró de esta manera."[19]

En aquel tiempo los romanos eran un pueblo pequeño, pero empezaban a obrar con engaño o astucia, como lo indica la palabra. Y desde ese tiempo se fueron elevando constante y rápidamente hasta llegar al apogeo del poder.

VERS. 24: Estando la provincia en paz y en abundancia, entrará y hará lo que no hicieron sus padres ni los padres de sus padres; presa, y despojos, y riquezas repartirá a sus soldados; y contra las fortalezas formará sus designios: y esto por tiempo.

Antes de Roma, las naciones entraban en provincias valiosas y ricos territorios en son de guerra y conquista. Roma iba a hacer ahora lo que no había sido hecho por los padres ni los padres de los padres, a saber, obtener las adquisiciones por medios pacíficos. Se inauguró entonces la costumbre de que los reyes legasen sus reinos a los romanos. Roma entró así en posesión de grandes provincias.

Los que pasaban así a depender de Roma obtenían no pocas ventajas. Eran tratados con bondad e indulgencia. Era como si la presa y el despojo fuesen distribuídos entre ellos. Quedaban protegidos de sus enemigos, y descansaban en paz y seguridad bajo la égida del poder romano.

A la última parte de este versículo, atribuye Tomás Newton el significado de formar designios desde las fortalezas, en vez de contra ellas. Esto lo hicieron los romanos desde la poderosa fortaleza de su ciudad asentada sobre siete colinas. "Y esto por tiempo" se refiere sin duda a un tiempo profético, 360 años. ¿Desde qué punto deben arrancar esos años? Probablemente del acontecimiento presentado en el versículo siguiente.

VERS. 25: Y despertará sus fuerzas y su corazón contra el rey del mediodía con grande ejército: y el rey del mediodía se moverá a la guerra con grande y muy fuerte ejército; mas no prevalecerá, porque le harán traición.

Roma contiende con el rey del sur— Los versículos 23 y 24 nos llevan desde la liga hecha entre los judíos y los romanos en 161 ant. de J.C. hasta el tiempo en que Roma hubo adquirido el dominio universal. El versículo que consideramos ahora nos presenta una vigorosa campaña contra el rey del sur, Egipto, y una gran batalla entre poderosos ejércitos. ¿Sucedieron acontecimientos tales en la historia de Roma más o menos en ese tiempo? Por cierto, que sí. Hubo una guerra entre Egipto y Roma, y la batalla fué la de Accio. Consideremos brevemente las circunstancias que condujeron a este conflicto.

Marco Antonio, Augusto César y Lépido constituyeron un triunvirato que juró vengar la muerte de Julio César. Antonio llegó a ser cuñado de Augusto al casarse con su hermana Octavia. Fué enviado a Egipto por asuntos del gobierno, pero cayó víctima de los encantos de Cleopatra, la reina disoluta. Tan avasalladora fué la pasión que por ella concibió, que abrazó finalmente los intereses egipcios, repudió a su esposa Octavia para agradar a Cleopatra, y concedió a ésta una provincia tras otra. Celebró triunfos en Alejandría en vez de hacerlo en Roma, y cometió otras tales afrentas contra el pueblo romano, que Augusto no tuvo dificultad en inducir a ese pueblo a emprender una vigorosa guerra contra Egipto. Esta guerra se dirigía ostensiblemente contra Egipto y Cleopatra, pero en realidad iba contra Antonio, que estaba ahora a la cabeza de los asuntos egipcios. La verdadera causa de su controversia, dice Prideaux, era que ninguno de los dos podía conformarse con una sola mitad del Imperio Romano. Lépido había sido depuesto del triunvirato, y los dos se repartían el gobierno del imperio. Como cada uno estaba resuelto a poseerlo todo, echaron los dados de la guerra para obtener esa posesión.

Antonio reunió su flota en Samos. Quinientos barcos de tamaño y estructura extraordinarios, que tenían varios puentes uno sobre otro, con torres a proa y a popa, ofrecían un despliegue imponente y formidable. Estos barcos llevaban unos 125.000 soldados. Los reyes de Libia, Cilicia, Capadocia, Paflagonia, Comagena y Tracia se hallaban allí en persona, y los de Ponto, Judea, Licaonia, Galacia y Media habían enviado sus tropas. Rara vez vio el mundo un espectáculo militar más espléndido que esta flota de barcos de guerra cuando desplegó sus velas y se hizo a la mar. Los superaba a todos en magnificencia la galera de Cleopatra, que flotaba como un palacio de oro bajo una nube de velas purpúreas. Sus pabellones y banderines ondeaban al viento y las trompetas y otros instrumentos de música bélica hacían resonar los cielos con notas de alegría y triunfo. Antonio la seguía de cerca en una galera de magnificencia casi igual.

Augusto, por su lado, puso de manifiesto menos pompa, pero más utilidad. El número de sus barcos era apenas la mitad del de Antonio y tenía sólo 80.000 infantes. Pero eran todos hombres escogidos, y a bordo de su flota no había sino marineros expertos; mientras que Antonio, no habiendo hallado suficientes marineros, se veía obligado a hacer tripular sus barcos por artesanos de todas clases, hombres inexpertos y más capaces de ocasionar molestias que prestar verdadero servicio durante una batalla. Como se había consumido gran parte de la estación en estos preparativos, Augusto ordenó a sus barcos que se reuniesen en Bríndisi, y Antonio juntó los suyos en Corcira hasta el año siguiente.

En la primavera, ambos ejércitos se pusieron en movimiento por tierra y por mar. Las flotas entraron por fin en el golfo de Ambracia en el Epiro, y las fuerzas terrestres se desplegaron en ambas orillas, bien a la vista unas de otras. Los generales más experimentados de Antonio le aconsejaban que no arriesgase una batalla naval con sus marineros inexpertos, sino que enviase a Cleopatra de vuelta a Egipto y se apresurase a penetrar él en Tracia y Macedonia para confiar en seguida el resultado a sus fuerzas terrestres que eran tropas veteranas. Pero, como si fuese una ilustración del viejo adagio: Quem Deus perdere vult, prius dementat ("Aquel a quien Dios quiere destruir, primero lo enloquece"), dejó prevalecer su infatuación por Cleopatra, y sólo a ella quiso agradar cuando, confiada en las apariencias, consideró su flota invencible y le aconsejó que entrase en acción inmediatamente.

La batalla se riñó el 2 de septiembre del año 31 ant. de J.C., en la boca del golfo de Ambracia, cerca de la ciudad de Accio. Lo que estaba en juego entre estos rudos guerreros, Antonio y Augusto, era el dominio del mundo. La contienda, que se mantuvo dudosa largo rato, quedó finalmente decidida por la conducta de Cleopatra. Asustada por el fragor de la batalla, se dio a la fuga cuando no había peligro, y arrastró tras sí la escuadra egipcia que contaba con sesenta barcos. Antonio, al ver este movimiento y olvidándose de todo lo que no fuera su ciega pasión por ella, la siguió precipitadamente, y entregó a Augusto una victoria que podría haber ganado él mismo si sus fuerzas egipcias le hubiesen sido leales, o él mismo hubiese sido leal a su propia virilidad.

Esta batalla marca sin duda el comienzo del "tiempo" mencionado en el vers. 24. Como durante ese "tiempo" se iban a idear designios desde la fortaleza, o Roma, debemos concluir que al fin de aquel período iba a cesar la supremacía occidental, o que se iba a producir un cambio tal en el imperio que ya no se consideraría a aquella ciudad como la sede del gobierno. Desde el año 31 ant. de J.C., un "tiempo" profético, o 360 años, nos habría de llevar al año 330 de nuestra era. De ahí que merezca observarse el hecho de que la sede del imperio fue trasladada de Roma a Constantinopla por Constantino el Grande en ese año preciso.[20]

VERS. 26: Aun los que comerán su pan, le quebrantarán; y su ejército será destruido, y caerán muchos muertos.

Antonio fué abandonado por sus aliados y amigos, los que comían su pan. Cleopatra, como ya se ha explicado, se retiró repentinamente de la batalla, llevando consigo sesenta barcos de línea. El ejército terrestre, disgustado por la infatuación de Antonio, se pasó a Augusto, que recibió a los soldados con los brazos abiertos. Cuando Antonio llegó a Libia, encontró que las fuerzas que había dejado allí bajo Escarpio para custodiar la frontera, se habían declarado en favor de Augusto, y en Egipto sus fuerzas se rindieron. Airado y desesperado, Antonio se quitó la vida.

VERS. 27: Y el corazón de estos dos reyes será para hacer mal, y en una misma mesa tratarán mentira: mas no servirá de nada, porque el plazo aun no es llegado.

Anteriormente Antonio y Augusto habían estado aliados. Sin embargo, bajo el disfraz de la amistad ambos aspiraban al dominio universal y maquinaban para obtenerlo. Sus protestas de amistad mutua eran declaraciones de hipócritas. Se decían mentiras en una misma mesa. Octavia, esposa de Antonio y hermana de Augusto, declaró al pueblo de Roma, cuando Antonio la repudió, que ella había consentido en casarse con él tan sólo porque esperaba que ello garantizaría la unión entre Antonio y Augusto. Pero ese recurso no prosperó. Vino la ruptura, y en el conflicto que siguió, Augusto triunfó en forma absoluta.

VERS. 28: Y volveráse a su tierra con grande riqueza, y su corazón será contra el pacto santo: hará pues [hazañas, original], y volveráse a su tierra.

Aquí se presentan dos regresos de ciertas campañas de conquista. El primero se produjo después de los acontecimientos narrados en los vers. 26, 37, y el segundo, después que aquella potencia se indignó contra el santo pacto y hubo cumplido sus hazañas. La primera vez fué cuando volvió Augusto de su expedición a Egipto contra Antonio. Llegó a Roma con abundantes honores y riquezas, porque "en esa ocasión se trajeron tan vastas riquezas de Egipto a Roma, cuando se redujo a aquel país, y de allí volvió Octaviano [Augusto] con su ejército, que el valor del dinero bajó a la mitad, y los precios de las provisiones y de todas las mercaderías vendibles se duplicó."[21]

Augusto celebró sus victorias con un triunfo de tres días, triunfo que habría sido agraciado por Cleopatra misma entre los cautivos reales si ella no se hubiese hecho picar artera y fatalmente por un áspid.

Roma destruye a Jerusalén— La próxima gran empresa de los romanos después de la conquista de Egipto fué la expedición contra Judea y la toma y destrucción de Jerusalén. El pacto santo es indudablemente el pacto que Dios había mantenido con su pueblo bajo diferentes formas a través de las diversas eras del mundo. Los judíos rechazaron a Cristo, y de acuerdo con la profecía de que serían cortados todos los que no quisieran oír al Profeta,

fueron raídos de su propia tierra y dispersados entre todas las naciones de la tierra. Aunque judíos y cristianos sufrieron por igual bajo la mano opresora de los romanos, fué indudablemente en la reducción de Judea cuando se pusieron de manifiesto las hazañas mencionadas aquí en el texto sagrado.

Bajo Vespasiano los romanos invadieron Judea y tomaron las ciudades de Galilea: Corazín, Betsaída y Capernaúm, donde Cristo fué rechazado. Destruyeron los habitantes y no dejaron otra cosa que ruinas y desolación. Tito sitió a Jerusalén, y abrió una trinchera en derredor, según lo predicho por nuestro Salvador. Se produjo una terrible hambre. Moisés había predicho que espantosas calamidades vendrían sobre los judíos si se apartaban de Dios. Había sido profetizado que aun las mujeres tiernas y delicadas comerían a sus propios hijos en la apretura del sitio. (Deuteronomio 28:52-55.) Durante el sitio de Jerusalén por Tito, se vió cumplida literalmente esta predicción. Al oír el informe de estos actos inhumanos, pero olvidando que él era quien reducía al pueblo a tales extremos, juró Tito que extirparía para siempre la ciudad maldita y su pueblo.

Jerusalén cayó en el año 70 de nuestra era. Honra al comandante romano el hecho de que había resuelto salvar el templo, pero el Señor había dicho: "No será dejada aquí piedra sobre piedra, que no sea destruída." (Mateo 24:2.) Un soldado romano, tomando una tea encendida y trepándose sobre los hombros de sus camaradas, la arrojó por una ventana al interior de la hermosa estructura. Esta no tardó en incendiarse, y los frenéticos esfuerzos de los judíos para apagar las llamas, a pesar de ser secundados por Tito mismo, fueron todos en vano. Al ver que el templo iba a quedar destruído, Tito se precipitó al interior de él, y arrebató el candelero, la mesa de los panes y el volumen de la ley, que estaba envuelto en tejido de oro. El candelero se depositó más tarde en el templo de la paz, de Vespasiano, y lo reprodujeron en el arco de triunfo de Tito, donde se puede ver todavía su imagen mutilada.

El sitio de Jerusalén duró cinco meses. En él perecieron 1.100.000 judíos, y 97.000 fueron tomados prisioneros. La ciudad estaba tan asombrosamente fortificada que cuando Tito examinó sus ruinas exclamó: "Hemos peleado con la ayuda de Dios." Quedó completamente arrasada, y los mismos fundamentos del templo fueron removidos por el arado de Tarencio Rufo. La guerra duró en total siete años, y se dice que casi un millón y medio de personas cayeron víctimas de sus espantosos horrores.

Así ejecutó esta potencia grandes hazañas, y volvió nuevamente a su país.

VERS. 29: Al tiempo señalado tornará al mediodía; mas no será la postrera venida como la primera.

El tiempo señalado es probablemente el tiempo profético del vers. 24, que ya se ha mencionado. Terminó, como ya se ha demostrado, en el año 330, fecha en que la potencia en cuestión iba a volver y dirigirse nuevamente hacia el sur, pero no como en la ocasión anterior, cuando fue a Egipto, ni como después, cuando fue a Judea. Aquellas fueron expediciones que le dieron conquistas y gloria. Esta condujo a la desmoralización y la ruina. El traslado de la sede del imperio a Constantinopla fue el comienzo de la caída del imperio. Roma perdió entonces su prestigio. La división occidental quedó expuesta a las incursiones de enemigos extranjeros. A la muerte de Constantino, el Imperio Romano quedó dividido entre sus tres hijos; Constancio, Constantino II y Constante. Constantino II y Constante pelearon, y el victorioso Constante obtuvo la supremacía de todo el Occidente. Los bárbaros del norte iniciaron pronto sus incursiones y extendieron sus conquistas hasta que la potencia imperial del occidente expiró en 476.

VERS. 30: Porque vendrán contra él naves de Chittim, y él se contristará, y se volverá, y enojaráse contra el pacto santo, y hará: volveráse pues, y pensará en los que habrán desamparado el santo pacto.

Roma saqueada por los bárbaros— La narración profética sigue refiriéndose a la potencia que viene siendo su tema desde el vers. 16, a saber, Roma. ¿Cuáles fueron las naves de Chittim que vinieron contra esa potencia, y cuándo se realizó ese movimiento? ¿Qué país o potencia representa Chittim? En Isaías 23:1 hallamos esta mención: "De la tierra de Chittim les es revelado." Adán Clarke tiene la siguiente nota al respecto: "Se dice aquí que las nuevas de la destrucción de Tiro por Nabucodonosor les son comunicadas por Chittim, las islas y costas del Mediterráneo; 'porque los tirios--dice Jerónimo acerca del vers. 6,-cuando vieron que no tenían otro medio de escapar, huyeron a sus barcos, y buscaron refugio en Cartago y en las islas del mar Jonio y del Egeo.' . . . Así también Jarchi en el mismo lugar."[22] Kitto[23] asigna la misma localidad a Chittim, a saber, la costa y las islas del Mediterráneo; y el testimonio de Jerónimo nos lleva a una ciudad definida y célebre de aquella región, a saber, Cartago.

¿Soportó alguna vez el Imperio Romano una guerra naval que tuviera a Cartago como base de operaciones? Recordemos los terribles ataques de los vándalos contra Roma bajo el feroz Genserico, y contestaremos en sentido afirmativo. Cada primavera salía del puerto de Cartago a la cabeza de sus ingentes y bien disciplinadas fuerzas navales, para sembrar la consternación en todas las provincias marítimas del imperio. Tal es la obra que se presenta en el versículo que estudiamos; y ello queda aun mejor confirmado cuando consideramos que la profecía nos ha llevado precisamente a ese tiempo. En el vers. 29, entendimos que se mencionaba el traslado de la sede del imperio a Constantinopla. La siguiente revolución que se produce con el transcurso del tiempo es la que ocasionan las irrupciones de los bárbaros del norte, entre los cuales se destacaban los vándalos y la guerra que realizaban, según se ha mencionado ya. La carrera de Genserico se desenvolvió entre los años 428-477.

"Él se contristará, y se volverá," puede referirse a los esfuerzos desesperados hechos para despojar a Genserico del dominio de los mares; primero por Mayoriano, y luego por el papa León I, pero resultaron en ambos casos en completo fracaso. Roma se vió obligada a someterse a la humillación de ver sus provincias despojadas, y su "ciudad eterna" hollada y saqueada por el enemigo. (Véanse los comentarios sobre Apocalipsis 8:8.)

"Enojaráse contra el pacto santo." Esto se refiere indudablemente a las tentativas de destruir el pacto de Dios por los ataques dirigidos contra las Sagradas Escrituras, el libro del pacto. Una revolución de esta clase se realizó en Roma. Los hérulos, godos y vándalos, que conquistaron a Roma, abrazaron la fe arriana y eran enemigos de la iglesia católica. Justiniano decretó que el papa fuese cabeza de la iglesia y corrector de herejes con el propósito especial de exterminar la herejía arriana. Pronto se llegó a considerar la Biblia como un libro peligroso que no debía ser leído por el pueblo común, y que todas las cuestiones en disputa debían ser sometidas al papa. Así se despreció la Palabra de Dios.

Dice un historiador al comentar la actitud de la iglesia católica con respecto a las Escrituras:

"Uno podría pensar que la iglesia de Roma había puesto a sus feligreses a distancia segura de las Escrituras. Ella había colocada el abismo de la tradición entre ellos y la Palabra de Dios. Los alejó aun más de la esfera de peligro al proveer un intérprete infalible cuyo deber consiste en cuidar de que la Biblia no exprese un sentido hostil a Roma. Pero, como si esto no bastase, ha trabajado por todos los medios a su alcance para impedir que las Escrituras lleguen en cualquier forma que sea a las manos de su pueblo. Antes de la Reforma mantuvo a la Biblia encerrada dentro de una lengua muerta, y se promulgaron leyes severas contra su lectura. La Reforma liberto el precioso volumen. Tyndale y Lutero, el primero desde su retiro de Vildorfe en los Países Bajos, y el otro desde el medio de las profundas sombras del bosque de Turingia, enviaron la Biblia a quienes hablaban los idiomas del vulgo en Inglaterra y Alemania. Se despertó así una sed por las Escrituras, a la que la iglesia de Roma creyó imprudente oponerse abiertamente. El Concilio de Trento promulgó acerca de los libros prohibidos, diez reglas que, aunque aparentaban satisfacer el creciente deseo de leer la Palabra de Dios, estaban insidiosamente redactadas para frenarlo. En la cuarta regla, el concilio prohíbe a cualquiera que lea la Biblia sin licencia de su obispo o inquisidor, licencia que se ha de basar en un certificado de su confesor de que no corre peligro de recibir daño al leerla. El concilio añade estas palabras categóricas: 'Que si alguno se atreve a leer o tener en su posesión ese libro, sin la tal licencia, no recibirá la absolución hasta que lo haya entregado a su ordinario.' A esas reglas sigue la bula de Pío IV, en la cual se declara que los que las violen serán considerados culpables de pecado mortal. Así la iglesia de Roma intentó regular lo que le resultaba imposible impedir del todo. El hecho de que a ningún seguidor del papa se le permite leer la Biblia sin licencia no aparece en los catecismos y otros libros de uso común entre los católicos romanos de este país; pero es incontrovertible que forma la ley de aquella iglesia. Y de acuerdo con ella encontramos que la práctica uniforme de los sacerdotes de Roma, de los papas para abajo, es impedir la circulación de la Biblia; impedirla totalmente en los países donde, como en Italia y España, ejerce todo el poder, y en otros países, como el nuestro, hasta donde se lo permite su poder. Su sistema uniforme es desalentar la lectura de las Escrituras de toda manera posible; y cuando no se animan a emplear la fuerza para obtener sus fines, no tienen reparos en emplear el poder espiritual de su iglesia y declarar que aquellos que contraríen la voluntad de Roma en este asunto son culpables de pecado mortal."[24]

Los emperadores de Roma, cuya división oriental continuaba, se entendían con la iglesia de Roma, que había abandonado el pacto y constituía la gran apostasía, y colaboraban con ella en el intento de suprimir la "herejía." El hombre de pecado fué elevado a su presuntuoso trono por la derrota (en 538) de los godos arrianos, que poseían entonces a Roma.

VERS. 31: Y serán puestos brazos de su parte; y contaminarán el santuario de fortaleza, y quitarán el continuo sacrificio, y pondrán la abominación espantosa.

"Contaminarán el santuario de su fortaleza," o Roma. Si esto se aplica a los bárbaros, se cumplió literalmente; porque Roma fué saqueada por los godos y los vándalos, y el poder imperial del occidente cesó con la conquista de Roma por Odoacro. O si se refiere a los gobernantes del imperio que obraban en favor del papado contra la religión pagana y cualquier otra que se opusiese al papado, significaría el traslado de la sede del imperio de Roma a Constantinopla, que contribuyó enormemente a la decadencia de Roma. El pasaje sería entonces paralelo a Daniel 8:11 y Apocalipsis 13:2.

El papado quita el "continuo."— En los comentarios sobre Daniel 8:13 se ha demostrado que la palabra "sacrificio" ha sido añadida erróneamente. Debe ser "asolamiento." La expresión denota una potencia desoladora, de la cual la "abominación espantosa" no es sino la contraparte, y le sucede en el transcurso del tiempo. Por lo tanto, parece claro que el asolamiento continuo era el paganismo, y la "abominación espantosa," el papado. Pero puede ser que alguien pregunte: ¿Cómo puede ser el papado siendo que Cristo habló de ella en relación con la destrucción de Jerusalén? La respuesta es: Cristo se refirió evidentemente a Daniel 9, que predice la destrucción de Jerusalén, y no a este versículo de Daniel 11, que no se refiere a dicho acontecimiento. En el capítulo 9, Daniel habla de asolamientos y abominaciones en plural. Más de una abominación, por lo tanto, abruma a la iglesia; es decir que, en cuanto se refiere a la iglesia, tanto el papado como el paganismo son abominaciones. Pero como se hace una distinción entre una y otra, el lenguaje debe ser específico. Una es el asolamiento "continuo," y la otra es preeminentemente la transgresión o "abominación espantosa."

¿Cómo fué quitado el "continuo," o paganismo? Ya que se habla de esto en relación con el establecimiento de la abominación espantosa, o papado, debe denotar, no simplemente el cambio nominal de la religión del imperio, del paganismo al cristianismo, sino un desarraigo tal del paganismo de todos los elementos del imperio que el terreno queda completamente preparado para que la abominación papal se levante y asevere sus arrogantes pretensiones. Se realizó una revolución tal, pero no antes que hubieron transcurrido casi doscientos años después de la muerte de Constantino.

Al acercarnos al año 508 vemos que madura una crisis importante entre el catolicismo y las influencias paganas que todavía existen en el imperio. Hasta la conversión de Clodoveo, rey de los francos, en 496, éstos, como otras naciones de la Roma occidental, eran paganos; pero después de ese acontecimiento, fueron coronados de gran éxito los esfuerzos hechos para convertir idólatras al catolicismo. Se dice que la conversión de Clodoveo inicia la tendencia y la actitud que merecieron para el monarca francés los títulos de "Cristianísima Majestad" e "Hijo Mayor de la Iglesia." Entre ese tiempo y 508, mediante alianzas, capitulaciones y conquistas, sometió Clodoveo las guarniciones romanas del oeste, en la Bretaña, o Armórica, y también a los borgoñones o burgundios y a los visigodos.

Desde que estos éxitos quedaron afianzados, en 508, el papado quedó triunfante en lo que se refiere al paganismo; porque, aunque el último retardó indudablemente el progreso de la fe católica, ya no tenía poder para suprimir la fe ni estorbar las usurpaciones del pontífice romano. Cuando las potencias eminentes de Europa renunciaron a su apego al paganismo fué tan sólo para perpetuar sus abominaciones en otra forma; pues el cristianismo manifestado en la iglesia católica era y es aún tan sólo un paganismo bautizado.

La condición de la sede de Roma era también peculiar en aquel tiempo. En 498, ascendió Símaco al trono pontificio, cuando era recién convertido del paganismo. Llegó a la silla papal gracias a que sostuvo con su competidor una lucha que costó sangre. Recibió adulaciones como sucesor de San Pedro, y dió la nota tónica de la asunción papal presumiendo excomulgar al emperador Anastasio.[25] Los más serviles aduladores del papa empezaron entonces a sostener que había sido constituído juez en lugar de Dios, y que era vicerregente del Altísimo.

Tal era la tendencia de los sucesos en el occidente. ¿Cuál era la condición que reinaba en el oriente? Existía ahora un fuerte partido papal en todas partes del imperio. Los adherentes que tenía esta causa en Constantinopla, alentados por el éxito de sus hermanos en el occidente, consideraron llegado el momento de abrir las hostilidades en favor de su señor de Roma.

Nótese que poco después de 508, el paganismo había decaído de tal manera y el catolicismo había adquirido tanta fuerza, que por primera vez la iglesia católica pudo sostener con éxito una guerra tanto contra las autoridades civiles del imperio como contra la iglesia del oriente que había abrazado, en su mayoría, la doctrina monofisita, que Roma tenía por herejía. El celo de los partidarios culminó en un torbellino de fanatismo y guerra civil, que barrió a Constantinopla con fuego y sangre. El resultado fué el exterminio de 65.000 herejes. Una cita de Gibbon, sacada de su relato de los sucesos ocurridos entre 508 y 518, demostrará la intensidad de dicha guerra:

"Fueron rotas las estatuas del emperador, y éste tuvo que esconderse en persona en un suburbio hasta que, al fin de tres días, se atrevió a implorar la misericordia de sus súbditos.

Sin su diadema, y en la postura de un suplicante, Anastasio se presentó en el trono del circo. Los católicos le cantaron en la cara lo que para ellos era el verdadero Trisagio; se regocijaron por el ofrecimiento, (que él proclamó por voz de un heraldo,) de abdicar la púrpura; escucharon la advertencia de que, puesto que todos no podían reinar, debían estar previamente de acuerdo en la elección de un soberano; y aceptaron la sangre de dos ministros impopulares, a quienes su amo, sin vacilación, condenó a los leones. Estas sediciones furiosas pero pasajeras eran alentadas por el éxito de Vitaliano, quien, con un ejército de hunos y búlgaros, idólatras en su mayoría, se declaró campeón de la fe católica. En esta piadosa rebelión, despobló la Tracia, sitió a Constantinopla, exterminó a 65.000 cristianos, hasta que obtuvo el relevo de los obispos, la satisfacción del papa, y el establecimiento del concilio de Calcedonia, un tratado ortodoxo, firmado de mala gana por el moribundo Anastasio, y ejecutado más fielmente por el tío de Justiniano. Tal fué el desarrollo de la primera de las guerras religiosas que se hayan reñido en el nombre y por los discípulos del Dios de paz."[26]

Creemos haber demostrado claramente que el continuo fué quitado hacia 508. Esto sucedió como preparativo para el establecimiento del papado, que fué un acontecimiento separado y subsiguiente, del que nos lleva a hablar ahora la narración profética.

El papado levanta una abominación— "Y pondrán la abominación espantosa." Habiendo demostrado plenamente lo que consideramos que es la supresión del continuo o paganismo, preguntamos ahora: ¿Cuándo se levantó la abominación espantosa, o papado? El cuerno pequeño que tenía ojos como de hombre no tardó en ver cuándo estaba preparado el terreno para su progreso y elevación. Desde el año 508 su progreso hacia la supremacía universal se realizó en forma que no tiene paralelo.

Cuando Justiniano estaba por iniciar la guerra contra los vándalos en 533, empresa de no poca magnitud y dificultad, deseó asegurarse la influencia del obispo de Roma, quien había alcanzado una situación que en su opinión pesaba mucho en gran parte de la cristiandad. Por lo tanto, Justiniano se encargó de decidir la contienda que existía desde hacía mucho entre las sedes de Roma y Constantinopla acerca de cuál debía tener precedencia. Dió la preferencia a Roma en una carta que dirigió oficialmente al papa, en la cual le declaraba en los términos más inequívocos que el obispo de aquella ciudad debía ser la cabeza de todo el cuerpo eclesiástico del imperio.

La carta de Justiniano dice: "Justiniano, vencedor, piadoso, afortunado, famoso, triunfador, siempre Augusto, a Juan, el santísimo arzobispo y patriarca de la noble ciudad de Roma. Tributando honor a la sede apostólica y a Vuestra Santidad, como siempre ha sido y es nuestro deseo, y honrando vuestra beatitud como a un padre, nos apresuramos a poner en el conocimiento de Vuestra Santidad todo lo que pertenece a la condición de las iglesias, puesto que fue siempre nuestro gran objeto salvaguardar la unidad de vuestra Sede

Apostólica y la posición de las santas iglesias, que ahora prevalece y permanece segura sin disturbio afligente. Por lo tanto, hemos ejercido diligencia para sujetar y unir a todos los sacerdotes del Oriente en toda su extensión a la sede de Vuestra Santidad. Cualesquiera cuestiones que estén en disputa actualmente, hemos creído necesario ponerlas en conocimiento de Vuestra Santidad, por claras e indubitables que sean, aun cuando sean firmemente sostenidas y enseñadas por todo el clero de acuerdo con la doctrina de Vuestra Sede Apostólica; porque no permitimos que nada que esté en disputa, por claro e indisputable que sea, en lo que pertenece al estado de las iglesias, deje de ser dado a conocer a Vuestra Santidad, como cabeza de todas las iglesias. Porque, como lo hemos dicho antes, tenemos celo para que aumente la honra y la autoridad de vuestra sede en todo respecto."[27]

"La carta del emperador debe haber sido enviada antes del 25 de marzo de 533. Porque en su carta de aquella fecha dirigida a Epifanio, habla de ella como habiéndola despachado, y repite su decisión de que todos los asuntos relativos a la iglesia sean referidos al papa, cabeza de todos los obispos, y verdadero y eficaz corrector de herejes.' "[28]

"En el mismo mes del año siguiente, 534, el papa contestó repitiendo el lenguaje del emperador, aplaudiendo su homenaje a la sede y adoptando los títulos del mandato imperial. Observa que, entre las virtudes de Justiniano, 'una brilla como una estrella: su reverencia para la silla apostólica, a la cual había sujetado y unido todas las iglesias, siendo verdaderamente ella la Cabeza de todas; como lo atestiguan las reglas de los Padres, las leyes de los Príncipes y las declaraciones de la piedad del Emperador.'

"La autenticidad del título recibe una prueba incontestable de los edictos hallados en las 'Novellae' del código de Justiniano. El preámbulo de la novena declara que 'como la Roma más antigua era fundadora de las leyes, no se debe poner en duda que en ella se hallaba la supremacía del pontificado.' La 131a, sobre los títulos y privilegios eclesiásticos, cap. II, declara: Decretamos, por lo tanto, que el santísimo Papa de la Roma más antigua es el primero de todo el sacerdocio, y que el beatísimo arzobispo de Constantinopla, la segunda Roma, ocupará el segundo puesto después de la santa sede apostólica de la Roma más antigua.' "[29]

Hacia fines del siglo VI, Juan de Constantinopla negó la supremacía romana, y asumió el título de obispo universal; a lo cual Gregorio el Grande, indignado por la usurpación, denunció a Juan y declaró, sin comprender la verdad de su declaración, que quien asumía el título de obispo universal era Anticristo. En 606, Focas suprimió la pretensión del obispo de Constantinopla, y justificó la del obispo de Roma. Pero Focas no fué el fundador de la supremacía papal. "Que Focas reprimió la pretensión del obispo de Constantinopla es indudable. Pero los más autorizados de los civiles y analistas de Roma rechazan la idea de que Focas fuese el fundador de la supremacía de Roma; se remontan hasta Justiniano como la única fuente legítima, y fechan correctamente el título en el año memorable 533."[30] Jorge Croly declara además: "Con referencia a Baronio, autoridad establecida entre los analistas católicos romanos, encontré que la concesión de supremacía que Justiniano hizo al papa se fijaba formalmente en ese período... Toda la transacción fué de lo más auténtico y regular, y concuerda con la importancia del traslado."[31]

Tales fueron las circunstancias que acompañaron el decreto de Justiniano. Pero las provisiones de ese decreto no podían ponerse en práctica en seguida; porque Roma e Italia estaban en poder de los ostrogodos, que eran arrianos en su fe, y se oponían enérgicamente a la religión de Justiniano y del papa. Era, por lo tanto, evidente que los ostrogodos debían ser desarraigados de Roma antes que el papa pudiese ejercer el poder con que había sido investido. Para lograr esto, se inició la guerra itálica en 534. La dirección de la campaña fué confiada a Belisario. Cuando él se acercó a Roma, varias ciudades abandonaron a Vitiges, su soberano godo y hereje, y se unieron a los ejércitos del emperador católico. Los godos, decidiendo demorar las operaciones ofensivas hasta la primavera, dejaron que Belisario entrase en Roma sin oposición. Los diputados del papa y el clero, del senado y del pueblo, invitaron al lugarteniente de Justiniano a que aceptase su obediencia voluntaria.

Belisario entró en Roma el 10 de diciembre de 536. Pero esto no fué el fin de la lucha, porque los godos reunieron sus fuerzas y resolvieron disputarle la posesión de la ciudad por un sitio regular, que iniciaron en marzo de 537. Belisario temió que la desesperación y la traición cundiesen entre el pueblo. Varios senadores y el papa Silvestre, cuya traición fué probada o sospechada, fueron desterrados. El emperador ordenó al clero que eligiese un nuevo obispo. Después de invocar solemnemente al Espíritu Santo, eligieron al diácono Vigilio que había comprado el honor con un cohecho de doscientas libras de oro.[32]

Toda la nación de los ostrogodos se había reunido para el sitio de Roma, pero el éxito no acompañó sus esfuerzos. Sus huestes se fueron gastando en combates sangrientos y frecuentes bajo las murallas de la ciudad, y el año y nueve días que duró el sitio bastaron para consumar casi completamente la destrucción de la nación. En marzo de 538, como empezaban a amenazarlos otros peligros, levantaron el sitio, quemaron sus tiendas y se retiraron en tumulto y confusión, en número apenas suficiente para conservar su existencia como nación o su identidad como pueblo.

Así fué arrancado de delante del cuerno pequeño de Daniel 7 el cuerno ostrogodo, el último de los tres. Ya no había cosa alguna que impidiese al papa ejercer el poder que le había conferido Justiniano cinco años antes. Los santos, los tiempos y la ley estaban en su mano, de hecho y no sólo de intento. El año 538 debe considerarse, pues, como el año en que se puso o estableció la "abominación espantosa," y como el punto de partida del período profético de 1.260 años de la supremacía papal.

VERS. 32: Y con lisonjas hará pecar a los violadores del pacto: mas el pueblo que conoce a su Dios, se esforzará, y hará.

"El pueblo que conoce a su Dios"— Los que abandonan el libro del pacto, las Sagradas Escrituras, que estiman más los decretos de los papas y las decisiones de los concilios que la palabra de Dios, a éstos él, el papa, corromperá por sus lisonjas. Es decir que su celo como partidarios del papa será fomentado por la obtención de riquezas, puestos y honores.

Al mismo tiempo habrá un pueblo que conocerá a su Dios, y se esforzará y hará proezas. Son los cristianos que conservaron la religión pura y viva en la tierra durante las obscuras edades de la tiranía papal, y ejecutaron admirables actos de abnegación y heroísmo religioso en favor de su fe. Un lugar preeminente ocupan entre ellos, los valdenses, los albigenses y los hugonotes. VERS. 33: Y los sabios del pueblo darán sabiduría a muchos: y caerán a cuchillo y a fuego, en cautividad y despojo, por días. Aquí se nos presenta el largo período de persecución papal contra los que luchaban para sostener la verdad e instruir a sus semejantes en los caminos de la justicia. El número de los días durante los cuales iban a caer así nos es indicado en Daniel 7:25; 12:7; Apocalipsis 12:6, 14; 13:5. El período es llamado "tiempo, y tiempos, y el medio de un tiempo," "mil doscientos y sesenta días," y "cuarenta y dos meses." Todas estas expresiones son otras tantas maneras de designar los mismos 1.260 años de la supremacía papal.

VERS. 34: Y en su caer serán ayudados de pequeño socorro: y muchos se juntarán a ellos con lisonjas.

En Apocalipsis 12, donde se habla de esta misma persecución papal, leemos que la tierra ayudó a la mujer abriendo su boca y tragándose el río que el dragón había arrojado tras ella. La Reforma protestante dirigida por Martín Lutero y sus colaboradores proporcionó el auxilio predicho aquí. Los estados alemanes abrazaron la causa protestante, protegieron a los reformadores y refrenaron las persecuciones que realizaba la iglesia papal. Pero cuando los protestantes recibieron ayuda y su causa llegó a ser popular, muchos "se juntaron a ellos con lisonjas," o sea que abrazaron su fe por motivos indignos.

VERS. 35: Y algunos de los sabios caerán para ser purgados, y limpiados, y emblanquecidos, hasta el tiempo determinado [tiempo del fin, V. M.]: porque aún para esto hay plazo.

Aunque frenado, el espíritu perseguidor no fue destruido. Estallaba cada vez que tuviese oportunidad. Esto sucedía especialmente en Inglaterra. La condición religiosa de aquel reino fluctuaba. A veces lo dominaban los protestantes y a veces caía bajo la jurisdicción papal, de acuerdo a cuál fuese la religión del monarca reinante. La "sangrienta reina María" fue enemiga mortal de la causa protestante, y multitudes cayeron víctimas de sus persecuciones implacables. Esta situación había de durar más o menos "hasta el tiempo determinado," o del fin, como dicen otras versiones. La conclusión natural que se puede sacar es que cuando llegase el tiempo del fin, la iglesia católica perdería completamente el poder de castigar a los herejes, que había ocasionado tantas persecuciones, y que por un tiempo se vió refrenado. Parecería igualmente evidente que esa supresión de la supremacía papal habría de señalar el comienzo del período llamado aquí "tiempo del fin." Si esta aplicación es correcta, el tiempo del fin comenzó en 1798; porque entonces, como ya se ha notado, el papado fue derribado por los franceses, y no ha podido desde entonces ejercer todo el poder que poseyó antes. La opresión de la iglesia por el papado es evidentemente lo aludido aquí, porque es el único pasaje, excepción hecha tal vez de Apocalipsis 2:10, que indique un "tiempo determinado," o sea un período profético.

VERS. 36: Y el rey hará a su voluntad; y se ensoberbecerá, y se engrandecerá sobre todo dios; y contra el Dios de los dioses hablará maravillas, y será prosperado, hasta que sea consumada la ira; porque hecha está determinación.

Un rey se engrandece sobre todo dios— El rey introducido aquí no puede representar la misma potencia que se ha venido observando, a saber, la papal; porque las especificaciones no corresponden si se aplican a dicha potencia.

Tomemos, por ejemplo, una declaración del versículo siguiente: "Ni se cuidará de dios alguno." Nunca se ha aplicado esto al papado. Nunca ha dejado de lado ni rechazado a Dios ni a Cristo este sistema religioso, aun cuando los haya puesto a menudo en una posición falsa.

Tres características han de notarse en la potencia que cumpla esta profecía: Debe asumir el carácter aquí delineado cerca del comienzo del tiempo del fin, al cual nos llevó el versículo precedente. Debe ser una potencia voluntariosa. Debe ser una potencia atea. Quizás podríamos unir estas dos últimas especificaciones diciendo que sería voluntariosa en el ateísmo.

Francia cumple la profecía— Una revolución que responde exactamente a esta descripción se produjo en Francia en el tiempo indicado por la profecía. Los ateos sembraron las semillas que dieron su fruto lógico y funesto. Voltaire había dicho, en su pomposo aunque impotente engreimiento: "Estoy cansado de oír repetir que doce hombres establecieron la religión cristiana. Demostraré que basta un hombre para destruirla." Asociándose con hombres como Rousseau, d'Alembert, Diderot y otros, emprendió la realización de su amenaza. Sembraron vientos, y cosecharon la tempestad. Además, la iglesia católica romana era notoriamente corrompida durante esa época, y el pueblo anhelaba romper el yugo de la opresión eclesiástica. Sus esfuerzos culminaron en el "reinado del terror" de 1793, durante el cual Francia despreció la Biblia y negó la existencia de Dios.

Un historiador moderno describe así este gran cambio religioso:

"Ciertos miembros de la Convención habían sido los primeros que intentaron reemplazar en las provincias el culto cristiano por un ceremonial cívico, en el otoño de 1793. En Abbeville, Dumont, habiendo declarado al populacho que los sacerdotes eran arlequines y payasos vestidos de negro, que mostraban marionetas,' estableció el Culto de la Razón, y con una notable falta de espíritu consecuente, organizó por su cuenta un espectáculo de marionetas' de los más imponentes, con bailes en la catedral cada decadí y fiestas cívicas en cuya observancia insistía mucho. Fouché fué el siguiente funcionario que abolió el culto cristiano. Hablando desde el púlpito de la catedral de Nevers, borró formalmente todo espiritualismo del programa republicano, promulgó la famosa orden que declaraba 'la muerte sueño eterno,' y así dió vuelta a la llave para el cielo y el infierno... En su discurso de felicitaciones al exobispo, el presidente declaró que como el Ser Supremo no deseaba otro culto que el de la Razón, éste constituiría en lo futuro la religión nacional.' "[33]

Pero hay otras y aún más sorprendentes especificaciones que fueron cumplidas por Francia.

VERS. 37: Y del Dios de sus padres no se cuidará, ni del amor de las mujeres: ni se cuidará de dios alguno, porque sobre todo se engrandecerá.

La palabra hebrea que se traduce por mujer se rinde también por esposa; y Tomás Newton observa que este pasaje quedaría mejor interpretado si dijera "el deseo de esposas."[34] Esto parecería indicar que este gobierno, al mismo tiempo que declaraba inexistente a Dios, hollaría bajo los pies la ley que Dios dio para regir la institución matrimonial. Y encontramos que el historiador, tal vez inconscientemente, y ello resulta por lo tanto mucho más significativo, acopló el ateísmo y el espíritu licencioso de este gobierno en el mismo orden en que se presentan en la profecía. Dice:

"La familia había sido destruida. Bajo el antiguo régimen, ella había sido el fundamento mismo de la sociedad... El decreto del 20 de septiembre de 1792, que estableció el divorcio, y fue llevado aún más lejos por la Convención en 1794, dió antes de cuatro años frutos que la Legislatura misma no había soñado: podía fallarse un divorcio inmediato por incompatibilidad de carácter, para que entrara en vigor al año a más tardar, si cualquiera de los miembros de la pareja se negaba a separarse del otro antes que venciese ese plazo.

"Había habido un alud de divorcios: a fines de 1793, o sea quince meses después de promulgarse el decreto, se habían concedido 5.994 divorcios en París... Bajo el Directorio vemos a las mujeres pasar de una mano a la otra por un proceso legal. ¿Cuál era la suerte de los niños que nacían en tales uniones sucesivas? Algunos padres se libraban de ellos: el número de expósitos hallados en París durante el año V se elevó a 4.000, y a 44.000 en los otros departamentos. Cuando los padres guardaban a sus hijos, el resultado era una confusión tragicómica. Un hombre se casaba con varias hermanas, una tras la otra; un ciudadano pidió a los Quinientos permiso para casarse con la madre de las dos esposas que ya había tenido... La familia se disolvía."[35]

"Ni se cuidará de dios alguno." En adición al testimonio presentado ya para demostrar cuán completo era el ateísmo que reinaba en la nación entonces, léase lo siguiente:

El "obispo constitucional de París fué impulsado a desempeñar el papel principal en la farsa más impudente y escandalosa que se haya exhibido ante una representación nacional... Se lo sacó en plena procesión, a declarar a la Convención que la religión que él mismo había enseñado durante tantos años era en todo respecto obra del sacerdocio, que no tenía fundamento en la historia ni verdad histórica. Negó, en términos solemnes y explícitos la existencia de la Divinidad a cuyo culto había sido consagrado, y se comprometió para lo futuro a rendir homenaje a la libertad, la igualdad, la virtud y la moralidad. Luego puso sobre la mesa sus adornos episcopales, y recibió el abrazo fraternal del presidente de la Convención. Varios sacerdotes apóstatas siguieron el ejemplo de ese prelado."[36]

"Hebert, Chaumette y sus asociados se presentaron en la tribuna, y declararon que 'Dios no existe.'"[37]

Se dijo que el temor de Dios distaba tanto de ser el principio de la sabiduría que era el comienzo de la locura. Quedó prohibido todo culto excepto el de la libertad y de la patria. El oro y la platería que había en las iglesias fueron confiscados y profanados. Se cerraron las iglesias. Se rompieron las campanas y se las fundió para hacer cañones. Se quemó públicamente la Biblia. Los vasos sacramentales fueron paseados por las calles sobre un asno, en prueba de desprecio. Se estableció un ciclo de diez días en lugar de la semana, y la muerte se declaró, en letras destacadas sobre los cementerios, un sueño eterno. Pero la blasfemia culminante, si esas orgías infernales admiten una gradación, iba a ser presentada por el cómico Monvel, quien, como sacerdote del Iluminismo, dijo: "'¡Dios! si existes, . . . venga tu nombre injuriado. Te desafío. Callas; no te atreves a lanzar tus truenos; ¿quién, después de esto, creerá en tu existencia?'"[38]

Tal es el hombre cuando queda abandonado a sí mismo, y tal es la incredulidad cuando se libra de las restricciones de la ley, y ejerce el poder. ¿Puede dudarse de que estas escenas son lo que el Omnisciente previó y anotó en la página sagrada cuando indicó que se levantaría un reino que se ensalzaría sobre todos los dioses y los despreciaría?

VERS. 38: Mas honrará en su lugar al dios Mauzim, dios que sus padres no conocieron: honrarálo con oro, y plata, y piedras preciosas, y con cosas de gran precio.

Encontramos una contradicción aparente en este versículo. ¿Como puede una nación despreciar todo dios, y sin embargo honrar al dios Mauzim, el "dios de las fortalezas" (V.M.)? No podría asumir las dos actitudes al mismo tiempo; pero podría durante cierto tiempo despreciar todos los dioses, y luego introducir otro culto y adorar al dios de la fuerza. ¿Ocurrió un cambio tal en Francia en aquel entonces? Por cierto que sí. La tentativa de hacer de Francia una nación sin dios produjo tanta anarquía que los gobernantes temieron que el poder se les escapase completamente, y percibieron que era políticamente necesario introducir algún culto. Pero no querían iniciar un movimiento que aumentase la devoción ni desarrollase un carácter verdaderamente espiritual entre el pueblo, sino tan sólo algo que les ayudase a mantenerse en el poder y les diese el control de las fuerzas de la nación. Algunos extractos de la historia lo demostrarán. La libertad y la patria fueron al principio lo que se ofreció como objeto de adoración. "Libertad, igualdad, virtud y moralidad," precisamente lo opuesto de cuanto poseyesen en realidad o manifestasen en la práctica, fueron las palabras que emplearon luego para describir la divinidad de la nación. En 1793 se introdujo el culto de la diosa de la Razón, y así lo describe el historiador:

"Una de las ceremonias de ese tiempo insensato se destaca sin rival por lo absurda e impía. Las puertas de la Convención se abrieron delante de una banda de música, detrás de la cual entró el Cuerpo Municipal en solemne procesión, cantando un himno de alabanza a la libertad y escoltando como objeto de su futuro culto a una mujer velada, a quien llamaban la diosa de la Razón. Una vez introducida al estrado, se le quitó el velo con toda formalidad, y se la colocó a la diestra del presidente; se vió entonces que era una bailarina de la Opera, cuyos encantos conocía la mayoría de las personas presentes por su actuación en el escenario... A esta persona, como a la representante más idónea de aquella Razón que adoraba, la Convención Nacional de Francia tributó homenaje público. Esta farsa impía y ridícula tuvo cierta boga; y la instalación de la diosa de la Razón se renovó y fue imitada en todos los lugares de la nación donde los habitantes deseaban mostrarse a la altura de la revolución."[39]

El historiador francés moderno, Luis Madelin, escribe:

"Habiéndose excusado la Asamblea por sus negocios, una procesión (de muy mixta descripción) acompañó a la diosa a las Tullerías, y obligó a los diputados a decretar en su presencia la transformación de Nuestra Señora en Templo de la Razón. Como esto no se consideró suficiente, otra diosa de la Razón, la esposa de Momoro, miembro de la Convención, fué instalada en San Sulpicio el siguiente decadí. Antes de mucho estas Libertades y Razones pululaban en toda Francia. Con demasiada frecuencia, eran mujeres licenciosas, aunque había una que otra diosa de buena familia y conducta decente. Si es verdad que las sienes de una de estas Libertades se ciñeron con una cinta que llevaba esta inscripción: No me troquéis en Licencia,' podemos decir que difícilmente resultaba superflua la indicación en cualquier parte de Francia; porque reinaban generalmente las satur-nales más repugnantes. Se dice que en Lyón se hizo beber a un asno de un cáliz... Payán lloró sobre 'estas diosas, más degradadas que las de la fábula.' "[40]

Mientras que el fantástico culto de la razón pareció enloquecer la nación, los dirigentes de la revolución pasaron a la historia como "los ateos." Pero no tardó en percibirse que para frenar al pueblo se necesitaba una religión con sanciones más poderosas que las que tenía la que estaba entonces de moda. Apareció, por lo tanto, una forma de culto en la cual el "Ser Supremo" era objeto de adoración. Era igualmente huera en cuanto se refiere a producir reformas en la vida y piedad vital, pero se apoyaba en lo sobrenatural. Y aunque la diosa de la Razón fué en verdad un "dios ajeno," la declaración relativa al "dios de las fortalezas" puede referirse tal vez más adecuadamente a esta última fase. VERS. 39: Y con el dios ajeno que conocerá, hará a los baluartes de Mauzim crecer en gloria; y harálos enseñorear sobre muchos, y por interés repartirá la tierra.

El sistema de paganismo que se había introducido en Francia, ejemplificado en el ídolo levantado en la persona de la diosa de la Razón y regido por un ritual ateo decretado por la Asamblea Nacional para uso del pueblo francés continuó en vigor hasta el nombramiento de Napoleón para el Consulado provisional de Francia en 1799. Los adherentes de esta religión extraña ocupaban lugares fortificados, los baluartes de la nación, como se expresa en este versículo.

Pero lo que permite identificar la aplicación de esta profecía a Francia tal vez mejor que cualquier otro detalle, es la declaración hecha en la última frase del versículo, a saber, que "por interés repartirá la tierra." Antes de la Revolución, las tierras de Francia pertenecían a la iglesia católica y a unos pocos señores de la nobleza. Eran grandes propiedades que por ley debían quedar indivisas, y no podían ser repartidas ni por herederos ni acreedores. Pero las revoluciones no conocen ley, y durante la anarquía que reinó, como se notará también en Apocalipsis 11, fueron abolidos los títulos de nobleza y sus tierras fueron vendidas en pequeñas parcelas para beneficio del erario público. El gobierno necesitaba fondos, y estas grandes propiedades fueron confiscadas y vendidas en subasta pública, divididas en parcelas convenientes para los compradores. El historiador anota como sigue esta transacción única:

"La confiscación de dos tercios de las tierras del reino, ordenada por los decretos de la Convención contra los emigrantes, el clero y las personas convictas en los tribunales revolucionarios... puso a la disposición del gobierno fondos superiores a 700.000.000 de libras esterlinas."[41]

¿Cuándo y en qué país se produjo un acontecimiento que cumpliese más absolutamente la profecía?

Cuando la nación empezó a volver en si, se exigió una religión más racional, y se abolió el ritual pagano. El historiador describe así este suceso que no dejó de tener importantes repercusiones:

"Una tercera medida, que fué más audaz, fué el abandono del ritual pagano y la reapertura de las iglesias para el culto cristiano. Se debió completamente a Napoleón, quien tuvo que oponerse a los prejuicios filosóficos de cas; todos sus colegas. En sus conversaciones con ellos, no intentó presentarse como creyente en el cristianismo, sino que se basó únicamente en que es necesario proveer al pueblo los medios regulares de culto dondequiera que se desee un estado de tranquilidad. Los sacerdotes que aceptaron prestar el juramento de fidelidad al gobierno fueron admitidos nuevamente en sus funciones; y esta sabia medida fué seguida por la adhesión de nada menos que 20.000 de estos ministros de la religión que hasta entonces habían estado languideciendo en las cárceles de Francia"[42]

Así terminó el reinado del Terror y la Revolución Francesa. De sus ruinas surgió Bonaparte, para guiar el tumulto hacia su propia elevación, para colocarse a la cabeza del gobierno de Francia y llenar de terror el corazón de las naciones.

VERS. 40: Empero al cabo del tiempo el rey del mediodía se I acorneará con él; y el rey del norte levantará contra él como tempestad, con carros y gente de a caballo, y muchos navíos; y entrará por las tierras, e inundará, y pasará.

Nuevo conflicto entre los reyes del sur y del norte— Después de un largo intervalo, vuelven a aparecer en el escenario el rey del sur y el del norte. Hasta aquí nada hemos encontrado que nos indique que hayamos de buscar otros territorios para esas dos potencias que no sean los que poco después de la muerte de Alejandro constituyeron respectivamente la división meridional y septentrional de su imperio. El rey del sur era entonces Egipto, y el rey del norte era Siria, pero incluía también Tracia y Asia Menor. Egipto continuó rigiendo el territorio designado como perteneciente al rey del sur, y Turquía durante más de cuatrocientos años gobernó el territorio que constituyó al principio el dominio del rey del norte.

Esta aplicación de la profecía evoca un conflicto entre Egipto y Francia, y entre Turquía y Francia, en 1798, o sea el año que señala, como ya hemos visto, el comienzo del tiempo del fin. Si la historia atestigua que estalló una guerra triangular de este carácter, quedará probada en forma conclúyeme la corrección de la aplicación.

Preguntarnos, pues: ¿Es un hecho que en el tiempo del fin, Egipto se acorneó con Francia y le opuso una resistencia comparativamente débil, mientras que Turquía vino "contra él como tempestad," es decir contra el enviado de Francia? Ya hemos presentado ciertas pruebas de que el tiempo del fin empezó en 1798; y ningún lector de la historia necesita ser informado de que en ese año se llegó a un estado de hostilidad abierta entre Francia y Egipto.

El historiador formará su opinión acerca de la parte que desempeñaron en el origen del conflicto los sueños de gloria que albergaba el delirante y ambicioso cerebro de Napoleón Bonaparte; pero los franceses, o Napoleón por lo menos, lograron que Egipto fuese el agresor. "En una proclamación hábilmente redactada él [Napoleón] aseguró a los pueblos de Egipto que había venido tan sólo para castigar la casta gobernante de los mamelucos por las depredaciones que habían hecho sufrir a ciertos negociantes franceses; que, lejos de querer destruir la religión musulmana, tenía más respeto hacia Dios, Mahoma y el Corán que los mamelucos; que los franceses habían destruído al Papa y los Caballeros de Malta que hacían la guerra a los musulmanes; tres veces bienaventurado sería pues el que se pusiera de parte de los franceses, bienaventurados serían aun los que permaneciesen neutrales y tres veces desgraciados serían los que peleasen contra ellos."[43]

El comienzo del año 1798 encontró a los franceses elaborando grandes proyectos contra los ingleses. El Directorio deseaba que Bonaparte emprendiese en seguida el cruce del canal y atacase a Inglaterra;

pero él veía que ninguna operación directa de esta clase podría emprenderse juiciosamente antes del otoño, y no estaba dispuesto a arriesgar su creciente reputación pasando el verano en la ociosidad. "Pero--nos dice el historiador--veía una tierra lejana, donde podría adquirir una gloria que le daría nuevo encanto a los ojos de sus compatriotas por el aire romántico y misterioso que envolvía el escenario. Egipto, la tierra de los faraones y Tolomeos, sería un noble campo para obtener nuevos triunfos."[44]

Mientras Napoleón contemplaba horizontes aun más amplios en los países históricos del Oriente, que no abarcan solamente el Egipto, sino también Siria, Persia, el Indostán y hasta el Ganges mismo, no tuvo dificultad en persuadir al Directorio de que Egipto era el punto vulnerable donde podía herir a Inglaterra al interceptar su comercio oriental. De ahí que, con el pretexto mencionado arriba, se emprendió la campaña egipcia.

La caída del papado, que señaló la terminación de los 1.260 años y, según el versículo 35, marcó el comienzo del tiempo del fin, ocurrió en febrero de 1798, cuando Roma cayó en manos del general francés Berthier. El 5 de marzo siguiente, Bonaparte recibió el decreto del Directorio relativo a la expedición contra Egipto. Salió de París el 3 de mayo, y zarpó de Tolón el 19, con mucho armamento naval, que consistía en "trece barcos de línea, catorce fragatas (algunas de ellas sin artillar), gran número de buques de guerra menores, y como 300 transportes. A bordo iban más de 35.000 soldados, juntamente con 1.230 caballos. Si incluimos las tripulaciones, la comisión de sabios enviada a explorar las maravillas de Egipto y los asistentes, el total de personas que iba a bordo era de unas 50.000; y se lo ha hecho subir hasta 54.000"[45]

El 2 de julio tomó Alejandría y la fortificó inmediatamente. El 21 peleó la batalla decisiva de las Pirámides, en la cual los mamelucos disputaron el campo con valor y desesperación, pero no pudieron hacer mella en las legiones disciplinadas de los franceses. Murad Bey perdió todos sus cañones, 400 camellos y 3.000 hombres. Las pérdidas de los franceses fueron comparativamente pocas. El 25, Bonaparte entró en el Cairo, capital de Egipto, y sólo esperó la bajada de las inundaciones del Nilo para perseguir a Murad Bey hasta el Alto Egipto adonde se había retirado con su caballería dispersa; y conquistó así todo el país. En verdad, el rey del sur no pudo ofrecer sino una débil resistencia.

Pero la situación de Napoleón se volvió precaria. La flota francesa, que era su único medio de comunicación con Francia, fué destruída por los ingleses bajo Nelson en Abukir. El 11 de septiembre de 1798, el sultán de Turquía, animado de celos contra Francia, arteramente fomentados por los embajadores ingleses en Constantinopla, y exasperado porque Egipto, que había sido durante mucho tiempo semidependiente del Imperio Otomán, se transformaba en provincia francesa, declaró la guerra a Francia. Así el rey del norte (Turquía) se levantó contra él (Francia) el mismo año en que rey del sur (Egipto) se acorneó con él, y ambos "al cabo del tiempo" o "al tiempo del fin" (V.M.). Esta es otra prueba concluyente de que el año 1798 es el que inicia este período, y todo demuestra que es correcta la aplicación que se da aquí a la profecía. Sería imposible que se realizasen al mismo tiempo tantos sucesos que satisfacen tan exactamente las especificaciones de la profecía sin que constituyesen su cumplimiento.

Fué el levantamiento del rey del norte, o Turquía, como una tempestad en comparación con la manera en que se defendió Egipto. Napoleón había aplastado a los ejércitos de Egipto, y procuró hacer lo mismo con los del sultán que amenazaban con atacarle desde Asia. Inició su marcha del Cairo a Siria el 27 de febrero de 1799, con 18.000 hombres. Primero tomó el fuerte de El-Arish en el desierto, luego

Jaffa (la ciudad de Joppe de la Biblia), venció a los habitantes de Naplous en Zeta, y fué nuevamente victorioso en Jafet. Mientras tanto, un ejercito de los turcos se había atrincherado en San Juan de Acre, mientras que enjambres de musulmanes se reunían en las montañas de Samaria, listos para caer sobre los franceses cuando sitiasen a San Juan de Acre. Al mismo tiempo sir Sidney Smith apareció delante de dicha ciudad con dos barcos ingleses, reforzó la guarnición turca y capturó la maquinaria de sitio que Napoleón había enviado por mar desde Alejandría. Pronto apareció en el horizonte una flota turca que, con los barcos ingleses y rusos que cooperaban con ella constituyó los "muchos navíos" del rey del norte.

El sitio comenzó el 18 de marzo. Napoleón fué llamado dos veces a dejarlo para salvar a algunas divisiones francesas que estaban por caer en manos de las hordas musulmanas que inundaban el país. Dos veces también se hizo una brecha en la muralla de la ciudad, pero los asaltantes fueron recibidos con tanta furia por la guarnición que se vieron obligados a renunciar a la lucha a pesar de todos sus esfuerzos. Después de sostenerlo sesenta días, Napoleón levantó el sitio, hizo tocar la retirada por primera vez en su carrera, y el 21 de mayo de 1799 empezó a desandar sus pasos hacia Egipto.

"E inundará, y pasará." Hemos hallado acontecimientos que proporcionan un cumplimiento sorprendente a lo predicho con respecto al rey del sur, como también acerca del ataque tempestuoso del rey del norte contra Francia. Hasta aquí la historia concuerda en forma general con la profecía. Pero llegamos a un punto donde empiezan a separarse las opiniones de los comentadores. ¿A quién se aplican las palabras "inundará, y pasará"? ¿A Francia o al rey del norte? La aplicación del resto del capítulo depende de la respuesta que demos a esta pregunta. De ahí en adelante hay dos interpretaciones. Algunos aplican estas palabras a Francia, y procuran hallar su cumplimiento en la carrera de Napoleón. Otros las aplican al rey del norte, y encuentran su cumplimiento en los acontecimientos de la historia de Turquía. Si ninguna de las dos interpretaciones se ve libre de dificultades, como es forzoso admitirlo, lo único que nos toca hacer es elegir la que tiene mayor peso de evidencias en su favor. Y nos parece que hay en favor de una de ellas evidencias tan preponderantes que excluyen a la otra y no dejan cabida para la menor duda.

Turquía llega a ser rey del norte— Con respecto a la aplicación de esta porción de la profecía a Napoleón, o a Francia bajo su dirección, no hallamos sucesos que podamos presentar con la menor seguridad como cumplimiento de la parte restante de este capítulo. De ahí que no veamos cómo se le podría dar tal aplicación. Debe ser, pues, cumplida por Turquía, a menos que se pueda demostrar que la expresión "rey del norte" no se aplica a Turquía, o que hay, además de Francia o el rey del norte, otra potencia que cumplió esa parte de la predicción. Pero si Turquía, ocupante actual del territorio que constituía la división septentrional del imperio de Alejandro, no es el rey del norte de esta profecía, entonces quedamos sin principio para guiarnos en la interpretación. Presumimos que todos reconocen que no cabe introducir otro poder aquí. Francia y el rey del norte son los únicos a los cuales puede aplicarse la predicción. El cumplimiento debe encontrarse en la historia de una u otra potencia.

Algunas consideraciones favorecen ciertamente la idea de que en la última parte del versículo 40 el objeto principal de la profecía se traslada de la potencia francesa al rey del norte. Este último acaba de ser introducido como saliendo a semejanza de tempestad con carros, caballos y muchos navíos. Ya hemos tomado nota del choque que se produjo entre esa potencia y Francia. Con la ayuda de sus aliados el rey del norte ganó la contienda; y los franceses, estorbados en sus esfuerzos, fueron rechazados a Egipto. Lo más natural es aplicar las expresiones "e inundará, y pasará" a la potencia que salió vencedora de aquella lucha, a saber Turquía.

VERS. 41: Y vendrá a la tierra deseable, y muchas provincias caerán; más éstas escaparán de su mano: Edom, y Moab, y lo primero de los hijos de Ammón.

Abandonando una campaña en la cual una tercera parte de su ejército había caído víctima de la guerra y la peste, los franceses se retiraron de San Juan de Acre, y después de una marcha penosa de 26 días volvieron a entrar en el Cairo, Egipto. Abandonaron así todas las conquistas que habían hecho en Judea; y la "tierra deseable," o sea Palestina, con todas sus provincias, volvió a caer bajo el gobierno opresivo de los turcos. Edom, Moab y Ammón, que están fuera de los límites de Palestina, al sur y al oriente del mar Muerto y el Jordán,

quedaron fuera de la línea de marcha de los turcos de Siria a Egipto, y así escaparon a los estragos de esa campaña. Acerca de este pasaje, Adán Clarke tiene la siguiente nota: "Estos y otros árabes, no han podido [los turcos] subyugarlos nunca. Ocupan todavía los desiertos, y reciben una pensión anual de cuarenta mil coronas de oro de los emperadores otomanos para que dejen pasar libremente las caravanas de peregrinos que se dirigen a la Meca."[46]

VERS. 42: Asimismo extenderá su mano a las otras tierras, y no escapará el país de Egipto.

Cuando se retiraron los franceses a Egipto, una flota turca desembarcó 10.000 hombres en Abukir. Napoleón atacó inmediatamente el lugar, derrotó completamente a los turcos y restableció su autoridad en Egipto. Pero en ese momento severos reveses de las armas francesas en Europa hicieron volver a Napoleón a su país para cuidar de los intereses de éste. Dejó al general Kleber el comando de las tropas que quedaban en Egipto. Después de un período de incansable actividad en favor de su ejército, ese general fue asesinado por un turco en el Cairo, y Abdallah Menou asumió el mando; pero toda pérdida era muy grave para un ejército que no podía recibir refuerzos.

Mientras tanto, el gobierno inglés, como aliado de los turcos, había decidido quitar Egipto a los franceses. El 13 de marzo de 1801, una flota inglesa desembarcó tropas en Abukir. Los franceses les dieron batalla al día siguiente, pero se vieron obligados a retirarse. El 18, Abukir se rindió. El 28, llegaron refuerzos traídos por una flota turca y el gran vizir se fue acercando desde Siria con un gran ejército. El 19, Roseta se rindió a las fuerzas combinadas de los ingleses y los turcos. En Ramanieh un cuerpo de 4.000 franceses fué derrotado por 8.000 ingleses y 6.000 turcos. En Elmenayer 5.000 franceses se vieron obligados a retirarse, el 16 de mayo, porque el vizir se acercaba al Cairo con 20.000 hombres. Todo el ejército francés quedó entonces encerrado en el Cairo y Alejandría. El Cairo capituló el 27 de junio, y Alejandría el 2 de septiembre. Cuatro semanas más tarde, el 1° de octubre, se firmaron los preliminares de la paz, en Londres.

"No escapará el país de Egipto," eran las palabras de la profecía. Este lenguaje parecía implicar que Egipto iba a quedar sometido a alguna potencia de cuyo dominio iba a desear verse libre. ¿Cuál era la preferencia de los egipcios entre los franceses y los turcos? Preferían el gobierno francés. En la obra de R. R. Madden sobre viajes por Turquía, Egipto, Nubia y Palestina, se declara que los egipcios consideraban a los franceses como sus benefactores; que durante el corto período que pasaron en Egipto dejaron rastros de mejoramiento; y que, si hubiesen podido establecer su dominio, Egipto sería ahora un país comparativamente civilizado.⁴⁷ En vista de este testimonio, es claro que el lenguaje de la Escritura no se aplica a Francia, pues los egipcios no deseaban escapar de sus manos; aunque sí deseaban escapar de las manos de los turcos, pero no pudieron.

VERS. 43: Y se apoderará de los tesoros de oro y plata, y de todas las cosas preciosas de Egipto, de Libia, y Etiopía por donde pasará.

Como ilustración de este versículo citamos una declaración del historiador acerca de Mehemet Alí, el gobernador turco de Egipto que asumió el poder después de la derrota de los franceses:

"El nuevo bajá se dedicó a fortalecerse en su posición a fin de asegurarse en forma permanente el gobierno de Egipto para sí y su familia. En primer lugar, vió que debía cobrar ingentes rentas de sus súbditos, a fin de mandar tales cantidades de tributo a Constantinopla que propiciasen al sultán y le conveciesen de que le convenía claramente sostener el poder del gobernador de Egipto. Actuando de acuerdo con estos principios, empleó muchos medios injustos para entrar en posesión de grandes propiedades; negó la legitimidad de muchas sucesiones; quemó títulos de propiedad y confiscó fundos; en fin, desafió los derechos universalmente reconocidos de los propietarios. A esto siguieron grandes disturbios, pero Mehemet Alí estaba preparado para ellos, y por su terca firmeza creó la apariencia de que la sola presentación de derechos era una agresión de parte de los jeques. Aumentó constantemente los impuestos, y puso su cobro en manos de los gobernadores militares; por estos medios empobreció a los campesinos hasta lo sumo."⁴⁸

VERS. 44: Mas nuevas de oriente y del norte lo espantarán; y saldrá con grande ira para destruir y matar muchos.

El rey del norte en dificultad— Acerca de este versículo tiene Adán Clarke una nota que merece transcribirse. Dice: "Se reconoce generalmente que esta parte de la profecía no se ha cumplido todavía."⁴⁹ Esta nota se imprimió en 1825. En otra parte de su comentario dice: "Si se ha de entender que, como en los versículos anteriores, se trata de Turquía, puede significar que los persas al este, y los rusos al norte pondrán en aquel momento al gobierno otomano en situación muy embarazosa."

Entre esta conjetura de Adán Clarke, escrita en 1825, y la guerra de Crimea entre 1853 y 1856, hay ciertamente una coincidencia sorprendente, por cuanto las mismas potencias que menciona, los persas al este y los rusos al norte, fueron las que instigaron aquel conflicto. Las noticias que llegaban de aquellas potencias perturbaban a Turquía. La actitud y los movimientos de ellas incitaron al sultán a la ira y la venganza. Rusia fué objeto del ataque, por ser la potencia más agresiva. Turquía declaró la guerra a su poderoso vecino en 1853. El mundo vió con asombro cómo se precipitaba impetuosamente al conflicto un gobierno que se llamaba desde hacía mucho "el enfermo del Oriente," un gobierno cuyo ejército estaba desmoralizado, cuya tesorería estaba vacía, cuyos dirigentes eran viles e imbéciles, y cuyos súbditos eran rebeldes y amenazaban separarse. La profecía decía que saldría "con grande ira para destruir y matar muchos." Cuando entraron los turcos en la guerra mencionada, los describió cierto escritor americano con lenguaje profano diciendo que "peleaban como demonios." Es cierto que Francia e Inglaterra acudieron en ayuda de Turquía; pero ésta entró en la guerra de la manera descrita y obtuvo victorias importantes antes de recibir la ayuda de las dos potencias nombradas.

VERS. 45: Y plantará las tiendas de su palacio entre los mares, en el monte deseable del santuario; y vendrá hasta su fin, y no tendrá quien le ayude.

El rey del norte llega a su fin— Hemos seguido la profecía de Daniel 11 paso a paso hasta este último versículo. Al ver como las divinas profecías encuentran su cumplimiento en la historia, se fortalece nuestra fe en la realización final de la palabra profética de Dios.

La profecía del versículo 45 se refiere a la potencia llamada rey del norte. Es la potencia que domina el territorio poseído originalmente por el rey del norte. (Véanse las págs. 192, 193.)

Se predice aquí que el rey del norte "vendrá hasta su fin, y no tendrá quien le ayude." Exactamente cómo, cuándo y dónde llegará su fin, es algo que podemos observar con solemne interés, sabiendo que la mano de la Providencia dirige el destino de las naciones.

Pronto determinará el tiempo este asunto. Cuando se produzca este acontecimiento, ¿qué seguirá? Pues sucesos del más portentoso interés para todos los habitantes del mundo, como lo demuestra inmediatamente el capítulo siguiente.

Notas del Capítulo 11

[1] Tomás Newton, "Dissertations on the Prophecies," tomo I, pág. 335.

[2] Humphrey Prideaux, "The Old and New Testament Connected in the History of the Jews," tomo I, pág. 378.

[3] Id., pág. 415.

[4] Tomás Newton, "Dissertations on the Prophecies," tomo I, págs. 345, 346.

[5] Tomás Newton, "Dissertations on the Prophecies," tomo I, pág. 352.

[6] Carlos Rollin, "Ancient History," tomo 5, págs. 305, 306.

[7] Tomás Newton, "Dissertations on the Prophecies," tomo 1, pág. 356.

[8] "The Cambridge Ancient History," tomo 9, pág. 670. Con autorización de sus editores en los Estados Unidos, Macmillan Company.

[9] Humphrey Prideaux, "The Old and New Testament Connected in the History uf the Jews," tomo 2, pág. 312.

[10] "The Cambridge Ancient History," tomo 9, pág. 738. Con autorización Je sus editores en los Estados Unidos, Macmillan Company.

[11] Id., tomo 10, págs. 96, 97.

[12] "Encyclopoedia Americana," ed. 1849. tomo 12, pág. 251, art. "Tiberio."

[13] Ibid.

[14] Tomás Newton, " Dissertations on the Prophecies, " tomo I, pág. 363.

[15] "Encyclopoedia Americana," ed. 1849, tomo 12, págs. 251, 252, art. "Tiberio."

[16] Humphrey Prideaux, "The Old and New Testament Connected in the History of the Jews," tomo 2, pág. 423.

[17] Guillermo Hales, "A New Analysis of Chronology," tomo 3, pág. 1.

[18] Véase 1 Macabeos 8; Humphrey Prideaux. "The Old and New Testament Connected in the History of the Jews." tomo 2, pág. 166.

[19] Flavin Josefo, "Antigüedades Judaicas." libro 12, cap. 10, sec. 6. [20] Véase "Encyclopoedia Britannica," 11a ed., tomo 7, pág- 3, art. "Constantinopla."

[21] Humphrey Prideaux, "The Old and New Testament Connected in the History of the Jews," tomo 2, pág. 380.

[22] Adán Clarke, "Commentary on the Old Testament," tomo 4, págs. 109, 110, nota sobre Isaías 23:1.

[23] Véase Juan Kitto, "Cyclopoedia of Biblical Literature," art. "Chittim," pág. 196.

[24] J. A. Wylie, "The Papacy," págs. 180, 181.

[25] Véase Luís E. Dupin, "A New History of Ecclesiastical Writers," tomo 5, págs. 1-3.

[26] Eduardo Gibbon, "The Decline and Fall of the Roman Empire," tomo 4, cap. 47, pág. 526.

[27] "Codex Justiniani" lib, 1, tit. 1; traducción dada por R. F. Littledale en "The Petrine Claims," pág. 293.

[28] Jorge Croly, "The Apocalypse of St John," pág. 170.

[29] Id., págs. 170, 171.

[30] Id., págs. 172, 173.

[31] Id., págs. 12, 13.

[32] Véase Eduardo Gibbon, "The Decline and Fall of the Roman Empire," tomo 4, cap. 41, págs. 168, 169.

[33] Luis Madelin, "The French Revolution," págs. 387, 388.

[34] Tomás Newton, "Dissertations on the Prophecies," tomo I, págs. 388-390.

[35] Luis Madelin, "The French Revolution," págs. 552, 553.

[36] Sir Walter Scott, "The Life of Napoleon Buonaparte," tomo I, pág. 239.

[37] Archibaldo Alison, "History of Europe," tomo á, pág. 22.

[38] Id., pág. 24.

[39] Sir Walter Scott, "The Life of Napoleon Buonaparte," tomo 1, págs. 239, 240.

[40] Luis Madelin, "The French Revolution," pág. 389.

[41] Archibaldo Alison, "History of Europe," tomo 3, págs. 25, 26.

[42] Juan Gibson Lockhart. " History of Napoleon Buonaparte," tomo 1, pág. 154.

[43] "The Cambridge Modern History," tomo 8, pág. 599. Con autorización de sus editores en los Estados Unidos, Macmillan Company.

[44] Jaime White. "History of France," pág. 469.

[45] "The Cambridge Modern History," tomo 8, págs. 597, 598. Con autorización de sus editores en los Estados Unidos, Macmillan Company.

[46] Adán Clarke, "Commentary on the Old Testament," tomo 4, pág. 618. nota sobre Daniel 11:41.

[47] Ricardo Roberto Madden, "Travels in Turkey, Egypt, Nubia, and Palestine," tomo 1, pág. 231.

[48] Clara Erskine Clement, "Egypt," págs. 389, 390.

[49] Adán Clarke, "Commentary on the Old Testament," tomo 4, pág. 618, nota sobre Daniel 11:44.

Capítulo 12—Se Acerca el Momento Culminante de la Historia

VERS. 1: Y en aquel tiempo se levantará Miguel, el gran príncipe que está por los hijos de tu pueblo; y será tiempo de angustia, cual nunca fue después que hubo gente hasta entonces: más en aquel tiempo será libertado tu pueblo, todos los que se hallaren escritos en el libro.

EN ESTE versículo se especifica cierto lapso, no un año, un mes, o día determinado, sino un tiempo definido por cierto suceso con el cual está relacionado. "Aquel tiempo." ¿Qué tiempo? El tiempo al cual nos ha llevado el versículo final del capítulo anterior, el tiempo en que el rey del norte plantará las tiendas de su palacio en el monte santo y glorioso. Cuando esto suceda, llegará su fin; y entonces, según este versículo, hemos de esperar que se levantará Miguel, el gran Príncipe.

Se levanta Miguel— ¿Quién es Miguel, y qué significa el hecho de que se levante? Miguel es llamado el "Arcángel" en Judas 9. Esto significa el jefe o cabeza de los ángeles. Hay uno solo. ¿Quiénes? Es aquel cuya voz se oye desde el cielo cuando resucita a los muertos. (1 Tesalonicenses 4:16.) ¿Cuál voz se oye en relación con este acontecimiento? La voz de nuestro Señor Jesucristo. (Juan 5:28.) Cuando, basados en este hecho, buscamos la verdad, llegamos a la siguiente conclusión: la voz del Hijo de Dios es la voz del arcángel; por lo tanto, el arcángel debe ser el Hijo de Dios. Pero el arcángel se llama Miguel; de ahí que Miguel debe ser el nombre dado al Hijo de Dios. La expresión que hallamos en el versículo 1: "El gran príncipe que está por los hijos de tu pueblo," basta para identificar como salvador de los hombres al personaje aquí mencionado. Es el "Autor de la vida," y "Príncipe y Salvador." (Hechos 3:15; 5:31.) Es el gran Príncipe.

"Está por los hijos de tu pueblo." Condesciende a tomar a los siervos de Dios en su mísero estado mortal, y a redimirlos para que sean súbditos de su reino futuro. Está de parte nuestra, de los que creemos. Sus hijos resultan esenciales para sus propósitos futuros, una parte inseparable de la heredad comprada. Han de ser los principales agentes de aquel gozo que Cristo previó, y que le indujo a soportar todos los sacrificios y sufrimientos que señalaron su intervención en favor de la familia caída. ¡Honor asombroso! ¡Tributémosle eterna gratitud por su condescendencia y misericordia hacia nosotros! ¡Suyos sean para siempre el reino, el poder y la gloria!

Llegamos ahora a la segunda pregunta: ¿Qué significa el acto de Miguel al levantarse? La clave para interpretar esta expresión la encontraremos en estos pasajes: "Aun habrá tres reyes en Persia;" "levantaráse luego un rey valiente, el cual se enseñoreará sobre gran dominio." (Daniel 11:2, 3.) No puede caber la menor duda en cuanto al significado de la expresión en estos casos. Significa asumir el reino, reinar. En el versículo que consideramos, esta expresión debe significar lo mismo. En aquel tiempo se levantará Miguel, tomará el reino, empezará a reinar.

Pero, ¿no está reinando Cristo ahora? Sí, asociado con su Padre en el trono del dominio universal. (Efesios 1:20-22; Apocalipsis 3:21.) Pero renuncia a ese trono o reino, cuando viene. (1 Corintios 15:24.) Entonces empieza su reinado, presentado en el texto, cuando se levanta, o se encarga de su propio reino, el trono prometido desde hace mucho a su padre David, y establece un dominio que no acabará. (Lucas 1:32, 33.)

Los reinos de este mundo llegarán a ser el reino de "nuestro Señor y de su Cristo." Deja de lado sus vestiduras sacerdotales para ponerse el manto real. Habrá terminado la obra de misericordia y el tiempo de gracia concedido a la familia humana. Entonces el que esté sucio no tendrá ya esperanza de ser purificado; y el santo ya no correrá peligro de caer. Todos los casos estarán decididos para siempre. Desde entonces en adelante, hasta que Cristo venga en las nubes de los cielos, las naciones serán quebrantadas como con vara de hierro y destrozadas como vaso de alfarero por un tiempo de angustia sin parangón. Caerá sobre los hombres que han rechazado a Dios una serie de castigos divinos. Entonces aparecerá en el cielo el Señor Jesucristo "en llama de fuego, para dar el pago a los que no conocieron a Dios, ni obedecen al evangelio." (2 Tesalonicenses 1:8; véase también Apocalipsis 11:15; 22: 11, 12.)

Los acontecimientos introducidos por el acto de Miguel al levantarse son portentosos. Él se levanta, o asume el reino, cierto tiempo antes de volver personalmente a esta tierra. ¡Cuán importante es, pues, que sepamos qué posición ocupa, a fin de poder seguir el proceso de su obra, y reconocer cuando se acerque el momento emocionante en que acabará su intercesión en favor de la humanidad, y se fijará el destino de todos para siempre!

¿Cómo podemos saberlo? ¿Cómo hemos de determinar lo que sucede en el santuario celestial La bondad de Dios ha sido tan grande que ha puesto en nuestras manos el medio de saber esto. Él nos ha dicho que cuando ciertos acontecimientos sucedan en la tierra, se estarán haciendo en el cielo decisiones importantes que sincronicen con ellos. Mediante estas cosas que se ven, nos instruímos acerca de las cosas que no se ven. Así como "a través de la naturaleza llegamos a ver al Dios de la naturaleza," mediante los fenómenos y acontecimientos terrenales seguimos los grandes movimientos que se realizan en el reino celestial. Cuando el rey del norte plantará las tiendas de su palacio entre los mares, sobre el monte glorioso y santo, entonces Miguel se levantará, o recibirá de su Padre el reino, como preparativo para volver a esta tierra. O podría expresarse el asunto en estas palabras: Entonces nuestro Señor cesa su obra como nuestro gran Sumo Sacerdote, y se acaba el tiempo de gracia concedido al mundo. La gran profecía de los 2.300 días nos indica con exactitud el comienzo de la división final de la obra que Cristo ha de realizar en el santuario celestial. El versículo que consideramos nos da indicaciones por las cuales podemos descubrir aproximadamente el tiempo en que terminará.

El tiempo de angustia— En relación con el momento en que se levantará Miguel, se producirá un tiempo de angustia cual nunca hubo. En Mateo 14:21 se nos habla de un período de tribulación cual nunca hubo ni habrá después. Esta tribulación, que fué la opresión y persecución de la iglesia por el poder papal, se halla ya en lo pasado; mientras que el tiempo de angustia de Daniel 12:1, está todavía en lo futuro, según la opinión que expresamos. ¿Cómo puede haber dos tiempos de tribulación, separados por muchos años, que son ambos mayores que cualquiera que haya habido antes o haya de haber después? Para evitar cualquier dificultad aquí, notemos cuidadosamente esta distinción: La tribulación mencionada en Mateo es tribulación que sufre la iglesia. Cristo habla allí de sus discípulos, y de ellos en un tiempo venidero. Ellos iban a ser los afectados, y por su causa serían acortados los días de tribulación. (Mateo 24:22.) El tiempo de angustia mencionado en Daniel no es un tiempo de persecución religiosa, sino de calamidad internacional. No ha habido nunca cosa semejante desde que hubo nación; no dice iglesia. Es la última tribulación que sufrirá el mundo en su condición actual. En Mateo se alude a un tiempo que transcurrirá después de aquella tribulación; porque una vez que ella haya pasado, el pueblo de Dios no volverá a pasar por otro período de sufrimiento semejante. Pero aquí en Daniel no se alude a ningún tiempo futuro después de la aflicción mencionada, porque ésta clausura la historia de este mundo. Incluye las siete postreras plagas de Apocalipsis 16, y culmina en la aparición del Señor Jesús, que viene en nubes de fuego, a infligir la destrucción a sus enemigos. Pero de esta tribulación será librado todo aquel cuyo nombre se halle escrito en el libro de la vida; "porque en el monte de Sión . . . habrá salvación, como Jehová ha dicho, y en los que quedaren, a los cuales Jehová habrá llamado." (Joel 2:32.)

VERS. 2: Y muchos de los que duermen en el polvo de la tierra serán despertados, unos para vida eterna, y otros para vergüenza y confusión perpetua [para deshonra y aborrecimiento eterno, V. M.].

Este versículo revela la importancia que tiene el acto de Miguel al levantarse, o el comienzo del reinado de Cristo, porque en ese tiempo habrá una resurrección de los muertos. ¿Es ésta la resurrección general que se produce cuando venga Cristo por segunda vez? ¿O es que, entre el momento en que Cristo recibe el reino y su manifestación a la tierra con toda la gloria de su advenimiento (Lucas 21:27), se ha de producir una resurrección especial que corresponda a la descripción hecha aquí?

¿Por qué no puede ser lo primero, o sea la resurrección que se producirá cuando se oiga la última trompeta? Porque únicamente los justos, con exclusión de todos los impíos, tendrán parte en esta resurrección. Los que duermen en Jesús saldrán entonces, pero el resto de los muertos no vivirá por mil años. (Apocalipsis 20:5.) La resurrección general de toda la especie, queda pues dividida en dos grandes acontecimientos. Primero resucitan exclusivamente los justos cuando viene Cristo; y en segundo lugar, resucitan exclusivamente los impíos mil años más tarde. La resurrección general no es resurrección de los justos y de los impíos al mismo tiempo. Cada una de estas dos clases resucita por separado, y el tiempo que transcurre entre sus respectivas resurrecciones es de mil años, según se indica claramente.

Pero en la resurrección que se nos presenta en el versículo que consideramos, muchos de los justos y de los impíos resucitan juntos. No puede ser por lo tanto la primera resurrección, que incluye solamente a los justos, ni la segunda, que se limita distintamente a los impíos. Si el texto dijera: Muchos de los que duermen en el polvo de la tierra despertarán para vida eterna, entonces la palabra "muchos" podría interpretarse como incluyendo a todos los justos, y esta resurrección sería la de los justos cuando venga Cristo por segunda vez. Pero el hecho de que algunos de los muchos son impíos, y resucitan para vergüenza y desprecio eterno, cierra el paso a una explicación tal.

¿Se produce, pues, una resurrección especial o limitada? ¿Se nos indica en alguna otra parte que haya de ocurrir un acontecimiento tal antes que venga el Señor? La resurrección predicha aquí se produce cuando el pueblo de Dios es libertado del gran tiempo de angustia con que termina la historia de este mundo; y de Apocalipsis 22:11 parecería desprenderse que esta liberación acontece antes que aparezca el Señor. Llega el momento pavoroso en que el sucio e injusto es declarado injusto todavía, y santo todavía el que es justo y santo. Entonces quedan decididos para siempre los casos de todos. Cuando esta sentencia se pronuncia sobre los justos, debe ser una liberación para ellos, porque entonces ya no les alcanza el peligro ni el temor del mal. Pero, en aquel momento, el Señor no ha venido aún, porque añade inmediatamente: "He aquí, vengo en breve."

Cuando se pronuncia esta declaración solemne, ella sella a los justos para la vida eterna y a los impíos para la muerte eterna. Sale una voz del trono de Dios diciendo: "¡Hecho es!" (Apocalipsis 16:17.) Esta es evidentemente la voz de Dios, a la cual se alude tan frecuentemente en las descripciones de las escenas relacionadas con el postrer día. Joel habla de ello y dice: "Y Jehová bramará desde Sión, y dará su voz desde Jerusalén, y temblarán los cielos y la tierra: más Jehová será la esperanza de su pueblo, y la fortaleza de los hijos de Israel." (Joel 3:16.) Una nota marginal de ciertas versiones de la Biblia dice en vez de "esperanza," "lugar de refugio, o puerto." Entonces, cuando se oye la voz de Dios que habla desde el cielo precisamente antes de la venida del Hijo del hombre, Dios es un refugio para su pueblo, o, lo que es lo mismo, provee liberación. La última escena estupenda está por manifestarse a un mundo condenado. Dios da a las naciones asombradas otra prueba y garantía de su poder, y resucita de entre los muertos a una multitud de seres que durmieron durante largo tiempo en el polvo de la tierra.

Así vemos que hay oportunidad y lugar para la resurrección de Daniel 12:2. Un versículo del libro de Apocalipsis indica claramente que se ha de producir una resurrección de esta clase. "He aquí que viene con las nubes [se describe indudablemente el segundo advenimiento], y todo ojo le verá [de las naciones que vivan entonces en la tierra], y los que le traspasaron [los que tomaron parte activa en la terrible obra de su crucifixión]; y todos los linajes de la tierra se lamentarán sobre él." (Apocalipsis 1:7.) Si no se hiciese una excepción en su caso, los que crucificaron al Señor habrían de quedar en sus tumbas hasta el fin de los mil años y resucitar juntamente con los demás impíos en esa oportunidad. Pero aquí se nos dice que contemplarán al Señor cuando venga por segunda vez. Ha de haber, pues, una resurrección especial con este fin.

Es ciertamente muy propio que algunos de los que se distinguieron por su santidad, que trabajaron y sufrieron por la esperanza que tenían en la venida de su Salvador, pero murieron sin haberlo visto, resuciten un poco antes que venga, para presenciar las escenas que acompañarán su gloriosa epifanía; así como igualmente salió un buen número del sepulcro en ocasión de su resurrección para contemplar su gloria y escoltarle (Mateo 27:52, 53) en triunfo hasta la diestra del trono de la majestad en los cielos (Efesios 4:8, nota marginal). Hay también quienes se distinguieron en la maldad, los que más hicieron para vilipendiar el nombre de Cristo e injuriar su causa, especialmente aquellos que le dieron cruel muerte en la cruz, y se burlaron de él en la agonía de su muerte, algunos de éstos resucitarán, como parte de su castigo judicial, para contemplar su regreso en las nubes de los cielos, como vencedor celestial, con gran majestad y esplendor que no podrán soportar.

Algunos consideran que lo dicho en este versículo proporciona buenas pruebas de que los impíos sufren eternamente en forma consciente, porque explica que los impíos que resucitarán lo harán para vergüenza y desprecio eterno. ¿Cómo podrían sufrir para siempre vergüenza y desprecio, a menos que estén conscientes para siempre? En verdad esta vergüenza implica que están conscientes, pero debe notarse que esto no ha de durar para siempre. Este calificativo no se inserta hasta que lleguemos al aborrecimiento o desprecio. Lo sienten los demás para con los culpables, y no hace necesaria la condición consciente de aquellos contra quienes se dirige. La vergüenza de su impiedad y corrupción atormentará sus almas mientras estén conscientes. Cuando fallezcan, consumidos por sus iniquidades, su repugnante carácter y sus culpables obras excitarán tan sólo desprecio de parte de todos los justos, mientras los recuerden. El texto no proporciona, pues, prueba alguna de que los impíos hayan de sufrir eternamente.

VERS. 3: Y los entendidos resplandecerán como el resplandor del firmamento; y los que enseñan a justicia la multitud, como las estrellas a perpetua eternidad.

Herencia gloriosa— La nota marginal dice "maestros" en lugar de "entendidos." Los que enseñan resplandecerán como el firmamento. Esto se refiere por supuesto a los que enseñan la verdad, y conducen a otros al conocimiento de ella, precisamente en el tiempo en que se han de cumplir los sucesos registrados en los versículos anteriores. De acuerdo con la manera en que el mundo calcula las perdidas y las ganancias, cuesta algo enseñar la verdad en estos tiempos. Cuesta reputación, comodidad y a menudo propiedades. Entraña labor, cruces, sacrificios, la pérdida de amigos, el ridículo y con frecuencia la persecución.

A menudo se hace la pregunta: ¿Cómo podéis guardar el verdadero día de reposo, y tal vez perder vuestro puesto, reducir vuestros ingresos, y hasta correr el riesgo de perder vuestros medios de sostén? ¡Oh, qué miopía, hacer de la obediencia a lo que Dios requiere un asunto de consideración pecuniaria! ¡Qué conducta diferente de la que siguieron los nobles mártires que no amaron su vida hasta la muerte! Cuando Dios da una orden, no podemos atrevernos a desobedecer. Si se nos pregunta; ¿Cómo podéis guardar el sábado, y cumplir otros deberes que significan obedecer a la verdad? sólo necesitamos preguntar en respuesta:

¿Cómo podemos atrevernos a no hacerlo?

En el día que se acerca, cuando pierdan la vida todos los que hayan procurado salvarla y los que hayan estado dispuestos a arriesgarlo todo por amor a la verdad y su divino Señor, reciban la gloriosa recompensa prometida en este pasaje, y resuciten para resplandecer como el firmamento, y como las estrellas para siempre, se verá quiénes habrán sido sabios, y quiénes por el contrario hicieron su elección a ciegas e insensatamente. Los impíos y los mundanos consideran ahora a los creyentes como insensatos y locos, y se lisonjean de tener una inteligencia superior al rehuir lo que llaman locura, y evitar pérdidas. No necesitamos responderles, porque los que ahora toman esa decisión querrán pronto cambiarla, lo querrán con vehemencia, pero inútilmente.

Mientras tanto, el cristiano tiene el privilegio de espaciarse en el consuelo que ofrece esta maravillosa promesa. Únicamente los mundos sidéreos pueden proporcionarnos un concepto de su magnitud. ¿Qué son aquellas estrellas, a cuya semejanza brillarán para siempre jamás los que enseñan la justicia? ¿Cuánto esplendor, majestad y duración de tiempo entraña esta comparación?

El sol de nuestro propio sistema solar es una de esas estrellas. Si lo comparamos con este globo en el cual vivimos y que nos proporciona la comparación más comprensible, encontramos que es un orbe de no poca magnitud y magnificencia. Nuestra tierra tiene como 12.000 kilómetros de diámetro, mientras que el diámetro del sol alcanza a 1.440.000 kilómetros. Es 1.300.000 veces mayor que nuestro globo. Y su peso equivale al de 332 mundos como el nuestro. ¡Qué inmensidad! ¡Y qué sabiduría y poder se necesitó para crear tantas maravillas!

Sin embargo, dista mucho de ser el orbe mayor o más brillante de los cielos. La proximidad del sol, que está a 155.000.000 de kilómetros de nosotros, le permite ejercer sobre nosotros una influencia controladora. Pero en las vastedades del espacio, tan lejos que parecen solamente puntitos de luz, arden otros orbes de tamaño y gloria mucho mayores. La estrella fija más cercana, Próxima Centauri, en el hemisferio sur, se halla a unos cuarenta billones de kilómetros de distancia. Pero la estrella polar y su sistema se encuentran como cien veces más lejos; y resplandecen con brillo igual al de 2.500 soles como el nuestro. Otros aún son muy luminosos, como por ejemplo Arcturo, que emite una luz equivalente a

158 de nuestros soles; Capella, 185, y así sucesivamente, hasta que al fin llegamos a la gran estrella Rígel, en la constelación de Orión, que inunda los espacios celestiales con un fulgor 15.000 veces mayor que el del ponderado orbe que ilumina y controla nuestro sistema solar.[1] ¿Por qué no nos parece más luminoso? Porque su distancia equivale a 33.000.000 de veces la órbita de la tierra, que es de 310.000.000 de kilómetros. Las cifras resultan débiles para expresar tales distancias. Baste decir que su luz debe atravesar el espacio a la velocidad de 310.000 kilómetros por segundo durante un plazo superior a diez años antes de alcanzar nuestro mundo. Y hay muchas otras estrellas que se encuentran a centenares de años-luz de nuestro sistema solar.

Algunos de estos monarcas del firmamento reinan solos, como nuestro propio sol. Algunos son dobles; es decir que lo que a nosotros nos parece ser una sola estrella está en realidad compuesto por dos estrellas, es decir dos soles con todo su séquito de planetas que giran uno en derredor de otro. Otros son triples, algunos cuádruples, y por lo menos uno es séxtuplo.

Además, nos dejan ver los colores del arco iris. Algunos sistemas son blancos, otros azules, otros rojos, otros amarillos, otros verdes. En algunos, los diferentes soles que pertenecen al mismo sistema, tienen diversos colores. Dice el Dr. Burr: "Y, como para hacer de la Cruz del Sur el objeto más hermoso de todos los cielos, encontramos en ella un grupo de más de cien astros diversamente coloreados, soles rojos, verdes, azules y verde-azulados, tan estrechamente acumulados que en un poderoso telescopio se asemejan a un soberbio ramillete, o a una joya fantástica."[2]

Transcurren los años, y todas las cosas terrenales adquieren la pátina de la edad y el olor de la decadencia. Pero las estrellas siguen brillando en toda su gloria como desde el principio. Han transcurrido siglos y edades, se han levantado reinos y han desaparecido. Nos remontamos mucho más atrás que el horizonte de la historia, llegamos al primer momento en que el orden fué evocado del caos, y "las estrellas todas del alba alababan, y se regocijaban todos los hijos de Dios" (Job 38:7) y encontramos entonces que las estrellas seguían sus eternos derroteros. No sabemos desde cuanto tiempo lo hacían. Los astrónomos nos hablan de nebulosas que se encuentran en los más lejanos límites de la visión telescópica, cuya luz necesitaría en su vuelo incesante cinco millones de años para alcanzar a este planeta. Sin embargo, ni su esplendor ni su fuerza disminuyen. Parecen siempre dotadas del rocío de la juventud. No hay en ellas movimiento vacilante que revele la decrepitud de la vejez. Siguen brillando con gloria inefable durante toda la eternidad.

Así resplandecerán aquellos que conduzcan a muchos a la justicia. Hasta infundirán gozo en el corazón del Redentor. Y así transcurrirán sus años para siempre jamás.

VERS. 4: Tú empero Daniel, cierra las palabras y sella el libro hasta el tiempo del fin: pasarán muchos, y multiplicaráse la ciencia.

El libro de Daniel sellado— Las "palabras" y el "libro" de los cuales se habla aquí son sin duda las cosas que fueron reveladas a Daniel en esta profecía. Estas cosas habían de permanecer cerradas y selladas hasta el tiempo del fin; es decir, que no iban a ser estudiadas en forma especial, ni siquiera mayormente comprendidas, hasta ese tiempo. El tiempo del fin, como ya se ha demostrado, empezó en 1798. Como el libro había de quedar cerrado y sellado hasta ese tiempo, resulta claro que en aquel tiempo, o desde ese punto, el libro quedaría abierto. La gente estaría en mejor situación para comprenderlo, y su atención sería atraída en forma especial por esta parte de la palabra inspirada. No es necesario recordar al lector lo que se ha hecho desde entonces con referencia a la profecía. Las profecías, especialmente las de Daniel, han sido examinadas por muchos estudiantes de este mundo dondequiera que la civilización extendió su luz sobre la tierra. De manera que el resto del versículo, siendo una predicción de lo que iba a acontecer después que empezara el tiempo del fin, dice: "Pasarán muchos [muchos correrán de aquí para allá, V.M.]." Que este correr de aquí para allá se refiera al traslado de la gente de un lugar a otro, y a los grandes progresos que se han hecho en los medios de transporte y de locomoción durante el siglo pasado, o que signifique, como lo entienden algunos, que recorrerían las profecías, es decir que se escudriñaría con diligencia y fervor la verdad profética, lo cierto es que nuestros ojos contemplan su cumplimiento. Debe encontrar su aplicación en por lo menos uno de estos métodos; y en ambos respectos nuestra época actual se destaca notablemente.

El aumento de conocimiento— "Y multiplicaráse la ciencia." Esto debe referirse al aumento del conocimiento general, el desarrollo de las artes y la ciencia, o a un aumento del conocimiento relativo a las cosas reveladas a Daniel, que habían de quedar cerradas y selladas hasta el tiempo del fin. Aquí nuevamente, cualquiera que sea la aplicación que le demos, el cumplimiento es muy notable y completo. Consideremos las admirables hazañas de los hombres de nuestros tiempos y las obras formidables de sus manos, que rivalizan con los sueños más atrevidos de los magos antiguos, pero se han desarrollado durante los últimos cien años apenas. Durante este plazo se ha progresado más en todos los ramos científicos, se han hecho más progresos en las comodidades humanas, en la rápida ejecución de los trabajos, en la transmisión de los pensamientos y las palabras, y en los medios de viajar rápidamente de un lugar a otro y aun de un continente a otro, que durante los tres mil años anteriores.

Maquinaría agrícola— Compárense los métodos de segar que se practican en nuestra época con el viejo método de segar a mano que se practicaba en los días de nuestros abuelos. Hoy una sola máquina corta, trilla y recoge en bolsas los cereales y los deja listos para el mercado.

Buques modernos y guerra mecanizada— La guerra moderna emplea buques acorazados de superficie y submarinos, como también aeroplanos de bombardeo y de caza que ni siquiera se soñaban a mediados del siglo pasado. Los tanques y los camiones, la artillería motorizada y otros equipos han reemplazado a los animales y arietes de los antiguos.

El ferrocarril— La primera locomotora construída en los Estados Unidos se fabricó en la fundición West Point, Nueva York, y entró en servicio in 1830. Actualmente, se ha progresado tanto en los ferrocarriles que los trenes aerodinámicos alcanzan velocidades de 160 kilómetros por hora.

Los trasatlánticos— Apenas un siglo después que se inició la navegación a vapor, los mayores trasatlánticos pueden cruzar el océano entre Europa y América en cuatro días. Ofrecen todos los lujos que se hallan en los hoteles más cómodos.

La televisión— Luego vino la radiotelegrafía, un milagro, en 1896. Hacia 1921, ese descubrimiento se desarrolló en la propalación radiotelefónica. Ahora la televisión, la transmisión inalámbrica de lo que se ve y se oye, y hasta de proyecciones cinematográficas en las ondas etéreas, es una realidad doméstica.

El automóvil— No hace muchos años, el automóvil era desconocido. Ahora toda la población de los Estados Unidos podría estar viajando al mismo tiempo en automóvil. Ciertos automóviles de carrera han alcanzado velocidades superiores a los quinientos kilómetros por hora. Enormes omnibuses de pasajeros cruzan los continentes, y en las grandes ciudades han reemplazado mayormente a los tranvías eléctricos.

La máquina de escribir— El primer modelo de la máquina de escribir moderna fué ofrecido en venta en 1874. Ahora las máquinas veloces y silenciosas destinadas tanto a la oficina como al hogar se adaptan a toda clase de escritura y tablas, y han llegado a ser una parte indispensable de los equipos comerciales.

La prensa moderna— Para tener una idea del progreso hecho en este ramo basta poner en contraste la prensa de mano que usaba Benjamín Franklin con las rotativas de alta velocidad que imprimen los diarios a un ritmo dos veces más rápido que el de una ametralladora que dispara sus balas.

La cámara fotográfica— El primer retrato que de una cara humana se hizo con la ayuda del sol fué obra del profesor Juan Guillermo Draper de Nueva York en 1840, mediante un perfeccionamiento del proceso de Niepce y Daguerre, los creadores franceses de la fotografía. Desde 1924, gracias al perfeccionamiento de los lentes y las emulsiones se han sacado fotografías desde grandes distancias y de vastas extensiones, desde aeroplanos que volaban a gran altura. Se pueden sacar fotografías de objetos invisibles para el ojo mediante los rayos X y los rayos infrarrojos. La fotografía en colores ha hecho también muchos progresos. Desde sus comienzos en 1895, la cinematografía ha llegado a ejercer una poderosa influencia en la vida de millones de personas. Se han perfeccionado las cámaras cinematográficas y otras para sacar en colores y se producen a precios económicos que las ponen al alcance de las multitudes.

La aeronavegación— La conquista del aire por el hombre fué realizada por el aeroplano en 1903. Es uno de los triunfos más notables de toda la historia. Se han establecido servicios regulares de pasajeros y de correos a través del océano entre todos los continentes.

El teléfono— La primera patente de teléfono fué concedida a Alejandro Graham Bell en 1876. Desde entonces se han extendido redes intrincadas de teléfono por todos los continentes para vincular los pueblos y las personas.

Maquinas componedoras— Estas han desarrollado una revolución en el arte de imprimir. La primera máquina que compuso tipo mecánicamente fué patentada en Inglaterra en 1822 por el Dr. Guillermo Church. De las muchas máquinas que se han introducido desde entonces, las que se usan mayormente en la actualidad son máquinas que funden sus propios tipos, como el linotipo inventado por Mergenthaler en 1878, y la monotipo, inventada por Lanston en 1885.

La composición a distancia— Mediante una combinación de telégrafo y máquinas fundidoras de líneas, es ahora posible que un operario situado en una estación central componga material para la prensa simultáneamente por telégrafo, a cualquier distancia y en tantos lugares como estén vinculados con la estación central. Esto permite componer las noticias con un ahorro de tiempo del 50 al 100 por ciento.

Los puentes colgantes— El primer puente colgante que merezca tenerse en cuenta en los Estados Unidos se construyó sobre el río Niágara en 1855. El puente de la Puerta de Oro, que cruza la entrada de la bahía de San Francisco, se terminó en 1937 a un costo de 35.000.000 de dólares, tiene el arco mayor del mundo, a saber 1.275 metros. Hazañas similares en la construcción de puentes se han realizado en todos los países progresistas del mundo.

La siguiente es una lista parcial de los progresos que se han hecho en los conocimientos desde que el tiempo del fin se inició en 1798:

Iluminación por gas, 1798; plumas de acero, 1803; fósforos de fricción, 1820; electrotipía, 1837; máquina de coser, 1841; anestesia por éter y cloroformo, 1846, 1848; cable transoceánico, 1858; la ametralladora Gatling, 1861; barco de guerra blindado, 1862; frenos automáticos en los trenes, 1872; sismógrafo, 1880; turbina de vapor, 1883; rayos X, 1895; radium, 1898; teléfono transcontinental, 1915.

¡Qué galaxía de maravillas que nacieron en una misma época! ¡Cuán admirables son las hazañas científicas de nuestra era, sobre la cual concentran su luz todos estos descubrimientos e inventos! Hemos llegado ciertamente al momento en que se ha multiplicado la ciencia.

Para honra del cristianismo, notemos en qué países y por quiénes han sido hechos estos descubrimientos que tanto han contribuído a hacer la vida más fácil y más cómoda. Ha sido en los países cristianos, y entre hombres cristianos. No pueden acreditarse estos progresos a la Edad Media, que proporcionó solamente un disfraz del cristianismo, ni a los paganos, que en su ignorancia no conocen a Dios, ni a aquellos habitantes de las tierras cristianas que niegan a Dios. En verdad, el espíritu de igualdad y libertad individual fomentado por el Evangelio de Cristo cuando se lo predica en toda su pureza es lo que liberta los cuerpos y los espíritus de los seres humanos, los invita a emplear hasta lo sumo sus facultades, y hace posible una era de libertad en pensamiento y acción capaz de producir estas maravillas.

El aumento del conocimiento de la Biblia— Pero si asumimos otro punto de vista, e interpretamos la mención de que la ciencia se ha multiplicado como aplicándose al aumento del conocimiento de la Biblia, nos basta mirar la luz admirable que ha resplandecido sobre las Escrituras durante el último siglo y medio. En la historia ha quedado revelado el cumplimiento de la profecía. El empleo de un seguro principio de interpretación ha llevado a la conclusión indiscutible de que se acerca el fin de todas las cosas. A la verdad, el sello ha sido quitado del libro, y ha aumentado admirablemente el conocimiento respecto de lo que Dios ha revelado en su Palabra. Creemos que este detalle es el que cumple en forma más especial la profecía, pues solamente en una era de facilidades sin parangón como la actual podía cumplirse la profecía.

Que estamos en el tiempo del fin lo demuestra Apocalipsis 10:1, 2, dónde se ve a un ángel poderoso bajar del cielo con un librito abierto en la mano. Ya no podía quedar sellado el libro de esta profecía. Había de ser abierto y comprendido. Para encontrar las pruebas de que el librito que ha de ser abierto es el libro aquí cerrado y sellado cuando Daniel lo escribió, y de que el ángel proclama su mensaje en esta generación, véanse los comentarios que se hacen sobre Apocalipsis 10:2.

VERS. 5-7: Y yo, Daniel, mire, y he aquí otros dos que estaban, el uno de esta parte a la orilla del río, y el otro de la otra parte a la orilla del río. Y dijo uno al varón vestido de lienzos, que estaba sobre las aguas del río: ¿Cuándo será el fin de estas maravillas? Y oía al varón vestido de lienzos, que estaba sobre las aguas del río, el cual alzó su diestra y su siniestra al cielo, y juró por el Viviente en los siglos, que será por tiempo, tiempos, y la mitad. Y cuando se acabare el esparcimiento del escuadrón del pueblo santo [cuando se haya acabado de destruir el poder del pueblo santo, V.M.], todas estas cosas serán cumplidas.

¿Cuándo será el fin?— La pregunta: "¿Cuándo será el fin de estas maravillas?" se refiere indudablemente a todo lo que se ha mencionado antes, inclusive el levantamiento de Miguel, el tiempo de angustia, la liberación del pueblo de Dios y la resurrección especial, del versículo 2. La respuesta parece darse en dos partes. Primero se señala un período profético específico, y luego sigue un período indefinido que ha de transcurrir antes de que se llegue a la terminación de todas estas cosas, así como lo encontramos en Daniel 8:13, 14.

Cuando se preguntó: "¿Hasta cuándo durará la visión... que pone el santuario y el ejército para ser hollados?" la respuesta mencionó un período definido de 2.300 días, seguido por un período indefinido que abarcaría la purificación del santuario. Asimismo, en el texto que consideramos se nos indica el período de un tiempo, tiempos y la mitad de un tiempo, o sean 1.260 años, y luego un período indefinido durante el cual iba a continuar la destrucción del poder del pueblo santo, antes de la consumación.

Los 1.260 años señalan el período de la supremacía papal. ¿Por qué se introduce este período aquí? Probablemente porque esta potencia es la que ha hecho más que cualquier otra en la historia del mundo para abrumar la fuerza del pueblo santo, o sea oprimir la iglesia de Dios. Pero ¿qué debemos entender por la expresión: "Cuando se acabare el esparcimiento del escuadrón del pueblo santo" o como lo rinde la Versión Moderna, "cuando se haya acabado de destruir" su poder? ¿Quién ha de hacer esta obra nefasta? En algunas versiones se rinde esta frase así:

"Cuando él acabare el esparcimiento" etc., y en este caso el pronombre personal "él" parecería designar "el Viviente en los siglos," o sea Jehová. Pero, como dice juiciosamente un eminente intérprete de las profecías, al considerar los pronombres de la Biblia debemos interpretarlos de acuerdo con los hechos del caso, y con frecuencia debemos relacionarlos con un antecedente comprendido más bien que con un nombre expresado. De manera que aquí, el cuerno pequeño, u hombre de pecado, después de haber sido introducido por la mención particular del tiempo de su supremacía, los 1.260 años, debe ser el poder al cual se refiere el pronombre él. Durante 1.260 años oprimió gravosamente a la iglesia, y destruyó o esparció su fuerza. Después que le es quitada su supremacía, permanece su disposición adversa para con la verdad y sus defensores, y se sigue sintiendo hasta cierto punto su poder, y continúa su obra de opresión en la medida que le es posible, pero ¿hasta cuándo? Hasta el último de los acontecimientos presentados en el versículo 1, a saber, la liberación del pueblo de Dios. Una vez librado éste, los poderes perseguidores ya no pueden oprimirlo, su escuadrón ya no queda esparcido, se ha llegado al fin de las maravillas predichas en esta gran profecía, y se han cumplido todas sus predicciones.

O sin alterar en particular el sentido, podemos referir ese pronombre "él" al ser mencionado en el juramento del versículo 7, "el Viviente en los siglos," es decir Dios, puesto que él emplea a los poderes terrenales para castigar y disciplinar a su pueblo, y en este sentido puede decirse que él mismo es el que esparce su escuadrón. Por intermedio de su profeta dijo acerca del reino de Israel: "Del revés, del revés, del revés la tornaré... hasta que venga aquel cuyo es el derecho." (Ezequiel 21:27.) También encontramos que "Jerusalén será hollada de las gentes, hasta que los tiempos de las gentes sean cumplidos." (Lucas 21:24.) Igualmente significativa es la profecía de Daniel 8:13: "¿Hasta cuándo durará la visión . . . que pone el santuario y el ejército para ser hollados?" ¿Quién los entrega a esta condición? Dios. ¿Por qué? Para disciplinar, purificar y emblanquecer a su pueblo. ¿Hasta cuándo? Hasta que el santuario sea purificado.

VERS. 8-10: Y yo oí, mas no entendí. Y dije: Señor mío, ¿qué será el cumplimiento de estas cosas? Y dijo: Anda, Daniel, que estas palabras están cerradas y selladas hasta el tiempo del cumplimiento. Muchos serán limpios, y emblanquecidos, y purificados: más los impíos obrarán impíamente, y ninguno de los impíos entenderá, pero entenderán los entendidos.

El libro sellado hasta el fin del tiempo— La solicitud de Daniel por comprender plenamente todo lo que le había sido mostrado, nos recuerda las palabras de Pedro cuando habla de los profetas que escudriñaban diligentemente para comprender las predicciones relativas a los sufrimientos de Cristo y la gloria que seguiría. Nos dice que ello les "fué revelado... no para sí mismos, sino para nosotros." (1 Pedro 1:12.) ¡Cuán pocas de las cosas que escribieron pudieron comprender los profetas! Pero no por ello se negaron a escribirlas. Si Dios se lo pedía, sabían que oportunamente Dios cuidaría de que su pueblo recibiese de sus escritos todo el beneficio que quería que recibiese.

De manera que las palabras dirigidas aquí a Daniel le indicaban que cuando llegase el momento oportuno, los sabios comprenderían el significado de lo que él había escrito, y lo aprovecharían. El tiempo del fin era el momento en que el Espíritu de Dios había de romper el sello de este libro. Era el tiempo durante el cual los sabios comprenderían, mientras que los impíos, que no tienen sentido de los valores eternos, por tener el corazón endurecido por el pecado, irían empeorando y enceguecándose cada vez más. Ninguno de los impíos comprende. Ellos llaman insensatez y presunción los esfuerzos que hacen los sabios para comprender, y preguntan con escarnio: "¿Dónde está la promesa de su advenimiento?" Si alguien pregunta: ¿De qué tiempo y de qué generación habla el profeta?, la respuesta solemne debe ser: Del tiempo actual y de la generación en medio de la cual vivimos. Este lenguaje del profeta está recibiendo ahora un sorprendente cumplimiento.

La redacción del versículo 10 parece singular a primera vista: "Muchos serán limpios, y emblanquecidos, y purificados." Puede ser que alguien pregunte: ¿Cómo pueden ser limpios y luego probados o purificados (como parece implicar el lenguaje), si es la prueba lo que los purifica y los emblanquece? El lenguaje describe indudablemente un proceso que se repite muchas veces en la experiencia de aquellos que, durante ese tiempo van recibiendo una preparación para la venida del Señor y su reino. Son purificados y emblanquecidos, en comparación con su condición anterior. Luego son nuevamente probados. Les son impuestas pruebas mayores. Si las soportan, continúa la obra de purificación hasta que alcanzan un carácter más puro. Después de llegar a este estado, son probados otra vez, y aun más purificados y emblanquecidos. Así continúa el proceso hasta que desarrollan un carácter que resistirá la prueba del día del juicio y llegan a una condición espiritual que ya no necesite otras pruebas.

VERS. 11: Y desde el tiempo que fuere quitado el continuo sacrificio hasta la abominación espantosa, habrá mil doscientos y noventa días.

1.290 días proféticos— Aquí se introduce un nuevo período profético, a saber, el de los 1.290 días, que según la autoridad bíblica debe representar el mismo número de años literales. Por el contexto, algunos han deducido que este período se inicia con el establecimiento de la prevaricación asoladora, o sea el poder papal, en el año 538, y por consiguiente se extendería hasta 1828. Nada encontramos en esta última fecha que señale la terminación de un período tal, pero hallamos pruebas de que dicho período se inicia antes de que se establezca la abominación papal. Un estudio del original hebreo nos indica que el pasaje debiera leerse así: "Desde el tiempo en que será quitado el continuo para establecer la prevaricación asoladora, habrá 1.290 días."

El año 508 de nuestra era— No se nos dice directamente hasta qué suceso llegan los 1.290 días; pero por cuanto su comienzo queda señalado por una obra que ha de preparar el terreno para el establecimiento del papado, es natural concluir que su fin quedará señalado por la cesación de la supremacía papal. Si desde 1798 nos remontamos para atrás 1.290 años, llegamos al año 508. Este período se menciona indudablemente para revelar la fecha en que fué quitado el continuo, y es el único que lo revela. Por lo tanto, los dos períodos, el de 1.290 días y el de 1.260 días, terminan juntos en 1798. El último empieza en 538, y el primero en 508, es decir treinta años antes. A continuación, daremos algunas citas históricas que hablan en favor de la fecha 508.

El bautismo de Clodoveo— "En cuanto a los escritos de Anastasio,... hay uno que él dirigió a Clodoveo, rey de los francos, para felicitar a ese príncipe por su conversión a la religión cristiana. Porque Clodoveo, primer rey cristiano de los francos, fué bautizado el día de Navidad de 496, el mismo día, según algunos, en que el papa fué ordenado."[3]

Tomás Hodgkin dice:

"El resultado de esta ceremonia fué que cambió las relaciones políticas de todo estado de las Galias. Aunque los francos se encontraban entre las tribus más incultas y menos civilizadas que hubiesen cruzado el Rin en dirección al oeste, como católicos ya les estaba asegurada la bienvenida del clero católico en toda ciudad, y adónde iba el clero, seguían generalmente los provinciales 'romanos,' o en otras palabras los laicos que hablaban latín. Inmediatamente después de su bautismo Clodoveo recibió una carta de entusiasta bienvenida al verdadero redil, escrita por Avito, obispo de Viena, el eclesiástico más eminente del reino burgundio."[4]

Clodoveo, el primer príncipe católico— "Es de observar que Clodoveo era en aquel tiempo (496) el único príncipe católico del mundo conocido en el sentido que se le daba entonces a la palabra católico. Anastasio, emperador del Oriente, profesaba el eutiquismo. Teodorico, rey de los ostrogodos en Italia, Alarico, rey de los visigodos, y dueño de toda España, y de la tercera parte de Galia, así como los reyes de los burgundios, suevos y vándalos, en las Galias, España y África, eran todos celosos discípulos de Arrio. En cuanto a los otros reyes de los francos establecidos en las Galias, eran todavía paganos. Clodoveo no era solamente el único príncipe católico del mundo en ese tiempo, sino que fué el primer rey que abrazó la religión católica; y esto granjeó al rey de Francia el título de 'Cristianísima Majestad,' y el de 'Hijo Mayor de la Iglesia.' Pero si hubiésemos de comparar la conducta y las acciones de Clodoveo, el católico, con las del rey arrio Teodorico, esta comparación no redundaría en manera alguna en honor de la fe católica."[5]

Los príncipes arrianos hacen peligrar a los papas— Efraín Emerton, que fué profesor en la Universidad de Harvard dice:

"Para el tiempo en que los francos hubieron peleado la batalla de Estrasburgo, los obispos de la ciudad de Roma habían llegado a ser considerados como los dirigentes de la iglesia en lo que había sido el Imperio Occidental. Habían llegado a llamarse papas, y estaban procurando dominar la iglesia de occidente como un rey solía gobernar a su pueblo. Hemos visto cuanto respeto podía un papa venerable como León infundir a rudos destructores como Atila y Gaiserico. Pero los papas habían sido siempre devotos católicos, opuestos al arrianismo dondequiera que apareciese. En el momento de la conversión del rey franco se hallaban en constante peligro de parte de los ostrogodos arrianos que se habían asentado firmemente en Italia. Teodorico no había molestado la religión de Roma, pero podría levantarse un nuevo rey que procurase imponer el arrianismo sobre toda Italia. El papa se regocijó pues en gran manera al saber que al convertirse recientemente los francos habían aceptado su forma de creencia cristiana. Se manifestó dispuesto a bendecir toda empresa suya como obra de Dios, con tal que se dirigiese contra los arrianos a quienes consideraba peores que los paganos. Así se inició, entre el papado romano y el reino franco, ya hacia el año 500, un entendimiento que había de madurar en íntima alianza y contribuir mucho a encauzar toda la historia futura de Europa."[6]

La conversión de Clodoveo fué un contratiempo para los arrianos— "El acontecimiento que intensificó los temores de todos estos reyes arrianos, y que no dejó a cada uno de ellos otra esperanza que la de ser el último que fuera devorado, fué la conversión al catolicismo de Clodoveo, el rey pagano de los francos."[7]

Una liga bárbara contra Clodoveo— "Los reyes de los bárbaros fueron... invitados a unirse en una 'liga de paz,' a fin de detener las agresiones ilícitas de Clodoveo que los hacía peligrar a todos."[8] "Formar una confederación tal y vincular a todas las antiguas monarquías arrianas contra este estado católico ambicioso que amenazaba absorberlas a todas, fué entonces el propósito principal de Teodorico."[9]

Clodoveo inicia una guerra religiosa— "La acción diplomática de Teodorico fué impotente para impedir la guerra; hasta puede ser que estimuló a Clodoveo a golpear rápidamente antes que se pudiese formar contra él una coalición hostil. En una asamblea de su nación (tal vez el 'Campo de Marte'), a principio de 507, declaró impetuosamente: 'Considero muy gravoso que estos arrianos dominen una parte tan grande de las Galias. Vayamos y venzámoslos con la ayuda de Dios, y sometamos la tierra.' Lo dicho agradó a toda la multitud, y el ejército reunido marchó hacia el sur hasta el Loira."[10]

Clodoveo derrota a los visigodos— "La siguiente campaña del rey franco tuvo mucho mayor importancia y éxito. Estaba empeñado en probar su fortuna contra el joven rey de los visigodos, cúya debilidad personal e impopularidad para con sus súbditos romanos le tentaron a invadir la Aquitania. Parecería que Clodoveo eligió cuidadosamente como casus belli las persecuciones arrianas de Alarico, que, como su padre Eurico, era mal señor para sus súbditos católicos. . .. En 507 Clodoveo declaró la guerra a los visigodos."[11]

"No se sabe porqué la explosión se demoró hasta el año 507. Que el rey de los francos fué el agresor es cosa cierta. Halló fácilmente un pretexto para iniciar la guerra como campeón y protector del cristianismo católico contra las medidas absolutamente justas que Alarico tomaba contra su clero ortodoxo traicionero... En la primavera de 507, él [Clodoveo] cruzó repentinamente el Loira y marchó hacia Poitiers... A quince kilómetros de Poitiers, los visigodos habían ocupado sus posiciones. Alarico postergó el comienzo de la batalla porque aguardaba las tropas ostrogodas, pero como éstas habían quedado estorbadas por la aparición de una flota bizantina en aguas italianas, resolvió pelear en vez de batirse en retirada, como le aconsejaba la prudencia. Después de un corto combate, los godos se dieron a la fuga. Durante la persecución murió el rey de los godos, se dice que por mano de Clodoveo (507). Con esta derrota, terminó para siempre el dominio de los visigodos en Galia."[12]

"Es evidente, por el lenguaje de Gregorio de Tours, que este conflicto entre los francos y los visigodos fué considerado por el partido ortodoxo de su tiempo y de otros anteriores, como una guerra religiosa, de la cual, desde el punto de vista humano, dependía que prevaleciera el credo católico o el arriano en la Europa occidental."[13]

"508. Poco después de estos sucesos, Clodoveo recibió del emperador griego Anastasio los títulos y la dignidad de patricio y cónsul romano; aunque parece que al otorgarlos el emperador fué impulsado más por sus celos y odio hacia Teodorico el ostrogodo que por el amor que tenía hacia el franco inquieto y usurpador. El significado de estos títulos anticuados, en cuanto a su aplicación a los que no tenían ninguna relación directa con cualquier división del Imperio Romano, no ha sido nunca explicado suficientemente... El sol de Roma se había puesto. Pero descansaba todavía sobre el mundo el crepúsculo de su grandeza. Los reyes y guerreros germanos recibían con placer, y llevaban con orgullo un título que los ponía en relación con aquella ciudad imperial, de cuyo dominio universal, de cuya habilidad en el manejo de las armas y en las artes, veían por doquiera los vestigios en derredor suyo."[14]

"En 508 Clodoveo recibió en Tours las insignias del consulado que le enviara el emperador oriental Anastasio, pero el título era puramente honorífico. Los últimos años de su vida Clodoveo los pasó en París, que hizo capital de su reino."[15]

Fin de la resistencia arriana— Había sido eliminado el reino visigodo, pero quedaba todavía la liga de las potencias arrianas bajo Teodorico. Alarico había contado con la ayuda de Teodorico, pero ella le faltó. Al año siguiente, en 508, Teodorico se dirigió contra Clodoveo y ganó la victoria, después de lo cual hizo inexplicablemente la paz con él, y terminó la resistencia de las potencias arrianas.[16]

Significado de las victorias de Clodoveo— La eminencia que Clodoveo había alcanzado en el año 508, y el significado de sus victorias para el futuro de Europa y de la iglesia, eran tan grandes que los historiadores no pueden pasarlas por alto sin hacer comentarios. "No fué la suya una conquista temporal. El reino de los godos occidentales y de los burgundios habían pasado a ser el reino de los francos. Habían llegado finalmente invasores que iban a permanecer. Estaba decidido que los francos, y no los godos, habían de dirigir los designios futuros de Galia y Alemania, y que la fe católica, y no el arrianismo, había de ser la religión de esos grandes reinos."[17] "Clodoveo fué el primero que unió todos los elementos de los cuales se había de formar el nuevo orden social, a saber los bárbaros, a quienes estableció en el poder; la civilización romana, a la cual tributó homenaje recibiendo las insignias de patricio y de cónsul de manos del emperador Anastasio; y finalmente la iglesia católica, con la que formó la alianza fructífera que continuaron sus sucesores."[18]

Preparó la alianza de la Iglesia con el Estado— "En él [Clodoveo] se unían dos religiones, y dos épocas del mundo. Cuando él nació, el mundo romano era todavía una potencia; su muerte señala el amanecer de la Edad Media. El ocupó el puesto vacante del emperador oriental, y preparó el camino para lo que Carlomagno perfeccionó: la fusión de la civilización romana con la germana, la alianza de la Iglesia y el Estado."[19]

Clodoveo salvo a la iglesia del paganismo y del arrianismo— "El [Clodoveo] había demostrado en todas las ocasiones que era un implacable forajido, conquistador codicioso, tirano sanguinario; pero por su conversión había preparado el triunfo del catolicismo; salvó a la iglesia romana de los escollos de Escila y Caribdis, que eran la herejía y el paganismo, la asentó sobre una roca en el mismo centro de Europa, y fijó sus doctrinas y tradiciones en los corazones de los conquistadores del Occidente."[20]

Fundamento de la iglesia medioeval— "Los resultados de la ocupación de la Galia [por los francos] fueron tan importantes, el imperio que fundaron, su alianza con la iglesia, sus nociones legales y sus instituciones políticas, todo esto ejerció una influencia tan decisiva sobre el futuro que su historia merece consideración aparte... A ellos pasó la herencia política del Imperio Romano; a ellos les incumbió el honor de recogerla y transmitirla toscamente en verdad, y mucho menos extensa y efectivamente; pero fué, sin embargo, la suya una continuación real de la obra política que Roma había estado haciendo. Ellos solos representan aquella unidad que Roma había establecido, y en cuanto esa unidad se conservó como hecho definido, fueron los francos los que la mantuvieron. Su carrera se inicia tan sólo a fines del siglo V, y entonces, como sucede a menudo en casos similares, es el genio de un hombre, un gran caudillo, el que crea la nación... Clodoveo . . . aparece como uno de los grandes espíritus creadores que dan una nueva dirección a las corrientes de la historia... El tercer paso de gran importancia en este proceso de unión fue dado también por Clodoveo. Una institución, producida en el mundo antiguo antes que los germanos entrasen en él, había nacido con vida vigorosa y amplia influencia, hasta, en verdad, con poder que crecía lentamente, a través de todos los cambios de este período caótico. Había de ser en lo futuro un poder aun mayor y ejercer una influencia aún más amplia y más permanente que la de los francos... Era la iglesia romana. Había de ser la gran potencia eclesiástica del futuro. Era, por lo tanto, una cuestión muy esencial el saber si los francos, que iban a desarrollarse por su parte en la gran potencia política del futuro, iban a ser aliados con esta otra potencia u opuestos a ella...

"Esta cuestión la decidió Clodoveo, no mucho después de comenzar su carrera, al convertirse al cristianismo católico... En estas tres maneras, por lo tanto, ejerció Clodoveo una influencia creadora sobre el futuro. Unió los romanos y los germanos sobre una base de igualdad, y conservaron ambos pueblos la fuente de su fuerza para formar una nueva civilización. Fundó una potencia política que había de unir en sí casi todo el continente, y acabar con el período de las invasiones. Estableció la estrecha alianza entre las dos grandes fuerzas controladoras del futuro, los dos imperios que continuaron la unidad que Roma había creado, el imperio político y el eclesiástico."[21] Así en el año 508 terminó la resistencia unida que se oponía al desarrollo del papado. La cuestión de la supremacía entre los francos y los godos, entre la religión católica y la arriana, había quedado decidida en favor de los católicos. VERS. 12, 13: Bienaventurado el que esperare, y llegare hasta mil trescientos treinta y cinco días. Y tú irás al fin, y reposarás, y te levantarás en tu suerte al fin de los días.

Los 1.335 días proféticos— Se introduce aquí otro período profético aún, que abarca 1.335 años. ¿Podemos decir cuándo principia y termina? Los únicos indicios que tenemos para ello, estriban en el hecho de que se nos habla de él en relación inmediata con los 1.290 años, que empezaban en 508, según se ha demostrado. Desde ese punto habrá, dice el profeta, 1.290 días. La frase que sigue dice; "Bienaventurado el que esperare, y llegare hasta mil trescientos treinta y cinco días." Pero ¿desde qué punto? Desde el mismo punto, indudablemente, que aquel del cual parten los 1.290 años, a saber 508. A menos que se los cuente desde ese punto, es imposible localizarlos, y debemos exceptuarlos de la profecía de Daniel cuando le aplicamos la palabra de Cristo: "El que lee, entienda." (Mateo 24:15.) Desde ese punto se extenderían hasta 1843, porque 1.335 añadidos a 508 nos dan 1843. Iniciándolos en la primavera de la primera fecha, llegan hasta la primavera de la última.

Pero puede ser que alguien pregunte: ¿Cómo sabemos que terminaron ya si al final de esos días Daniel se levanta en su suerte, lo cual, entienden algunos, significa que resucita de los muertos? Esta pregunta se basa en una equivocación doble. En primer lugar, se afirma que los días al fin de los cuales

Daniel se levanta en su suerte, son los 1.335 días; y en segundo lugar, que el levantamiento de Daniel en su suerte es su resurrección, afirmación que tampoco puede sostenerse. La única cosa prometida para el fin de los 1.335 días es una bendición para los que aguarden y lleguen hasta entonces; es decir para los que estén vivos entonces. ¿Qué es esta bienaventuranza? Al mirar el año 1843, cuando fenecieron esos años, ¿qué contemplamos? Vemos un notable cumplimiento de la profecía en la gran proclamación de la segunda venida de Cristo. Unos 45 años antes empezó el tiempo del fin, el libro fué abierto, y empezó a aumentar la luz. Hacia 1843, culminó en gran manera la luz que había venido derramándose sobre los diversos temas proféticos. La proclamación se realizó con gran poder. La doctrina nueva y conmovedora del establecimiento del reino de Dios sacudió el mundo. Una nueva vida fué impartida a los verdaderos discípulos de Cristo. Los incrédulos quedaron condenados, las iglesias eran probadas, y se produjo un despertar que no ha tenido parangón desde entonces.

¿Fué ésta la bendición? Escuchemos las palabras del Salvador: "Bienaventurados vuestros ojos-dijo a sus discípulos,- porque ven; y vuestros oídos, porque oyen." (Mateo 13:16.) También dijo a sus discípulos que los profetas y los reyes habían deseado ver las cosas que ellos veían y no las habían visto. Pero les dijo: "Bienaventurados los ojos que ven lo que vosotros veis." Si en los días de Cristo una luz nueva y gloriosa era una bendición para los que la recibían, ¿por qué no sería lo mismo en 1843?

Puede objetarse que aquellos que participaban en este movimiento quedaron chasqueados en su expectativa; así también les sucedió a los discípulos de Cristo en ocasión de su primera venida. Ellos lo aclamaron cuando entró triunfalmente en Jerusalén, esperando que tomaría el reino. Pero el único trono al cual subió fué la cruz, y en vez de ser admitido como rey en un palacio, su cuerpo inerte fué acostado en la tumba nueva de José. Sin embargo, sus discípulos eran "bienaventurados" por haber recibido las verdades que habían oído.

Se puede objetar también que no era una bienaventuranza de suficiente importancia para señalarla por un período profético. ¿Por qué no, ya que el período en el cual ha de producirse, el tiempo del fin, es introducido por un período profético; ya que nuestro Señor, en el versículo 14 de su gran profecía de Mateo 24, anuncia este movimiento en forma especial; y ya que se lo presenta también en Apocalipsis 14:6, 7, bajo el símbolo de un ángel que volaba por en medio del cielo con un anuncio especial del Evangelio eterno a los habitantes de la tierra? Por cierto, que la Biblia da mucha importancia a este movimiento.

Dos cuestiones más deben notarse brevemente: ¿Cuáles son los días a los cuales se refiere el versículo 13? ¿Qué significa que Daniel haya de estar en su suerte? Los que aseguran que los días son los 1.335 años se ven inducidos a darles esta aplicación porque no retroceden más atrás que el versículo anterior, dónde se menciona los 1.335 días; mientras que para interpretar esos días tan indefinidamente introducidos, debiera considerarse ciertamente todo el alcance de la profecía desde el capítulo 8 de Daniel. Los capítulos 9, lo, 11 y 12 son claramente una continuación y explicación de la visión de Daniel 8; de ahí que podemos decir que en la visión del capítulo 8, según la hemos seguido y explicado, hay cuatro períodos proféticos: los 2.300 días, los 1.260, los 1.290 y los 1.335. El primer período es el principal y el más largo; los demás son partes intermediarias y subdivisiones de él. Ahora, cuando el ángel dice a Daniel, al concluir sus instrucciones, que estará en su suerte al fin de los días, sin especificar qué período quería decir, ¿no se habría de dirigir naturalmente la atención de Daniel al período principal y más largo, los 2.300 días, más bien que a cualquiera de sus subdivisiones? Si tal es el caso, los 2.300 días son el período que se quiere indicar. La traducción de los Setenta parece apuntar claramente en esta dirección, pues dice: "Pero tú ve por tu camino y descansa; porque hay todavía días y sazones hasta el pleno cumplimiento [de estas cosas]; y te levantarás en tu suerte al fin de los días." Esto nos recuerda ciertamente el largo período contenido en la primera visión, en cuya relación fueron dadas las instrucciones subsiguientes.

Como ya se ha demostrado, los 2.300 días terminaron en 1844, y nos llevaron a la purificación del santuario. ¿Cómo se levantó Daniel en su suerte en ese tiempo? En la persona de su Abogado, nuestro gran Sumo Sacerdote, que presenta los casos de los justos para que sean aceptados por su Padre. La palabra traducida aquí "suerte" se refiere a las "decisiones" de la suerte; o las "determinaciones de la Providencia." Al fin de los días, la suerte había de ser echada, por así decirlo. En otras palabras, debía determinarse quiénes serán tenidos por dignos de entrar en posesión de la herencia celestial. Cuando el caso de Daniel se presenta para ser examinado, se le encuentra justo, y permanece en pie; le es asignado un lugar en la Canaán celestial.

Cuando Israel estaba por entrar en la tierra prometida, se echaron suertes, y a cada tribu le fué asignada su posesión. Las tribus estuvieron así en sus "suertes" respectivas mucho antes de entrar en posesión real de la tierra. El tiempo de la purificación del santuario corresponde a este período de la historia de Israel. Estamos ahora en los umbrales de la Canaán celestial, y se están haciendo las decisiones que asignan a algunos un lugar en el reino, y privan a otros para siempre de dicho lugar. La decisión de su caso, le asegura a Daniel la porción de la herencia celestial que le toca. Con él estarán también de pie todos los fieles. Cuando este consagrado siervo de Dios, que llenó toda su larga vida con nobles acciones de servicio a su Hacedor, aun mientras llevaba los más pesados cuidados de este mundo, entre en su recompensa por haber hecho el bien, nosotros también podremos entrar con él en la tierra del reposo.

Pondremos fin a nuestras consideraciones sobre este libro con la observación de que nos ha proporcionado no poca satisfacción dedicar tiempo y estudio a sus profecías maravillosas y a contemplar el carácter de su autor, hombre muy amado y el más ilustre de los profetas. Dios no hace acepción de personas, y quienes manifiesten un carácter como el de Daniel verán manifestarse sobre su vida el favor divino en forma tan señalada como lo recibió él. Emulemos sus virtudes a fin de que como él, podamos tener la aprobación de Dios mientras vivimos en esta tierra, y podamos morar durante la vida venidera entre las creaciones de su gloria infinita.

Notas del Capítulo 12:

[1] James H. Jeans. "The Stars in Their Courses," pág. 165.

[2] Enoc Fitch Burr, "Ecce Coelum," pág. 136.

[3] Archibaldo Bower, "The History of the Popes," tomo 1, pág. 395.

[4] Tomás Hodgkin, "Theodoric the Goth," págs. 190, 191.

[5] Archibaldo Bower, "The History of the Popes," tomo I, nota al píe de pág. 396. Véase también Enrique Hart Milman, "History of Latin Christianity tomo I, págs. 381-388. la pág. 296. Véase también Enrique tomo 1, págs. 381-388.

[6] Efraín Emerton, "Introduction to the Study of the Middle Ases." págs, 65, 66.

[7] Tomás Hodgkin, "Theodoric the Goth," pág- 186.

[8] Id., págs. 198, 199.

[9] Id., pág. 194.

[10] Id., pág. 199.

[11] Carlos Oman, "The Dark Ages," pág. 62.

[12] "The Cambridge Medieval History," tomo 1, pág. 286. Con autorización de los edit ores en los Estados Unidos, Macmillan Company.

[13] Gualterio C. Perry, "The Franks. From Their First Appearance in History to the Death of King Pepin." pág. 85.

[14] Id., págs. 88, 89. [15] Encyclopoedia Britannica, 11a ed., art. "Clodoveo," tomo 6, pág. 563.

[16] Véase Tomás Hodgkin, "Theodoric the Goth," págs. 202, 203 ; Nugent Robinson. "A History of the World," tomo I, págs. 75-79, 81, 82.

[17] Ricardo W. Church, "The Beginning of the Middle Ages," págs. 38, 39.

[18] Victor Duruy, "The History of the Middle Ages," pág. 32.

[19] Julio von Pflugk-Harttung, "A History of All Nations," tomo 7, pág. 72.

[20] Gualterio C. Perry, "The Franks, From Their First Appearance History to the Death of King Pepin," pág. 97.

[21] Jorge Burton Adams, "Civilization During the Middle Ages," págs. 137-144.

Libros Nuevos Disponibles

Algunos disponibles en Amazon

*español y pronto en Ingles

1. Comentario Exhaustivo de los Escritos de Elena G de White sobre Génesis.
2. Guía de Estudio: Fundamentos de la Biblia Volumen 1.
3. Comentario Exhaustivo sobre el libro de Apocalipsis Volumen 1.
4. Serie: El Gran Conflicto en Tapa Dura Rojo.

Inglés

5. Revelation: Bible Study Guide Volume 1 (with Ellen white quotes)

LIBROS QUE VIENEN EN CAMINO

6. Guía de Estudio: Fundamentos de la Biblia Volumen 2.
7. Guía de Estudio: Fundamentos de la Biblia Volumen 3.
8. Comentario Exhaustivo de sus Escritos sobre el libro de Daniel.
9. Historia de los Profetas y Reyes en letra Grande.
10. El Deseado de todas las Gentes en letra Grande.

¡Y MUCHO MAS!

Contáctanos por *email* para pedidos de descuentos por cajas

kalhelministries21@gmail.com

www.ingramcontent.com/pod-product-compliance
Lightning Source LLC
Chambersburg PA
CBHW080849020526
44118CB00037B/2324